기독교문서선교회 (Christian Literature Center: 약칭 CLC)는 1941년 영국 콜체스터에서 켄 아담스에 의해 시작되었으며 국제 본부는 미국 필라델피아에 있습니다.
국제 CLC는 약 650여 명의 선교사들이 59개 나라에서 180개의 서점을 운영하며 이동 도서 차량 40대를 이용하여 문서 보급에 힘쓰고 있으며 이메일 주문을 통해 130여 국으로 책을 공급하고 있는 국제적 문서선교 기관입니다.

추천사 1

하 성 만 박사
고신대학교 목회학·선교학 교수

　이 책은 설교 형식의 성경 강해서입니다. 주위에서 시선을 끌 만한 사건이나 예화를 들면서 독자에게 관심을 집중시키다가 본문으로 몰입시키는 방식입니다. 이런 글은 작성하기가 쉽지 않습니다. 세상 돌아가는 시사에 밝아야 하고, 본문에 관한 깊은 연구가 있을 때 가능합니다. 이것이 우리가 성경 강해서를 재미있게 대하는 이유이기도 합니다.
　저자는 당시의 이스라엘 상황을 설명하기 위해서 열왕기상을 통일 왕국과 분열 왕국으로 구분하여 이야기 형식으로 작성했습니다. 성경에 나와 있는 열왕기상은 22장까지이고, 열왕기하는 25장으로 구성되어 있습니다. 우선 저자는 열왕기상을 강해하면서 총 41장으로 나누어서 제1부는 15장(솔로몬 왕국)으로, 제2부는 26장(남북 분열 왕국)으로 재구성했습니다.
　이 같은 서술 방식은 독자들이 성경 이야기의 흐름을 놓치지 않고 통일된 주제에서 벗어나지 않도록 하며 전체 이야기에 더욱 몰입하게 만듭니다. 독자 중에서도 성경을 하나님의 말씀으로 믿는 사람들은 '성경이 무엇이라 말하는가?'에 깊은 관심을 가지기에, 성경을 이해할 수 있도록 도와주는 이 강해서는 큰 유익을 줍니다.
　특히, 저자의 글에는 이야기에 몰입하는 사람들을 위해 각 장마다 특정 주제와 중심 본문을 보여 주고, 등장인물과 특정 장소에 대한 정보를 알려 줍니다. 그 후 본문과 관련이 있는 예화를 소개하면서 독자를 본문 속으로 몰입하게 합니다. 이것은 본문 이해를 위해, 마치 준비 운동을 하는 것과 같습니다. 각 본문의 해설이 끝난 뒤에는 마무리 정리를 위해 요약하는 것도 빠뜨리지 않습니다. 물론, 중간중간에 저자가 하고 싶은 메시지를 설교 형식으로 독자에게 선포하는 것이 교훈적 선언과 설교의 진행 방식과 닮았다고 할 수 있습니다.

  저는 저자와 특별한 친분을 가지고 있습니다. 같은 시대에 신학교를 다녔고, 학교 공부를 같이 했습니다. 젊어서부터 허리 쪽 부분이 좋지 못해 많은 고생을 했습니다. 그럼에도 저자는 맡겨진 일에는 망설임 없이 뛰어들던 그의 목회적 열정과 생애를 지켜볼 수 있었습니다. 열악한 환경에서도 학업과 목회를 병행했던 그의 모습은 성경 연구에 몰두하는 진실한 목자상(像)을 보여 줍니다. 저자는 목회자로서, 성경 해설가로서도 최선을 다하고 있습니다.

  여러분의 삶에도 저자가 남긴 삶의 흔적이 이 저서를 통해 전해지기를 바랍니다. 이런 간절한 마음으로 이 책을 추천합니다.

추천사 2

최윤갑 박사
고신대학교 구약학 교수

본서 『다윗의 길과 여로보암의 길: 열왕기상 강해 설교』를 읽는 내내 크나큰 감동을 감출 수 없었습니다.

첫째, 이 설교는 통찰력 있는 성경신학적 렌즈를 통해 열왕기상을 해석하고 있습니다. 저자는 '열왕기상'을 다윗의 길과 여로보암의 길이라는 성경신학적 렌즈로 관통하며, 독자에게 이 성경책을 해석하기 위한 올바른 성경신학과 역사관을 제공합니다.

둘째, 이 설교는 상세한 원어 설명, 본문 해석, 그리고 적용을 제공합니다. 저자는 마치 숙련된 장인(匠人)과 같이 본문을 섬세하고 책임감 있게 다루고 있습니다. 저자는 원문 설명을 통해 난해한 본문을 쉽고 선명하게 설명합니다. 또한, 각 단락의 신학적 주제와 스토리를 아주 선명하게 밝혀 줍니다. 많은 주석서가 학문적 논의와 설명에 치우친 나머지, 그 성경이 강조하는 신학적 주제와 내용을 간과하는 경우가 종종 있습니다. 그러나 저자는 책임감 있는 주제를 통해 본문의 의미를 전달하는 데 큰 도움을 줍니다.

셋째, 이 설교는 설교자를 위한 귀중한 메시지를 제공합니다. 저자는 오랜 세월 동안 목양의 삶을 통하여, 설교자의 사역과 고충을 충분히 공감하고 있습니다. 이 강해서는 곳곳에서 설교자들이 열왕기상의 메시지를 정확하게 파악하고 설교할 수 있도록 멋진 팁들을 제공합니다.

넷째, 이 설교는 독자들을 위한 배려가 아주 뛰어납니다. 각 장의 도입부는 그 본문의 주제를 설명하기 위한 감동적이고 재미있는 예화로 시작합니다. 또한, 각 장의 시작 부분에 있는 '핵심 내용'은 각 장의 전체 내용을 요약해 줍니다. 마지막 부분에 있는 '되새김'은 각 장의 핵심 내용을 어떻게 적용할 것인지 보여 줍니다. 이 설교는 주석서처럼 지루하거나 답답하지 않습니다.

이 설교는 성경을 책임감 있게 해석하고자 한 저자의 학문적 탁월함과 성도들을 아름답게 가르친 목양의 지혜가 고스란히 담겨 있습니다. 열왕기상을 깊이 이해하고 설교하길 원하는 분들에게 이 강해서를 진심으로 추천합니다.

열왕기상 강해 설교
다윗의 길과 여로보암의 길

The Way of David and the Way of Jeroboam
Written by Jae Soo Park
All rights reserved.
Korean Edition Copyright ⓒ 2025 by Christian Literature Center, Seoul, Korea.

다윗의 길과 여로보암의 길
열왕기상 강해 설교

2025년 2월 28일 초판 발행

지 은 이 | 박재수

편　　집 | 전희정
디 자 인 | 서민정, 박성준
펴 낸 곳 | (사)기독교문서선교회
등　　록 | 제16-25호(1980. 1. 18.)
주　　소 | 서울특별시 동대문구 천호대로71길 39
전　　화 | 02-586-8761-3(본사) 031-942-8761(영업부)
팩　　스 | 02-523-0131(본사) 031-942-8763(영업부)
이 메 일 | clckor@gmail.com
홈페이지 | www.clcbook.com
송금계좌 | 기업은행 073-000308-04-020　(사)기독교문서선교회
일련번호 | 2025-17

ISBN 978-89-341-2714-7 (03230)

이 책의 출판권은 (사)기독교문서선교회가 소유합니다.
신저작권법에 의하여 한국 내에서 보호받는 저작물이므로 무단 전재와 무단 복제를 금합니다.

• 열왕기상 강해 설교 •

다윗의 길과 여로보암의 길

박재수 지음

CLC

목차

추천사1 **하성만 박사** | 고신대학교 목회학·선교학 교수   1

추천사2 **최윤갑 박사** | 고신대학교 구약학 교수   3

머리말   13

제1부 통일 왕국: 솔로몬 시대   15

1. 솔로몬이 이스라엘의 왕이 되다(왕상 1:1-53)   16
2. 다윗이 솔로몬에게 남긴 유언(왕상 2:1-12)   23
3. 솔로몬이 다윗의 유언을 실행하다(왕상 2:13-46)   30
4. 솔로몬이 이방 여인과 결혼하다(왕상 3:1; 11:1-11)   37
5. 일천 번제와 지혜로운 재판(왕상 3:2-28)   44
6. 솔로몬의 신하와 이스라엘의 번영(왕상 4:1-34)   51
7. 솔로몬의 성전 건축 준비(왕상 5:1-18)   58
8. 솔로몬의 성전 건축(왕상 6:1-38)   65
9. 솔로몬의 왕궁 건축(왕상 7:1-51)   72
10. 언약궤를 성전으로 옮기다(왕상 8:1-21)   79
11. 솔로몬의 기도(왕상 8:23-53; 대하 6:12-42)   86
12. 백성을 위한 솔로몬의 축복기도(왕상 8:54-9:9)   92
13. 솔로몬의 부귀영화와 영적 위기(왕상 9:10-10:22)   99
14. 솔로몬을 타락시킨 아내들(왕상 10:26-11:13)   105
15. 솔로몬 말년을 괴롭혔던 대적들(왕상 11:14-43)   111

제2부 분열 왕국 시대　　　　　　　　　　119

16. 북쪽 지파들의 배반(왕상 12:1-24)　　　　　　　121
17. 북왕국 이스라엘 제1대 왕 여로보암(왕상 12:25-33)　　128
18. 선지자가 벧엘 제단 심판을 예언(왕상 13:1-34)　　　135
19. 여로보암과 장남의 죽음(왕상 14:1-24)　　　　　　141
20. 남왕국 유다 제1대 왕 르호보암(왕상 14:21-31)　　　148
21. 남왕국 유다 제2대 왕 아비얌(왕상 15:1-8; 대하 13장)　155
22. 남왕국 유다 제3대 왕 아사(왕상 15:9-24; 대하 15-16장)　162
23. 북왕국 이스라엘 제2대-6대까지의 왕들(왕상 15:25-16:28)　169
24. 북왕국 이스라엘 제7대 왕 아합(왕상 16:29-17:1)　　175
25. 엘리야와 아합의 만남(왕상 17:1-7)　　　　　　　182
26. 엘리야와 사르밧 과부(왕상 17:8-24)　　　　　　　190
27. 여호와를 경외했던 오바댜(왕상 18:1-15)　　　　　197
28. 여호와와 바알 중에 누가 참신인가?(왕상 18:16-29)　204
29. 참신이신 하나님께로 돌아가자(왕상 18:30-40)　　　212
30. 큰비 소리가 있나이다(왕상 18:41-46)　　　　　　219
31. 엘리야의 탈진과 탄식(왕상 19:1-14)　　　　　　　226
33. 엘리야의 탈진 회복과 또 다른 사명(왕상 19:9-18)　　234
34. 엘리야와 엘리사의 만남(왕상 19:19-21)　　　　　242
34. 엘리사가 사역할 때 영적 분위기(왕상 19:2, 10, 19-21)　249

35. 이스라엘과 아람과의 제1, 2차 전쟁(왕상 20:1-30)　　　　256
36. 아합왕의 죽음에 대한 예언(왕상 20:31-43)　　　　263
37. 하나님이 주신 기업(땅)을 지켜라(왕상 21:1-4)　　　　270
38. 이세벨이 나봇을 모함하여 죽이다(왕상 21:5-28)　　　　278
39. 아합이 길르앗 라못을 탈환하려고 하다(왕상 22:1-28)　　　　285
40. 남왕국 유다 제4대 왕 여호사밧과 아합의 죽음(왕상 22:29-50)　292
41. 북왕국 이스라엘 제8대 왕 아하시야(왕상 22:51-왕하 1:4)　　　299

그림 목차

그림 1 솔로몬의 재판   49
    출처: https://blog.naver.com/tiland/222047489429.

그림 2 레바논 국기   61
    출처: https://dosanim.tistory.com/21

그림 3 솔로몬 성전 조감도   67
    출처: https://cafe.daum.net/fsanyang3/DeEq/1762?q=%EC
    %86%94%EB%A1%9C%EB%AA%AC+%EC%84%B1%EC
    %A0%84+%EB%AA%A8%ED%98%95%EB%8F%84&re

그림 4 성전 입구의 두 기둥 보아스와 야긴   68
    출처: https://cafe.daum.net/fsanyang3/DeEq/1762?q=%EC
    %86%94%EB%A1%9C%EB%AA%AC+%EC%84%B1%EC
    %A0%84+%EB%AA%A8%ED%98%95%EB%8F%84&re

그림 5 솔로몬 성전과 왕궁 복합단지   74
    출처: https://cafe.daum.net/JesusFamilyChurch/V1SO/8?q
    =%EC%86%94%EB%A1%9C%EB%AA%AC+%EC%99%95
    %EA%B6%81+%EA%B1%B4%EC%B6%95&re=1

그림 6 솔로몬 성전 모형도   77
    출처: https://blog.naver.com/hibeulah/30159034857

그림 7 법궤(언약궤)   81
    출처: https://cafe.daum.net/PenangChurch/HaHa/305?q=
    %EB%B2%95%EA%B6%A4&re=1

그림 8 분열 왕국 시대의 지도   123
    출처: https://blog.naver.com/yebitcecd/223695774893

그림 9 여로보암이 세운 금송아지 우상   132
    출처: https://search.daum.net/search?w=img&q=%EA%B8%88%EC%86%A1%EC%95%84%EC%A7%80+%EC%9A%B0%EC%83%81+%EC%9D%B4%EB%AF%B8%EC%A7%80&DA=IIM&vimg=68f-bju9Ws28hd_AwT

그림 10 애굽 왕 시삭의 유다 침입   153
    출처: 하나 성경(https://www.hbible.co.kr)

그림 11 바알과 아세라 상   178
    출처: https://392766.exbible.net/3441

그림 12 엘리야가 시돈 땅 사르밧으로 가다   192
    출처: 대한성서공의회 홈페이지에 수록된 지도

그림 13 갈멜산의 엘리야 동상   217
    출처: https://cafe.daum.net/mania8989/eCrm/9?q=%EC%97%98%EB%A6%AC%EC%95%BC+%EB%8F%99%EC%83%81&re=1

그림 14 아합과 엘리야가 이스르엘로 가다   224
    출처: 대한성서공회 홈페이지에 수록된 지도

그림 15 사막에 자라는 로뎀나무   230
    출처: https://whattree.tistory.com/110

그림 16 짐 엘리엇과 동료 선교사들   238
    출처: https://sunnybangga.tistory.com/162

그림 17 짐 엘리엇   239
    출처: https://sunnybangga.tistory.com/162

그림 18 엘리자베스와 그녀의 딸   239
    출처: https://sunnybangga.tistory.com/162

그림 19 바바라 존슨   304
    출처: https://m.cafe.daum.net/milkbee/TgQY/46?q=D_eF5yOc-3v-s0&

머리말

원래 열왕기는 한 권으로 된 책이었으나 70인역(Septuagint, LXX)으로 번역하면서 상하로 나뉘었습니다. 열왕기는 다윗의 통치가 끝난 시점(B.C. 973년)부터 바벨론 포로기(B.C. 586년)까지 이스라엘 역사를 다루고 있습니다. 저자가 구체적으로 밝혀지지 않았으나 바벨론 포로로 잡혀갔던 선지자 중 하나로 추정됩니다. 저자는 열왕기를 읽는 독자에게 다음과 같은 질문을 하고 있습니다.

이스라엘 역사에서 최고의 번영을 누렸던 솔로몬이 어떻게 하다가 통치 말기에 이스라엘이 남북으로 분열되는 원인을 제공했는가?(1-11장). 왜 하나님의 언약 백성이었던 이스라엘이 남북 왕조로 분열되었는가?(12장). 왜 남북 왕조가 이방인들에게 멸망당하고 포로로 끌려가게 되었는가?(13장-왕하 25장).

저자는 그 원인을 남북 왕조가 하나님의 말씀을 따라 살았던 다윗의 길로 가지 않고 우상 숭배자 여로보암의 길로 갔기 때문이라고 했습니다. 그 결과 하나님의 징계로 이방인의 포로가 되었다는 것입니다. 저자는 바벨론 포로 된 사람에게 우상 숭배의 죄를 철저히 회개한 후 다시 하나님께로 돌아갈 것을 호소합니다.

열왕기는 선지자적 관점으로 기록하다 보니 남북 왕들의 정치적 업적보다, 얼마나 율법에 충실하면서 하나님을 잘 섬겼느냐에 초점을 맞추었습니다. 그래서 다윗의 길로 갔던 왕은 '선한 왕', 여로보암의 길로 갔던 왕을 '악한 왕'으로 정의했습니다.

본서 제1부는 솔로몬 왕국의 부귀와 번영(왕상 1:1-11:43), 제2부는 이스라엘이 남북으로 분열된 후 남북 왕들의 통치에 관한 내용입니다(12:1-22:53). 열왕기는 남북 왕조가 우상 숭배를 하다가 나라가 멸망했다는 것을 강조하기 위해 우상 숭배를 먼저 했던 북왕국 이스라엘을 중심으로 기록했습니다. 그래서 북왕국의 왕을 먼저 소개한 후 그의 통치 때 유다 왕이 누구였는가를 소개하다 보니 남북의 왕들을 지그재그로 소개했습니다.

설교마다 세 개의 큰 단락을 두면서, 큰 단락 안에 여러 개의 소단락을 두었습니다. 서론에 해당하는 도입 부분은 예화로 시작했고, 중간 단락은 본문의 배경을 설명하고, 마지막은 삶에 적용하는 방식으로 했습니다.

본서는 필자가 시무하는 제7영도교회에서 수요기도회 때 강해했던 내용입니다. 독자들이 쉽게 읽을 수 있도록 인명과 지명은 히브리어 원문과 그 뜻을 설명해 두었습니다. 히브리어 원문은 베들레헴 버전을, 지도는 대한성서공회의 홈페이지에서, 그 외는 여러 자료를 참고했습니다.

매주 수요일마다 필자의 설교를 충실하게 들었던 제7영도교회 성도들께 감사드립니다. 늘 기도와 함께 책이 출판될 수 있도록 노진용, 박화심, 서길원, 한기완 님이 후원을 해 주셨습니다. 교정을 위해 수고해 주신 배영철 장로님과 홍옥자 집사님께 감사드립니다. 또 바쁜 학사 일정에도 책을 추천해 주신 하성만, 최윤갑 교수님께 감사드립니다. 특히, 필자의 변함없는 동역자인 아내 김영아 사모와 아들 박사무엘, 그리고 캐나다에 있는 딸 이레와 사위 벤지(Benji)에게 감사드립니다. 이 책 출판을 위해 힘써 주신 기독교문서선교회(CLC)의 대표 박영호 목사님께 감사의 인사를 전합니다.

2025년 1월

제1부

통일 왕국: 솔로몬 시대

♦

²³ 솔로몬 왕의 재산과 지혜가 세상의 그 어느 왕보다 큰지라 ²⁴ 온 세상 사람들이 다 하나님께서 솔로몬의 마음에 주신 지혜를 들으며 그의 얼굴을 보기 원하여 ²⁵ 그들이 각기 예물을 가지고 왔으니 곧 은 그릇과 금 그릇과 의복과 갑옷과 향품과 말과 노새라 해마다 그리하였더라(왕상 10:23-25).

- **통치 기간**: B.C. 971-930년(왕상 1:1-12:24)
- **이스라엘의 수도**: 예루살렘
- **주요 인물**: 솔로몬, 두로왕 히람. 애굽 왕 시삭. 스바 여왕, 대제사장 사독, 군사령관 브나야
- **내용 요약**: 통일 왕국 시대의 왕들: 120년
  사울(40년), 다윗(40년), 솔로몬(40년)

1

솔로몬이 이스라엘의 왕이 되다(왕상 1:1-53)

■ **핵심 내용**

²⁹ 왕이 이르되 …³⁰ 내가 이전에 이스라엘의 하나님 여호와를 가리켜 네게 맹세하여 이르기를 네 아들 솔로몬이 반드시 나를 이어 왕이 되고 나를 대신하여 내 왕위에 앉으리라 하였으니 내가 오늘 그대로 행하리라(29-30절).

■ 장소: 에느로겔 근방 소헬렛 바위 곁 → 예루살렘 → 기혼 샘 → 예루살렘(B.C. 970년)

■ 인물: 아도니야, 요압, 아비아달, 솔로몬, 나단, 밧세바, 사독

1. 왕자의 난(1-4절)

그동안 재계와 체육계를 오가며 대한민국의 경제 성장을 이끌었던 위대한 거인 정주영 회장도 세월의 힘을 거스르지 못했다.[1] 그는 1990년대 초반에 대선 도전에 실패한 후 경영 일선에서 물러나 현대그룹의 명예회장 직함만 갖

---

[1] https://george-marshall.tistory.com/272. 인용

고 있었다. 후계자 선택에 관해 뚜렷한 태도를 내놓지 않은 상태에서 2000년에 정몽구(2남)와 정몽헌(5남) 형제가 현대그룹 공동 회장직을 맡았다. 그러니 현대그룹의 진정한 후계자를 두고 형제간에 갈등이 일어날 수밖에 없었다.

2000년대 초반만 해도 현대의 간판 기업은 현대건설이었다. 정몽헌 회장이 현대건설과 현대증권, 현대상선 등을 맡다 보니 현대 계열사에서 그의 영향력이 정몽구 회장보다 컸다. 정몽구 회장은 현대그룹 금융 부문에서 자신의 영향력을 늘리기 위해 정몽헌 회장이 싱가포르로 출장 간 사이에 정 회장의 최측근이었던 이익치 현대증권 회장을 고려산업개발 회장으로 인사 조처를 했다.

이 소식을 들은 정몽헌 회장이 곧바로 귀국하여 현대그룹 구조조정위원회를 열어 정몽구 회장을 현대그룹 공동 회장직에서 박탈했다. 그 당시 매스컴은 현대그룹의 대표 회장직을 두고 두 형제간의 갈등을 '왕자의 난'이라고 했다. 형제간에 한 그룹의 대표가 되기 위해 치열하게 다투었다면, 한 나라의 통치권을 두고 왕자들끼리 난(亂)을 일으키는 것은 당연하다. 본문은 그 '왕자의 난'을 아도니야가 일으킨 것을 말한다.

2. 누가 다윗 왕의 후계자가 될 것인가?(5-40절)

열왕기상은 "다윗 왕이 나이가 많아 늙으니 이불을 덮어도 따뜻하지 아니한지라"(1절)로 시작한다. 신하들은 잇사갈 지파 수넴의 처녀였던 아비삭(אֲבִישַׁג, 나의 아버지는 방랑자)을 다윗에게 보내 시중들게 했다. 그러나 70세 다윗은 너무 늙어 그녀와 동침할 수 없었다. 다윗이 아름다운 여인을 곁에 두고도 동침하지 못할 정도로 늙었는데 어찌 이스라엘을 통치할 수 있겠는가.

아도니야의 반역(5-9절): 아도니야(אֲדֹנִיָּה, 나의 주는 여호와시다)는 다윗의 네 번째 부인 학깃(חַגִּית, 축제의)이 낳았다. 그가 왕이 되기 위해 압살롬처럼 병거와 기병을 준비했고, 호위병 오십 명을 데리고 다녔다(삼하 15:1 참조). 군대장관 요압과 제사장 아비아달이 아도니야의 반역에 가담하자, 아도니야는 솔로몬을 제외한 왕자들과 왕의 신하 그리고 유다 사람을 기드론 골짜기의 에느로겔(정탐의 우물) 근처에 있는 소헬렛(뱀) 바위 곁으로 초청한 후 양과 살진 송아지를 잡았다. 그 모임에 "솔로몬을 지지했던 선지자 나단과 브나야와 용사들은 초청받지 못했다"(10절).

요압은 예전에 다윗이 아마사를 군장으로 임명한 것에 강한 불만을 품고 있었다. 그래서 요압은 아도니야가 왕이 되면 배후에서 막강한 권력을 행사하려고 했다. 제사장 아비아달이 반역에 가담한 것은 평소 사독에 대한 질투심 때문이다. 그도 똑같은 제사장인데도 항상 사독의 이름이 먼저 언급되었고(삼하 17:15; 19:11 참조), 언약궤를 이동할 때도 사독의 허락을 받아야 했다(삼하 15:24-29).

나단과 밧세바의 대항책(10-32절): 아도니야가 왕이 되기 위해 비밀 모임을 한다는 소식을 반대파가 들었다. 그들은 나단 선지자, 사독 대제사장, 그리고 다윗의 수비대장 브나야와 용사들로 아도니야의 반역을 분쇄(粉碎)할 수 있는 막강한 힘이 있었다. 밧세바는 다윗에게 아도니야가 반역을 일으킨 것과 예전에 다윗이 솔로몬을 왕위에 앉힐 것이라고 말했던 것을 상기시켰다(17-18절). 밧세바는 아도니야가 왕이 되면 그녀와 솔로몬이 죄인이 될 것이라고 했다(20-21절). 나단도 아도니야가 자신과 브나야 그리고 솔로몬을 초청하지 않은 것을 언급한 후 다윗이 아도니야가 왕이 되도록 허락했는지를 물었다.

두 사람의 말을 들은 다윗은 예전에 맹세했던 대로 솔로몬이 왕위를 계승하는 것이 자기 뜻이라고 했다. "²⁹ 왕이 이르되 내 생명을 모든 환난에서 구하신 여호와께서 살아 계심을 두고 맹세하노라 ³⁰ 내가 이전에 이스라엘의 하나님 여호와를 가리켜 네게 맹세하여 이르기를 네 아들 솔로몬이 반드시 나를 이어 왕이 되고 나를 대신하여 내 왕위에 앉으리라 하였으니 내가 오늘 그대로 행하리라 ³¹ 밧세바가 얼굴을 땅에 대고 절하며 내 주 다윗 왕은 만세수를 하옵소서 하니라"(29-31절).

다윗은 사독과 나단 그리고 브나야에게 솔로몬을 그의 노새에 태워 기혼(גִּיחוֹן, 터져 나옴) 샘으로 데리고 가라 했다. 솔로몬이 왕이 탄 노새에 탄 것은 다윗의 후계자가 되었음을 백성들에게 널리 알리려는 상징적인 표시이다.

왜 다윗은 솔로몬을 법궤가 있는 성막이 아닌 기혼 샘으로 가라고 했을까? 기혼 샘은 기드론 골짜기에 있는 실로암 못으로 예루살렘성의 수원지(水源池)였다. 그곳에서 아도니야가 반역을 위해 잔치를 열었던 에느로겔까지는 멀지 않았다. 다윗은 아도니야의 음모를 사전에 분쇄하려고 솔로몬을 기혼 샘으로 보낸 것이다.

솔로몬에게 기름 부음(32-40절): 제사장 사독이 기름 뿔을 취하여 솔로몬의 머리에 붓자(39절), 백성들이 "솔로몬 왕은 만세 수를 하옵소서"라고 외치면서, 피리를 불면서 즐거워했다. 김지찬 교수는 "선지자 대신 제사장이 솔로몬에게 기름 부은 것은 왕조 안의 세습이 이루어졌기 때문이라고 했다. 사울과 다윗 그리고 예후처럼 새로운 왕조가 세워질 때는 선지자가 기름을 부었다(삼상 9:16; 16:12; 왕하 9:1-13). 그러나 솔로몬은 왕조 안의 세습이기에 제사장이 기름을 부었다"고 했다.² 아도니야와 함께 반란에 가담했던 사람들은 솔로몬이 왕으로 세워졌다는 소식을 듣고, 살기 위해 급히 연회 장소를 떠났다(49절). 이것은 하나님이 인정하지 않으셨던 권력자를 의지하는 것이 얼마나 허망한가를 보여 준다.

3. 아도니야가 왕이 되지 못한 이유(41-53절)

아도니야는 급히 성막으로 달려가 번제단의 뿔(קֶרֶן, horn)을 붙잡고 솔로몬에게 자비를 구했다(50절). 제단 뿔은 번제단 네 모퉁이에 튀어나온 돌기 부분이다(출 38:1-7). 제단 뿔에 제물이 될 짐승을 매고, 희생 제물의 피를 발랐다(출 29:12; 시 118:27). 이 '뿔'은 '하나님의 힘과 능력을 상징'하면서(삼상 2:10; 시 18:2), 한편으로는 '하나님께서 약자와 억울한 자, 죄인을 보호하시는 은혜를 상징'한다. 아도니야는 솔로몬의 사형 집행이 두려워 제단 뿔을 잡았다. 솔로몬은 아도니야가 선한 사람이 된다면 자신을 두려워할 필요가 없다고 했다(53절).

아도니야가 왕이 되지 못한 이유(1-6절): 아도니야는 다윗의 넷째 아들로 연장자 계승 원칙에 의해 왕위를 계승할 수 있었다. 그러니 그의 야망이 결코 지나친 것이 아니다. 그는 사울, 다윗, 압살롬처럼 외모가 준수했고(handsome), 한 번도 다윗을 섭섭하게 한 적이 없었다. 그런데도 왜 왕이 되지 못했을까?

---

2   김지찬, 『여호와의 날개 아래 약속의 땅을 향하여』 (생명의말씀사, 2016), 729에서 인용.

첫째, 그 스스로 왕이 되려고 했다. "⁵ 그때에 학깃의 아들 아도니야가 스스로 높여서 이르기를 내가 왕이 되리라 하고 자기를 위하여 병거와 기병과 호위병 오십 명을 준비하니 ⁶ 그는 압살롬 다음에 태어난 자요 용모가 심히 준수한 자라 그의 아버지가 네가 어찌하여 그리 하였느냐고 하는 말로 한 번도 그를 섭섭하게 한 일이 없었더라"(5-6절).

사울과 다윗은 하나님이 왕으로 세우라고 지명했으나 아도니야는 스스로 왕이 되려고 했다. 이스라엘은 신정국가이기 때문에 본인의 의사보다 하나님의 지명이 있어야 한다. 왕은 하나님의 대리자로 율법에 순종하면서 하나님의 뜻을 실현해야 할 의무가 있다. 이런 사명을 가진 왕인데 스스로 왕이 되려고 할 때 과연 하나님께서 허락하시겠는가? 설령 왕이 되었다고 해도 하나님의 뜻을 잘 실현하겠는가?

둘째, 하나님은 솔로몬이 태어났을 때 그를 사랑한다는 뜻에서 여디디야(יְדִידְיָה, Jedidiah)라는 별명을 주셨다. "²⁴ 다윗이 그의 아내 밧세바를 위로하고 그에게 들어가 그와 동침하였더니 그가 아들을 낳으매 그의 이름을 솔로몬이라 하니라 여호와께서 그를 사랑하사 ²⁵ 선지자 나단을 보내 그의 이름을 여디디야라 하시니 이는 여호와께서 사랑하셨기 때문이더라"(삼하 12:24-25).

하나님과 다윗의 뜻은 솔로몬이 왕이 되는 것이었다. "³⁰ 내가 이전에 이스라엘의 하나님 여호와를 가리켜 네게 맹세하여 이르기를 네 아들 솔로몬이 반드시 나를 이어 왕이 되고 나를 대신하여 내 왕위에 앉으리라 하였으니 내가 오늘 그대로 행하리라"(30절). 하나님께서 이스라엘 왕이 세워지는 과정에 침묵하시는 것처럼 보이지만, 실상은 인간 정치사에 자기 뜻이 이루어지도록 역사하셨다. 아도니야는 다윗이 솔로몬을 지지한다는 것을 알았기에 미리 반역을 일으켰다.

사람이 완벽하게 계획을 세워도: 아도니야의 입장에서 요압은 다윗 다음으로 이스라엘 최고 권력자였기에 그의 지지를 받으면 왕이 된 것이나 다름이 없었다. 그러나 하나님의 뜻은 그것이 아니었다(왕상 1:48; 2;15 참조). 이것은 "사람이 마음으로 자기의 길을 계획할지라도 그의 걸음을 인도하시는 이는 여호와시니라"(잠언 16:9)는 말씀을 입증한 것이다. 인생사는 사람이 완벽하게 계획을 세워도 하나님의 허락이 없으면 절대 이루어지지 않는다. 그러니 매사에 하나님의 뜻을 묻는 기도를 하는 동시에 하나님의 뜻에 맞추어서 살아가야 한다.

■ 되새김 >>>

1. 아도니야는 다윗의 네 번째 아들로 왕위 계승자라는 확신이 있었다.
2. 하나님과 다윗의 뜻은 솔로몬이 합법적인 다윗의 후계자가 되는 것이다.
3. 아무리 사람의 계획이 완벽해도 하나님이 허락하지 않으시면 이루어지지 않는다.

2

다윗이 솔로몬에게 남긴 유언(왕상 2:1-12)

■ **핵심 내용**

¹ 다윗이 죽을 날이 임박하매 그의 아들 솔로몬에게 명령하여 이르되 ² 내가 이제 세상 모든 사람이 가는 길로 가게 되었노니 너는 힘써 대장부가 되고(1-2절).

■ 장소: 예루살렘
■ 인물: 다윗(B.C. 010-970년), 솔로몬

1. 한 어머니의 감동적인 유서

사십 대 초반에 공무원이던 남편을 일찍 떠나보내고, 35년간 홀로 3남 녀를 훌륭하게 키웠던 한 어머니가 있었다. 그녀가 78세에 난소암으로 세상을 떠나면서 남긴 유서(遺書)가 공개되었을 때 장례식장은 눈물바다가 되었다. 어머니의 유서는 아주 짧으면서도 아들과 딸을 친근하게 표현하기 위해 "자네들이"라고 했다.[1]

---

1 https://blog.naver.com/ymulpure/223455297036에서 인용.

자네들이 내 자식(子息)이었음이 고마웠네.

자네들이 나를 돌보아 줌이 고마웠네.

자네들이 세상(世上)에 태어나 나를 어미라 불러 주고, 젖 물려 배부르면 나를 바라본 그 눈길에 참 행복했다네.

지아비 잃고 세상이 무너져, 험한 세상 속을 버틸 수 있게 해 줌도 자네들이었네.

병들어 하나님이 부르실 때, 곱게 갈 수 있게 내 곁에 있어 줘서 참말로 고맙네.

자네들이 있어서 잘 살았네. 자네들이 있어서 열심히 살았네.

딸 아이야! 맏며느리, 맏딸 노릇 한다고 매우 버거웠지?

큰 애야! 맏이 노릇 하느라 힘들었지?

둘째야! 일찍 어미 곁을 떠나 홀로 서느라 힘들었지?

막내야! 어미 젖이 시원치 않음에도 공부(工夫)하느라 힘들었지?

고맙다. 사랑한다. 그리고 다음에 만나자.

사랑하는 엄마가

유언은 고인이 전 생애를 통해 깨달은 진리에 대한 결론이다. 유언에는 고인이 깨달았던 삶의 진리와 좋은 일, 삶의 반성이나 하지 못했던 일을 자녀나 제자들이 해 주기를 바라는 소원이 담겨 있다. 다윗도 이런 뜻을 담아 솔로몬에게 유언을 했다.

2. 다윗이 죽을 날이 임박하매(1-2, 10-11절)

다윗의 죽음(1-2절): "다윗이 죽을 날이 임박하매 그의 아들 솔로몬에게 명령하여 이르되 내가 이제 세상 모든 사람이 가는 길로 가게 되었노니"(1-2절). "다윗이 그의 조상들과 함께 누워 다윗성에 장사되니"(10절).

성경 곳곳에서 그 시대의 영웅이요, 다윗처럼 파란만장한 삶을 살았던 믿음의 영웅들의 죽음에 관한 내용이 나온다. 이 땅에 태어난 사람은 누구나 죽는다. 아무리 훌륭한 업적을 남겼어도 죽음을 피할 수가 없다. 이것 때문에 모세는 120년의 생을 마감하면서 이런 고백을 했다. "우리의 연수가 칠십이요, 강건하면 팔십이라도 그 연수의 자랑은 수고와 슬픔뿐이요, 신속히 가니 우리가 날아가나이다"(시 90:10).

다윗의 40년 통치(10-11절): "다윗이 이스라엘 왕이 된 지 사십 년이라 헤브론에서 칠 년 동안 다스렸고 예루살렘에서 삼십삼 년 동안 다스렸더라"(시 90:10). 이 짧은 내용 속에 다윗의 험난했던 70년의 인생 이력이 담겨 있다. 이새의 막내아들로 태어나서 어렸을 때부터 들판에서 양을 쳤다. 17살에 골리앗을 죽임으로 국민적인 영웅이 되었으나 사울왕의 시기로 13년 동안 도망자의 삶을 살았다. 이스라엘은 사울이 죽자 유다와 이스라엘로 나누어졌다. 다윗은 이런 나라를 통합하여 33년간 통치했다.

그의 마음 중심에는 늘 하나님이 진짜 왕이요 자신은 하나님의 대리자로서 율법 중심의 신정정치를 하려고 노력했다. 이스라엘을 괴롭혔던 주변 나라를 다 정복했고 아들의 배반으로 도망자가 되기도 했다. 또 모든 부모처럼 자녀들 사이에 일어났던 불미스러운 일로 인해 가슴앓이를 했다. 10절에 이런 다윗의 인생 여정이 다 담겨 있기에 그의 생애를 묵상하면서 읽어야 한다.

우리의 삶도 짧게 혹은 길게, 또 좋게 혹은 나쁘게 평가받을 수 있다. 사람의 평가도 받아야 하지만, 한편으로는 하나님의 평가도 받아야 한다. 그러니 하루를 살더라도 하나님 앞에 부끄럽지 않게 진지하게 살아야 한다. 찬송가 308장 1절의 가사 "내 평생 살아온 길 뒤를 돌아보니 걸음마다 자욱마다 다 죄뿐입니다. 우리 죄를 사하신 주의 은혜 크시니 골고다의 언덕 길 주님 바라봅니다"와 같이 우리 삶의 여정은 수많은 죄악과 허물로 얼룩져 있다. 그런데도 주님께서 이런 허물을 십자가 뒤에 감추어 버리시고 풍성한 은혜를 내려 주셨다. 그러니 더욱 하나님을 사랑하고, 찬양하면서 감사하면서 살아야 한다.

3. 다윗의 유언(1-9절)

너는 힘써 대장부가 되고(2절): "솔로몬아, 강해져서 너 스스로 남자인 것을 보여 주어라"(So be strong, show yourself a man, NIV). 하나님께서 이와 비슷한 말씀을 이스라엘의 지도자가 된 여호수아에게도 하셨다(수 1:6). 그때 이스라엘은 가나안 정복 전쟁을 앞두고 있었기에 하나님이 여호수아를 격려하는 차원에서 이 말씀을 하셨다고 생각하기 쉽다. 그러나 하나님의 관심은 여호수아가 모세의 율법을 담대하게 지키는 것이었다. 율법을 잘 지키느냐 지키지 않느냐에 따라 가나안 땅에 들어가는 이스라엘의 방향과 운명이 달라질 것이다. 그래서 조건을 제시하신 것이다. "오직 강하고 극히 담대하여 나의 종 모세가 네게 명령한 그 율법을 다 지켜 행하고 우로나 좌로나 치우치지 말라 그리하면 어디로 가든지 형통하리니"(수 1:7).

다윗이 솔로몬에게 "힘써 대장부가 되라"라고 한 것은 율법을 지키는 데 있어 대장부가 되라는 것이다. 왕이 율법을 잘 지키느냐 못 지키느냐에 따라 이스라엘이 하나님 중심의 나라가 되기도 하고, 우상 숭배를 하는 나라가 될 수 있다. 그래서 하나님을 잘 섬기는 것만이 솔로몬과 이스라엘이 살길임을 강조하기 위해 "힘써 대장부가 되라"라고 했다.

동시에 이것은 선왕으로 솔로몬이 강력한 지도력을 발휘하기를 바라는 마음이 담겨 있다. 아도니야와 함께 반역을 일으켰던 무리가 여전히 살아 있다. 그들은 솔로몬에게 가시 같은 존재로 언제든지 해를 가하려고 할 것이다. 솔로몬은 다윗처럼 들판과 전쟁터를 누비면서 살지 않았다. 큰 고생도 하지 않았고, 다윗보다 인생 경험이 짧기에 대적들이 이런 왕을 무시하기가 쉽다. 왕이 되는 순간부터 대중의 눈총을 받아야 하고 정적들이 솔로몬의 약점을 집요하게 파고들 것이다. 또 왕의 힘을 이용하여 유익을 얻으려고 할 것이다. 어떤 때는 외로이 힘든 결정을 해야 하고, 어쩔 수없이 사람을 죽이라는 명령을 해야 했기에 꼭 강한 왕이 되어야 했다.

하나님께 대해서는 순종(3-4절): 다윗은 솔로몬에게 힘써 믿음의 대장부가 되기 위해서는 하나님의 명령을 잘 지키라고 했다. "네 하나님 여호와의 명령을 지켜 그 길로 행하여 그 법률과 계명과 율례와 증거를 모세의 율법에 기록된 대로 지키라 그리하면 네가 무엇을 하든지 어디로 가든지 형통할지라"(3절).

다윗처럼 야곱과 모세, 그리고 여호수아도 죽기 전에 이와 비슷한 유언을 남겼다(수 24장). 그러니 다윗의 유언은 솔로몬뿐만 아니라, 그의 후손과 모든 성도가 꼭 듣고 지켜야 할 것들이다. 다윗은 솔로몬이 하나님께 순종하는 삶을 살기를 바라는 마음에서 4절에서 그가 하나님과 맺었던 언약의 내용을 상기시켜 주었다(삼하 7:12-16 참조). "여호와께서 내 일에 대하여 말씀하시기를 만일 네 자손들이 그들의 길을 삼가 마음을 다하고 성품을 다하여 진실히 내 앞에서 행하면 이스라엘 왕위에 오를 사람이 네게서 끊어지지 아니하리라 하신 말씀을 확실히 이루게 하시리라"(4절).

이 순종의 대전제는 "하나님이 왕이시다"라는 것이다. 하나님이 솔로몬을 왕으로 세우셔서 하나님의 대리자로 이스라엘을 통치하게 한 것을 잊지 말라는 것이다. 왕이 하나님께 순종하면 하나님이 선하게 인도하시어 솔로몬과 백성들을 행복하게 하실 것이다(왕상 3-10장 참조). 반면에 하나님께 순종하지 않으면 스스로 강한 척은 하겠지만 결국 졸장부 인생을 산다. 하나님께 순종하는 자는 타인의 눈에는 유순하게 보이지만 실상은 강력한 대장부의 인생을 사는 것이다.

사람에 대해서는 공의를(5-9절): 다윗은 솔로몬에게 하나님께 순종할 것을 권면한 후 사람에 대해 공의를 시행하라고 했다. 그 공의의 기준은 '상(賞) 줄 자에게 상을 주고, 벌(罰) 줄 자에게는 벌'을 주는 것이다. 먼저 다윗은 요압이 하나님의 뜻을 무시했기에 그 뜻을 우습게 여긴 대가를 꼭 갚아 주라고 했다(5절). 바르실래(ברזלי, 나의 철연장)의 아들에게는 상을 주어 식구로 대해 주라고 했다(7절). 그들은 다윗이 압살롬의 반역으로 피난 갔을 때 하나님의 편에 서서 다윗을 도와주었다(삼하 17:27-29). 벌을 주는 것보다 더 잘해야 하는 것은 상을 주는 일이다(히 11:6).

그다음 다윗이 압살롬의 반역을 피해 도망갈 때 독한 저주의 말을 퍼부었던 시므이를 반드시 응징하라고 했다(8-9절). 다윗이 말하는 대장부는 하나님께는 기꺼이 순종하고, 사람에게는 당당히 공의를 행하는 것이다. 공의를 실현하라는 다윗의 유언은 "사람이 무엇으로 심든지 그대로 거두리라 자기의 육체를 위하여 심는 자는 육체로부터 썩어질 것을 거두고 성령을 위하여 심는 자는 성령으로부터 영생을 거두리라"(갈 6:7-8)는 말씀이 이루어지는 것을 볼 수 있다.

■ 되새김 >>>

1. 유언과 유서는 고인이 전 생애를 통해 깨달은 삶에 대한 진리의 결론이다.

2. 다윗의 유언은 하나님께서 솔로몬을 왕으로 세우신 것을 잊지 않고 순종하라는 것이다.

3. 하나님의 공의는 선한 일을 하는 자에게는 상을 그렇지 않은 자에게 벌을 주는 것이다.

3

솔로몬이 다윗의 유언을 실행하다(왕상 2:13-46)

■ 핵심 내용

여호야다의 아들 브나야에게 명령하매 그가 나가서 시므이를 치니 그가 죽은지라 이에 나라가 솔로몬의 손에 견고하여지니라(46절).

● 장소: 예루살렘
● 인물: 밧세바, 아도니야, 솔로몬, 아비아달, 요압, 시므이

1. 승복(承服)의 지혜를 배워라

미국 대통령 선거는 폐단도 많지만 한 가지 좋은 것은 선거에서 패배했을 때 깨끗하게 승복(承服)한다는 것이다. 1960년에 닉슨이 존 F. 케네디에게 12만여 표 차로 패배했을 때 "헌법과 민주주의가 더 우선"이라고 하면서 케네디의 당선을 축하했다. 이런 전통이 2000년에 엘 고어 부통령에 이르러 정점을 이루었다. 엘 고어가 플로리다에서 537표 차로 낙선했을 때 재검표 소송까지 갔다. 그러나 연방대법원이 재검표 중단을 결정했을 때 고어는 감동적인 승복 연설로 둘로 갈라진 미국을 하나로 만들었다.

힐러리 클린턴은 트럼프보다 전국 득표에서 약 280만 표를 더 얻었으나 선거인단의 수에 밀려 패배했다. 그때 그녀는 다음 연설을 남기고 정치 무대를 떠났다.

> 트럼프가 우리 대통령이 될 것입니다. 우리는 그에게 마음을 열고 나라를 이끌 기회를 줘야 합니다. 당파적인 원한은 제쳐 두고 그의 국가 운영에 신의 축복이 따르기를 바랍니다.

대통령 선거에서 패배는 당사자와 지지자들 모두의 패배이다. 그래서 승복을 "연장으로 손톱을 빼는 것과 같은 고통으로 비유"되었다. 선거에서 패배는 공직에서 영원한 퇴장을 의미한다. 그래서 미국 대통령 선거는 승자가 승리를 선언했을 때보다 꼭 법적인 것이 아니지만 패자가 패배를 인정했을 때 비로소 종결된다고 했다.[1]

이렇게 승복이 아름다운데도 사람들이 쉽게 승복하지 않는 것은 승복하면 모든 것을 잃어버린다고 생각하기 때문이다. 이미 끝난 게임에서 패배를 인정하지 않음으로 자신의 인생을 망친 사람이 많다. 본문은 아도니야가 왕직에 대한 미련을 버리지 못해 결국 목숨을 잃게 되는 것을 말하고 있다.

---

1 https://brunch.co.kr/@chooni1004/4에서 인용.

2. 솔로몬이 다윗의 유언을 이행하다(13-46절)

아도니야가 수넴 여인 아비삭을 요구하다(13-25절): 다윗이 죽었음에도, 아도니야는 여전히 왕이 되지 못한 것에 대해 한을 품고 있었다. 아도니야는 솔로몬의 어머니 밧세바에게 수넴 여인 아비삭을 아내로 줄 것을 솔로몬에게 요청하여 달라고 했다. 그 요청에는 여전히 왕직에 대한 미련을 버리지 못했음을 볼 수 있다. "그가 이르되 당신도 아시는 바이거니와 이 왕위는 내 것이었고 온 이스라엘은 다 얼굴을 내게로 향하여 왕으로 삼으려 하였는데 그 왕권이 돌아가 내 아우의 것이 되었음은 여호와께로 말미암음이니이다"(15절).

아도니야는 솔로몬이 왕이 된 것이 하나님의 뜻이라고 했다. 그러나 선왕의 첩을 취한 후 다윗 왕의 후계 정통성이 자신에게 있음을 백성에게 알려 다시 왕위 문제를 거론하려고 했다.

아도니야는 솔로몬보다 형이다. 또 군사령관 요압과 제사장 아비아달이 지지를 하고 있었기에 아비삭을 차지하면 왕권을 차지할 수 있다고 생각했다. 밧세바는 아도니야의 의도를 모른 채 형과 아우의 원만한 관계를 위해 그것이 필요하다고 생각했다. 그러나 솔로몬은 이 제안을 왕권에 대한 도전으로 받아들였다. "솔로몬 왕이 그의 어머니에게 대답하여 이르되 어찌하여 아도니야를 위하여 수넴 여자 아비삭을 구하시나이까 그는 나의 형이오니 그를 위하여 왕권도 구하옵소서 그뿐 아니라 제사장 아비아달과 스루야의 아들 요압을 위해서도 구하옵소서 하고"(22절).

고대 사회에서 왕의 아내 혹은 왕의 첩과 동침하는 것은 왕권에 대한 도전으로 인식되었다(삼하 16:21).[2] 이것 때문에 사울의 아들 이스보셋이 군장

---

2 김구원, 『사무엘하』 (홍성사, 2019). 116에서 인용.

아브넬이 사울의 첩 리스바와 동침한 것을 따지다가 아브넬과의 관계가 틀어졌다(삼하 3:6-11). 아도니야는 밧세바를 속였으나 솔로몬은 속이지 못했다. 시위대장 브나야는 솔로몬의 지시대로 아도니야를 처형했다(25절). "욕심이 잉태한즉 죄를 낳고, 죄가 장성한즉 사망을 낳게 된다"(약 1:15)는 말씀처럼 아도니야는 왕직에 대한 욕심을 버리지 못해 결국 그의 목숨과 맞바꾸게 되었다.

제사장 아비아달을 파면하다(26-27절): 아도니야의 처형은 그와 음모에 가담했던 자들에 대한 심판을 시행하는 계기가 되었다. 제사장 아비아달(אֶבְיָתָר, 아버지께서 풍성히 주신다)은 그동안의 공로를 생각해서 죽이지 않고 파면시켰다. 목숨은 건졌지만, 더 이상 하나님을 섬기는 일과 백성들에게 복을 비는 존귀한 사역을 할 수 없었다. 아비아달은 다윗과 동고동락했던 사람이다. 다윗이 사울에게 혹은 압살롬에게 쫓길 때도 함께했었다. 그러나 그는 하나님의 뜻에 대한 분별력을 잃어버리고. 하나님 반대편에 서서 왕을 세우려고 하다가 끝까지 솔로몬과 함께 가지 못했다.

아비아달의 파면은 통해 일찍이 선지자를 통해 엘리에게 하신 말씀이 성취된 것이다. 하나님은 엘리의 가정을 심판하시면서 "보라 내가 네 팔과 네 조상의 집 팔을 끊어 네 집에 노인이 하나도 없게 하는 날이 이를지라"(삼상 2:31; 27-36절 참조)는 말씀을 하셨다. 엘리는 아비아달의 조상이 된다. 그래서 아비아달의 파면은 하나님의 말씀이 성취된 것이다. 조상이 잘못했다고 무조건 조상 탓과 하나님을 탓할 수 없다. 조상이 잘못했다고 해서 내가 잘못해서는 안 된다. 조상을 탓하기 전에 내가 좋은 조상이 되어야 하고 후손에게 믿음의 유산을 물려주어야 한다.

요압이 죽임을 당하다(28-35절): 요압은 아도니야가 죽임을 당하자 급히 성막 번제단의 제단 뿔을 붙잡았다. 그러나 제단 뿔은 고의로 사람을 죽이지 않은 자에게는 피난처가 되지만 요압처럼 고의로 사람을 죽인 자에게는 해당되지 않았다(출 21:13-14). 요압은 아브넬과 아마사 그리고 압살롬을 죽였다. 요압은 능력이 있었으나 권력에 대한 욕심이 충성된 신하로 살지 않았다. 다윗 때는 국가적인 과도기라서 요압을 심판할 수 없었으나 평화의 시기가 되자 하나님께서 솔로몬을 통해 심판하셨다. 요압에게 가장 안타까운 것은 수많은 회개의 기회를 놓쳤다는 것이다. 회개가 안 되는 사람의 끝은 결국 심판밖에 없다는 것을 보여 준다.

시므이의 죽음(36-46절): 시므이의 고향은 기드론 시내 건너편 베냐민 지파 사람들이 거주하는 바후림(בַּחֻרִים, 젊은이들의 마을)이었다. 그는 베냐민 지파에서 큰 영향력을 행사하고 있어서 고향으로 가면 얼마든지 반역을 일으킬 수 있었다. 그래서 솔로몬은 시므이의 거주지를 예루살렘으로 한정하는 조건으로 살려 주었다. "왕이 사람을 보내어 시므이를 불러서 이르되 너는 예루살렘에서 너를 위하여 집을 짓고 거기서 살고 어디든지 나가지 말라"(36절).

세월이 흘러 어느 날 시므이의 두 종이 도망갔는데, 시므이는 그 종을 찾기 위해 예루살렘을 떠나 블레셋의 가드까지 갔다. 3년이란 세월이 지났기에 솔로몬이 약조에 대한 것을 잊어버렸을 것으로 생각했으나 그렇지 않았다. 솔로몬은 늘 그를 감시하고 있었고, 예루살렘을 벗어난 죄를 물어 가차 없이 처형했다(46절).

시므이는 압살롬의 난을 피해 도망가는 다윗에게 온갖 저주를 했다. 다윗은 압살롬의 난을 진압한 후 시므이를 죽일 수 있었으나 민심을 달래는 차원에서 여호와의 이름으로 맹세하면서 살려 두었다. 그러나 다윗은 시므이의 저주와 악행을 결코 잊지 않았다. 그래서 솔로몬에게 "시므이가 백발로 피 가운데 스올로 내려가게 하라"(9절)는 유언을 한 것이다.

3. 유순한 말을 해야 한다(12, 46절)

함부로 저주하지 말자: 시므이는 압살롬의 난을 피해 도망가는 다윗을 돕지 못할망정 저주를 하지 말았어야 했다. 그러나 온갖 저주를 한 것이 결국 그의 죽음으로 이어졌다. 시므이처럼 앞뒤를 생각지도 않고 저주 섞인 말을 하다가 화를 입은 사람이 많다.

이웃 교회 원로 목사님의 아들이 대학 4학년 때 학교에서 심장마비로 죽었다. 아들은 목사님이 교회를 개척할 때부터 부목사 이상으로 온갖 잡다한 일을 했다. 이런 아들의 죽음으로 무척 힘들었는데, 어느 날 한 성도가 무심코 "우리 목사님이 죄가 많아서 아들이 죽었다"는 말을 했다. 그 말을 들은 목사님과 사모님은 밤새도록 가슴을 치면서 울었다고 한다. 오랜 세월이 지났으나 그 말에 대한 상처가 가슴에 응어리로 남아 있었다고 했다. 그러니 "유순한 대답은 분노를 쉬게 하여도 과격한 말은 노를 격동하느니라"(잠언 15:1). 우리는 이 말씀을 꼭 명심해야 한다.

"여호야다의 아들 브나야에게 명령하매 그가 나가서 시므이를 치니 그가 죽은지라 이에 나라가 솔로몬의 손에 견고하여지니라"(46절). 이것은 솔로몬이 아버지가 물려준 무거운 숙제들을 잘 해결했음을 보여 준다.

■ 되새김 >>>

1. 깨끗한 승복은 나와 내가 속한 조직과 나라 전체에 큰 유익을 준다.
2. 아도니야, 아비아달, 요압, 시므이의 패망은 결국 욕심을 버리지 못한 것과 저주 섞인 언어 때문이다.
3. 솔로몬이 정적을 제거함으로 하나님의 공의가 실현되고 왕권이 더욱 견고해졌다.

4

솔로몬이 이방 여인과 결혼하다(왕상 3:1; 11:1-11)

■ **핵심 내용**

솔로몬이 애굽의 왕 바로와 더불어 혼인 관계를 맺어 그의 딸을 맞이하고 다윗성에 데려다가 두고 자기의 왕궁과 여호와의 성전과 예루살렘 주위의 성의 공사가 끝나기를 기다리니라(1절).

■ 장소: 예루살렘
■ 인물: 솔로몬, 많은 이방 여인

1. 믿음을 택할 것인가, 실리를 택할 것인가?

1620년 9월 6일에 영국의 청교도(Puritan) 102명이 '메이플라워'(Mayflower)호를 타고 미국 동부를 향할 때, 비슷한 시기에 또 다른 청교도들이 '매스터'(Master)호를 타고 남미로 향했다. 그러나 이들이 신대륙으로 가는 동기가 각각 달랐다. 전자가 핍박이 없는 곳에서 마음껏 하나님을 섬기는 것이 목적이었다면, 후자는 남미의 엄청난 양의 금이 발견되었다는 소문을 듣고서 황금을 찾아 부자가 되는 것이 목적이었다.

세월이 흘러 신앙의 자유를 찾아 북미로 갔던 청교도들은 하나님으로부터 믿음과 함께 부(富)도 선물로 받았다. 오늘날 미국은 정치와 경제, 국방과 문화, 스포츠, 영화, 과학 등에서 세계 최고이다. 그러나 남미로 갔던 청교도들은 황금도 얻지 못했고, 믿음도 잃어버렸다. 남미는 천연자원이 풍부한데도 정치와 경제 불안으로 살인적인 인프레이션과 함께 끊임없이 마약과의 전쟁으로 살인이 난무(亂舞)하고 있다.

한번은 아르헨티나 대통령이 미국 대통령을 만났을 때 이런 말을 했다.

> 당신 조상들은 하나님을 찾아 신대륙으로 건너와서 하나님도 찾고 하나님으로부터 황금(Gold)을 선물로 받았습니다. 그러나 우리 조상들은 황금을 찾아 이 땅으로 건너왔으나 황금도 찾지 못했고 하나님도 잃어버렸습니다. 믿음의 조상들을 둔 당신들이 한없이 부럽습니다.[1]

우리 눈앞에 하나님과 재물, 하나님과 부귀영화와 인기가 있을 때 어느 쪽을 선택해야 할까? 하나님 안에는 이 모든 것이 다 있으므로 당연히 하나님을 선택해야 한다. 그런데 믿음의 사람들이 이것을 잘 알면서도 하나님보다 세상의 실리를 먼저 선택하는 경향이 있다. 본문에서 솔로몬이 이런 우를 범했다.

---

1 https://blog.naver.com/visionkbo/222149987729에서 인용.

2. 솔로몬이 애굽 왕과 동맹을 맺다

애굽 공주와 정략결혼(3:1, B.C. 60년경): "솔로몬이 애굽의 왕 바로와 더불어 혼인 관계를 맺어 그의 딸을 맞이하고 다윗성에 데려다가 두었다." 애굽 왕은 제21 왕조 마지막 두 번째 통치자였던 시아문(Siamun B.C. 967-959년)이다. 고대 근동은 외교적 도구로 왕족과 혼인했고, 지방 지도자들이 협정을 묶어 놓기 위해 가문끼리 결혼 동맹을 맺었다."[2]

솔로몬이 애굽과 동맹을 맺은 것은 이스라엘의 국력이 엄청나게 커졌기 때문이다. 애굽 왕은 솔로몬에게 딸의 결혼 지참금으로 블레셋 지역의 게셀(גזר, 몫, 운명)을 양도했다(16절). 게셀(Gerar)은 애굽이 블레셋에서 마지막으로 지배했던 도시이다. 그 당시 전략적으로 중요한 곳이었는데, 솔로몬이 게셀을 차지함으로 예루살렘에서 블레셋 해안까지 중요한 도로를 연결하는 전략적 거점을 확보했다.[3]

바로의 딸이 거할 궁궐을 지었다: "솔로몬이 거처할 왕궁은 그 주랑 뒤 다른 뜰에 있으니 그 양식이 동일하며 솔로몬이 또 그가 장가든 바로의 딸을 위하여 집을 지었는데"(7:8; 9:24 참조). 애굽과의 동맹은 남쪽 국경 방어에 신경을 쓰지 않아도 되었다. 또 유사시에 애굽의 도움을 받을 수 있기에 실리로 따지면 "꿩 먹고 알 먹기" 식이다. 그러나 바로의 공주가 섬겼던 우상을 예루살렘으로 가져옴으로 솔로몬과 이스라엘을 타락하게 만들었다. 다윗도 정략결혼을 중요하게 생각하여 솔로몬이 18세가 되었을 때 암

---

2 존 월튼 외 3인, 『IVP 성경배경주석: 신구약 합본』(한국기독학생출판부, 2008), 513에서 인용.

3 존 월튼 외 3인, 『IVP 성경배경주석: 신구약 합본』. 자세한 것은 레온 J. 우드, 『이스라엘의 통일 왕국사』, 윤종훈 옮김 (CLC. 1994), 431-432를 참고.

몬 공주 나아마와 결혼시켰다(왕상 14:21, 31). 그들 사이에 르호보암이 태어났다. 솔로몬이 40년 통치를 마감하고 60세에 죽었다. 그래서 르호보암은 41세 때 왕위에 등극했다.

솔로몬이 더 많은 이방 여인과 결혼했다(11:1-11): "솔로몬 왕이 바로의 딸 외에 이방의 많은 여인을 사랑하였으니 곧 모압과 암몬과 에돔과 시돈과 헷 여인이라"(1절). "왕은 후궁이 칠백 명이요 첩이 삼백 명이라"(3절).

일찍이 하나님은 이방인들이 가져올 우상에 대한 경계로 이방인과 통혼하지 말라고 했다. 그 하나님의 염려가 이방 여인들이 솔로몬의 마음을 돌려 다윗의 길로 가지 않게 했다. "솔로몬의 나이가 많을 때에 그의 여인들이 그의 마음을 돌려 다른 신들을 따르게 하였으므로 …"(4절).

하나님은 여색과 우상 숭배에 빠진 솔로몬의 마음을 돌리기 위해 두 번이나 나타나 경고했으나 솔로몬이 듣지 않았다. 그 결과 하나님의 징계로 솔로몬 사후에 나라가 둘로 나누어졌다(9-11절).

죄를 한번 허용하기 시작하면: 중동에 〈낙타의 코를 조심하라〉는 우화가 있다. 한 나그네가 낙타를 타고 사막을 건너다가 날이 어두워졌다. 나그네는 텐트를 치고 잠이 들었는데, 이상한 소리가 나서 눈을 떠 보니 추위에 떨고 있었던 낙타가 코를 텐트 안으로 들이미는 것이었다. 나그네는 '코쯤이야 괜찮겠지' 하고 다시 잠을 청했는데, 이번에는 낙타 머리가 텐트 안으로 들어와 있었다. '오죽 추웠으면 저렇게 할까?' 나그네는 다시 잠이 들었는데, 얼마 후 무거운 것이 몸을 짓누르고 있어서 깨어 보니 낙타 몸이 통째로 텐트 안에 있었다. 결국, 나그네는 텐트 밖으로 밀려났고 추위에 떨면서 밤을 보냈다고 한다.

이 우화는 죄짓는 것을 허용하면 결국 죄의 지배를 받는다는 것을 가르쳐 준다. 처음부터 큰 죄를 짓는 사람이 없다. 사소한 죄를 끊지 않으면 "바늘 도둑이 소도둑이 되는" 것처럼 점점 죄의 범위와 규모가 커진다. 이것 때문에 로마서 6:12-13은 말한다. "죄가 우리 몸을 지배하지 못하게 하고, 우리 지체를 불의의 무기로 죄에 내주지 말고 하나님께 의의 무기로 드리라"(롬 6:12-13)고 했다.

3. 다윗의 길로 가려면(신 17:12-20)

하나님은 이스라엘이 가나안에 들어가면 주변 나라처럼 왕을 세워 달라고 요청할 것을 예상하셨다. 그래서 신명기 17:12-20에서 이스라엘 왕이 지켜야 할 규례를 말씀하셨다.

이스라엘 백성 중에서 왕을 세워라(15절): 반드시 하나님께서 택하신 자를 왕으로 세우되, 이스라엘 백성 중에서 세우라고 했다. 왜? 이스라엘 사람만이 율법의 법도를 알고, 어려서부터 하나님을 섬겨 왔기에 하나님 중심으로 통치할 수 있기 때문이다.

이스라엘 왕은 군사력을 의지하지 말라(16절): 이스라엘 왕은 병마를 많이 얻으려고 백성을 애굽으로 돌아가게 하지 말라고 했다. 이스라엘의 힘은 군대보다 만군의 여호와께 있다. 왕이 전적으로 하나님만 의지하면 하나님께서 이스라엘의 국방을 지켜 주실 것이다. 애굽은 이스라엘이 한때 노예 생활을 했던 곳이다. 이것 때문에 성경은 애굽은 죄악의 장소, 또 애굽 왕 바로는 마귀를 상징한다. 그래서 이스라엘 백성이 애굽으로 가지 말라고 한다. 그러나 솔로몬은 국가 번영을 위해 집권 초기부터 애굽과 동맹을 맺었다.

왕은 많은 아내와 은금을 많이 두지 말아야 한다(17절): 하나님은 많은 여인이 이스라엘 왕의 마음을 돌려 우상 숭배를 할 것을 아시고, 아내를 많이 두지 말라고 하셨다. 그런데도 하나님의 마음에 합한 왕인 다윗도 아내를 많이 두어, 아내들이 낳은 자녀로 인해서 힘든 삶을 살았다. 사람은 은금을 많이 쌓아 두면 결국 타락하게 된다. 이것 때문에 잠언 8:10은 "너희가 은을 받지 말고 나의 훈계를 받으며 정금보다 지식을 얻으라"고 했다. 성도의 진짜 보화는 하나님의 나라와 의이다. 그래서 성도는 자신의 재물을 천국 은행에 우선적으로 저축해야 한다.

왕은 주야로 율법서를 읽고 따라야 한다(18-20절): "¹⁸ 율법서의 등사본을 레위 사람 제사장 앞에서 책에 기록하여 ¹⁹ 평생에 자기 옆에 두고 읽어 그의 하나님 여호와 경외하기를 배우며 이 율법의 모든 말과 이 규례를 지켜 행하라"(18-19절). 이것은 왕이 교만하지 않고 하나님의 명령을 온전히 지키도록 하기 위함이다. 그러면 하나님께서 왕에게 장수와 왕위를 견고하게 해 주겠다고 하셨다. 다윗은 이 말씀을 잘 지킴으로 모든 이스라엘 왕이 본받아야 할 모델이 되었다.

■ 되새김 >>>

1. 솔로몬이 애굽 왕과 동맹 결혼을 한 것은 이스라엘의 국력이 강성했음을 보여 준다.

2. 솔로몬이 이방 여인과 결혼함으로 그들이 가져온 우상으로 인해 그와 이스라엘은 타락하게 했다.

3. 신명기 17:14-20에서 이스라엘 왕이 지켜야 할 왕도를 다윗이 잘 지켜서 하나님 마음에 합한 왕이 되었다.

1 Kings

5

일천 번제와 지혜로운 재판(왕상 3:2-28)

■ 핵심 내용

누가 주의 이 많은 백성을 재판할 수 있사오리이까 듣는 마음을 종에게 주사 주의 백성을 재판하여 선악을 분별하게 하옵소서(9절).

■ 장소: 기브온 산당 → 예루살렘
■ 인물: 솔로몬, 두 창기와 병사

1. 명판결: 피를 흘리지 말고 살점을 도려내라

 윌리엄 셰익스피어(William Shakespeare, 1564-1616)가 『베니스의 상인』을 썼다. 이 책은 돈과 우정, 인간 관계의 복잡성을 다루면서 오늘날까지 널리 읽히고 있다.
 경제적으로 어려움을 겪고 있었던 젊은 귀족 '바사니오'(Bassanio)는 벨몰트의 부유한 상속녀 '포셔'(Portia)라는 여성과 결혼하고 싶었다. 문제는 포셔와 결혼하기 위해 많은 돈이 필요했으나 수중에 돈이 없었다. 그래서 친구요 부유한 상인이었던 '안토니오'(Antonio)에게 도움을 청했다. 그러나

안토니오는 친구를 돕고 싶었으나 자산 모두가 선박에 묶여 있어서 즉시 줄 돈이 없었다.

　그래서 평소 안토니오에게 큰 원한을 갖고 있었던 유대인 고리대금업자인 '샤일록'(Shylock)에게 거액을 빌렸다. 돈을 빌리는 계약 조건은 돈을 갚지 못했을 때 "안토니오의 몸에서 살 1파운드를 자른다"는 것이었다. 안토니오는 무역선이 입항하면 돈을 갚을 수 있었기에 악의적 계약 문서에 서명했다. 그런데 그의 배가 난파당했다는 소식과 함께 계약했던 날짜 안에 샤일록의 돈을 갚지 못했다. 샤일록은 법정에서 계약대로 안토니오의 몸에서 살 1파운드를 떼어 내겠다고 했다. 안토니오와 재판장이 아무리 사정해도 샤일록은 계약대로 하겠다고 했다. 안토니오의 목숨이 중대한 기로에 서 있을 때 판사로 변장한 포셔가 이런 판결을 했다.

> 샤일록은 계약대로 안토니오 몸에서 1파운드의 살을 떼어 내되, 피를 흘려서는 안 된다. 계약서에 피를 흘린다는 내용이 없으니 피를 흘리지 않은 상태에서 살 1파운드를 떼어 내라.

　그때부터 샤일록은 궁지에 몰렸고, 살을 떼어 내지 못했다. 재판장은 샤일록이 악한 의도로 계약한 것을 지적하면서 그의 재산 절반은 안토니오에게, 나머지 절반은 도시에 기부하고 기독교로 개종하라고 판결했다.[1]

　재판장이 "안토니오의 살 1파운드를 떼어 내되, 피를 흘려서는 안 된다"는 조건으로 판결을 한 것처럼 본문은 솔로몬의 지혜로운 명판결을 보여 준다.

1　https://bong3614.tistory.com/118에서 요약.

2 솔로몬의 일천 번제(2-15절)

기브온 산당(4절): '기브온'(Gubeon)은 예루살렘 북서쪽으로 약 10킬로미터 떨어진 곳에 , 해발 722미터 가량의 이스라엘 중부의 주요 성읍이다(수 9:3). 사울이 놉의 제사장들을 죽인 후부터 성막을 기브온으로 옮겼다(삼상 22:11-1; 대상 16:39). 다윗이 법궤를 예루살렘으로 옮겨 새로 성막(tabernacle)을 설치했다. 그러다 보니 그 당시 성막이 예루살렘과 기브온 두 곳에 있게 되었다(대상 16:1).

일천 번제란(4절): 번제(燔祭)는 희생 제물을 불에 태워드리는 제사이다. 제물이 탈 때 연기가 하늘로 올라간다. 이것을 하나님께 올려 드린다는 뜻에서 성도의 온전한 헌신을 상징한다. "이에 왕이 제사하러 기브온으로 가니 거기는 산당이 큼이라 솔로몬이 그 제단에 일천 번제를 드렸더니"(4절). 일천 번제는 문자 그대로 일천 번의 번제를 드린 것이다. 단, 솔로몬은 바빴기 때문에 1,000일 동안 매일 한 마리씩 번제로 드리지 않았다. 며칠 동안 1,000마리를 나누어서 드렸을 것이다. 이것 때문에 솔로몬은 예루살렘보다 번제단이 큰 기브온으로 간 것이다.

솔로몬이 기브온으로 간 이유: 왕 솔로몬은 정치와 사회, 경제, 국방, 재판과 외교적으로 해야 할 일이 많았다. 그런데도 만사를 제쳐 놓고 기브온으로 간 것은 그만큼 절박했기 때문이다. 반란 세력을 제거하자 민심이 뒤숭숭해졌다. 왕이 되기 전에는 모든 것을 잘할 것만 같았는데, 막상 왕이 되고 보니 흑백 논리로 해결할 수 없는 일들이 많았다. 그 절박함이 예루살렘보다 제단이 넓었던 기브온으로 가게 했다. 우리도 풀리지 않은 문제를 만났을 때 하나님을 간절히 찾아야 한다. 또 솔로몬이 하나님께 감사하는 차원에서 일천 번제를 드렸다. "솔로몬이 여호와를 사랑하고 그의 아버지 다윗의 법도를 행하였으나 산당에서 제사하며 분향하더라"(3절).

어떤 동기로 번제를 드렸든지 간에 중요한 것은 제사드리는 사람의 마음 중심이다. 꼭 하나님께 무엇인가를 요구하기 위해 제사드린 것이 아니라 받은 은혜에 감사해서 드린 것이다.

내가 네게 무엇을 줄꼬(5절): 하나님께서 솔로몬이 드린 제사를 받으셨다는 표시로 꿈에 "내가 네게 무엇을 줄꼬 너는 구하라"고 하셨다. 흔히 자녀를 감동시키는 것이 가장 어렵고 그다음은 배우자, 그다음은 부모라고 한다. 그러나 하나님은 우리가 하나님의 마음에 맞는 행동을 하면 쉽게 감동하시고 마음껏 복을 주신다.

솔로몬이 지혜를 구함(6-9절): 솔로몬은 먼저 하나님께 감사한 후(6절) 자신은 어린아이에 불과하다고 했다(7절). 이것은 아이가 부모를 의지하듯이 솔로몬도 하나님만 의지하겠다는 뜻이다. 그리고 하나님의 말씀을 잘 듣고 분별할 수 있는 듣는 마음과 재판할 때 선악을 분별할 수 있는 지혜를 달라고 했다. "누가 주의 이 많은 백성을 재판할 수 있사오리이까 듣는 마음을 종에게 주사 주의 백성을 재판하여 선악을 분별하게 하옵소서"(9절).

솔로몬이 지혜를 구한 결과(10-15절): 하나님은 솔로몬이 지혜를 구하자 흡족하게 여기셨다. "솔로몬이 이것을 구하매 그 말씀이 주의 마음에 든지라"(10절). 그래서 하나님은 솔로몬이 구하지 않았던 부귀와 영화까지 주셨다. "내가 네 말대로 하여 네게 지혜롭고 총명한 마음을 주노니 네 앞에도 너와 같은 자가 없었거니와 네 뒤에도 너와 같은 자가 일어남이 없으리라 내가 또 네가 구하지 아니한 부귀와 영광도 네게 주노니 네 평생에 왕들 중에 너와 같은 자가 없을 것이라"(12-13절).

하나님은 솔로몬에게 여러 복을 주시면서 한 가지 조건을 제시하셨다. "네가 만일 네 아버지 다윗이 행함같이 내 길로 행하며 내 법도와 명령을 지키면 내가 또 네 날을 길게 하리라"(14절). 하나님이 솔로몬에게 주시는 복은 어디까지나 다윗의 길로 갈 때이다. 다윗의 길로 가기만 하면 하나님의 약속이 유효하고 그렇지 않으면 하나님의 복이 사라질 것이다. 이것 때문에 솔로몬의 사후 그의 왕국 보물을 애굽 왕 사삭에게 빼앗겼다. 이것은 우리가 하나님의 복을 받는 것도 중요하지만, 그 복을 잘 간직하는 것이 더 중요하다는 것을 보여 준다.

3. 솔로몬의 지혜로운 재판(16-28절)

아주 판단하기 어려운 재판(16-23절): 그 당시 신분이 가장 비천했던 창기(prostitutes)가 억울한 사정을 왕에게 호소한 것을 보면 하나님이 몸 파는 창기의 권리까지 보호하고 계심을 보여 준다. 두 창기는 같은 방을 쓰면서 사흘 전에 각각 아들을 낳았다. 그런데 한 창기가 잠결에 아들을 깔아 죽인 후, 친구의 살아 있는 아기와 바꿔치기했다. 아침에 아이의 친엄마가 아들이 바뀐 것을 알고 가짜 엄마에게 아기를 달라고 했으나 거절당했다. 그들 외에는 아무도 없었고, 아이가 너무 어려 쉽게 분간할 수 없었다.

두 창기가 자기 아들이라고 쟁론을 벌였는데, 솔로몬의 앞에서도 계속되었다(22절). 요즘처럼 피나 DNA 검사를 하면 금방 판명되겠으나 그때는 이런 검사법이 없었다. CCTV로 아이를 바꿔치기한 것이 촬영된 것도 아니기에 누가 친엄마인지 분간하기가 쉽지 않았다. 이 재판은 하급심에서 해결하지 못해 솔로몬에게 온 것이다. 솔로몬의 판결에 따라 백성이 그를 두려워할 수 있었고, 무시할 수도 있었다.

모정을 염두에 두고 판결(16-27절): 솔로몬은 두 여자의 진술을 들은 후 이 재판은 과학적인 증거로 판결할 수 없다는 것을 알았다. 그래서 "왕이 이르되 산 아이를 둘로 나누어 반은 이 여자에게 주고 반은 저 여자에게 주라"(26절). 이것은 정말 아이를 절반으로 나누어서 주려는 것이 아니다. 그 아이의 죽음 앞에서 친엄마와 가짜 엄마가 어떤 반응을 보이는가를 관찰하려는 것이다.

친엄마는 "그 아들을 위하여 마음이 불붙은 것 같았다"(26절). 원문은 모성의 보금자리인 자궁이 불이 붙는 것처럼 아팠다(רָחַם, filled with compassion for her son)는 뜻이다. 친엄마는 자기 아들이 절반으로 나누어져 죽는 것을 차마 볼 수 없어서 아들을 죽이지 말고 가짜 엄마에게 주라고 했다. 그러나 가짜 엄마는 내 것도 되지 말고 네 것도 되지 않게 죽이라고 했다(27절).

그림 1 솔로몬의 재판

아이를 생각하는 것이 친엄마와 판이했다. 솔로몬이 모정의 심리를 이용하여 명쾌하게 진짜와 가짜 엄마를 가려냈다.

백성들이 솔로몬을 두려워했다(28절): "온 이스라엘이 왕이 심리하여 판결함을 듣고 왕을 두려워하였으니 이는 하나님의 지혜가 그의 속에 있어 판결함을 봄이더라"(28절). 이스라엘 백성들은 솔로몬에게 하나님의 지혜가 있을 것을 보고서 어떤 불의나 교활한 거짓말이 통하지 않는다는 것을 알았다. 솔로몬의 지혜로운 판결을 하게 된 것은 그가 하나님께 일천 번제를 드리고 지혜를 구한 결과였다. 우리도 솔로몬과 같은 심정으로 하나님을 섬기고 지혜를 구한다면 하나님께서 주실 것이다(잠 9:10).

■ 되새김 >>>

1. 솔로몬이 일천 번제로 하나님의 지혜를 구한 것처럼, 우리도 하나님의 지혜를 구하자.
2. 솔로몬이 하나님의 지혜로 진짜 엄마와 가짜 엄마를 분간할 수 있었다.
3. 솔로몬의 명 재판으로 백성들은 솔로몬을 두려워했다.

6

솔로몬의 신하와 이스라엘의 번영(왕상 4:1-34)

■ 핵심 내용

유다와 이스라엘 인구가 바닷가의 모래같이 많게 되매 먹고 마시며 즐거워하였으며(21절).

■ 장소: 예루살렘
■ 인물: 솔로몬과 여러 신하

1. 인사가 만사이다

　국가가 번성하려면 최고 지도자의 능력도 뛰어나야 하지만 그를 뒷받침하는 신하의 능력을 믿고 발탁하는 능력이 있어야 한다. 고구려의 제9대 군주 고국천왕이 탁월한 군주가 된 것은 '을파소'(乙巴素)라는 국상(國相)이 있었기 때문이다.[1] 주몽이 B.C. 7년에 건국한 고구려는 수많은 시행착오 끝에 농경사회로 전환했으나 영토 대부분이 농사짓기에 척박한 땅이어서 늘 식량이 부족했다. 제9대 고국천왕(A.D. 179-197) 때 왕후 우 씨의 친

1　https://chhyung.tistory.com/531에서 인용.

족이 권력을 장악한 후 그들이 자주 남의 재산을 노략질했다. 왕이 외척을 처단하려고 하자 외척들이 반란을 일으켰다. 곧 반란이 진압되어 왕은 친족을 배제하고 인재를 천거받아 관리 중심으로 운영했다.

그때 천거된 사람이 을파소(乙巴素, ? - 203년)이다. 을파소는 '국상'(國相)에 임명되어 왕의 지지를 바탕으로 교육 제도를 개편하고, 부정부패 방지, 인재 선발, 경제 정책과 개혁 등 부국강병책을 실시했다. 특히, 고국천왕 16년에 시행된 '진대법'(賑貸法)은 나라가 전성기를 이루는 데 기초가 되었다. 진대법은 식량이 떨어지는 봄과 여름에는 국가에서 백성들에게 곡식을 대여하고, 추수기 때 다시 돌려받는 국가 주도의 복지 제도이다. 진대법으로 백성들은 먹고사는 데 지장이 없었고, 주변 나라 농민들을 고구려로 이주하여 나라가 자연스럽게 번성했다.

크든 작든 어떤 조직을 한번 지휘해 본 사람은 "인사(人事)가 만사(萬事)"라는 말을 뼈저리게 실감할 것이다. 본문은 솔로몬이 등용했던 신하들의 명단이 나온다. 그들의 인물 됨됨이를 살펴보면 솔로몬의 국정 운영 능력을 알 수 있다.

2. 솔로몬의 신하들(1-19절)

제사장의 이름을 먼저 언급(1-2절): 사무엘하 20:23-25은 다윗이 압살롬의 반역을 진압한 후 관리를 임명할 때 요압의 이름이 제일 먼저 나온다. 그 다음 누구는 어느 곳의 지휘관이 되었다고 소개한 후에 제사장 사독과 아비아달이 나온다. 그러나 솔로몬의 신하를 소개할 때 제일 먼저 제사장 '사독'의 이름이 먼저 나온다(2절). 이것은 전쟁이 잦았던 다윗 시대와는 달리 솔로몬 때는 평화의 시대가 도래했음을 보여 준다. 하나님께서 다윗이 성전 짓는 것을 거부하신 것은 주변에 정복할 나라가 많았기 때문이다. 그러나 솔로몬 때는 전쟁 없는 평화의 시대가 되어 하나님이 다윗에게 약속하신 성전 건축을 할 때가 되었음을 보여 준다.

여러 관직을 맡은 사람들(3-7절): "시사의 아들 엘리호렙과 아히야는 서기관이요, 아힐룻의 아들 여호사밧은 사관이요"(3절). 서기관(secretaries)의 임무는 나라의 공문서를 작성, 보관하면서 재정(財政)까지 담당했던 매우 중요한 관직이다. 시사의 아들들이 대를 이어 서기관이 된 것은 그 직책이 세습되었기 때문이다.

여호사밧은 다윗 때부터 사관(recorder, 史官)이었는데(삼하 8:17), 계속 유임된 것은 솔로몬은 부득이한 경우를 제외하고는 부왕(父王) 때 충성했던 인물을 그대로 등용했기 때문이다. 사관은 '생각해 내는 사람'으로 궁중 의전(儀典)을 책임지면서 국사를 기록했고 왕에게 중요한 계획이나 국가 발전의 중요한 정책을 건의했다.

"여호야다의 아들 브나야는 군사령관이요 사독과 아비아달은 제사장(priests;)이요"(4절). 다윗의 친위대장이었던 브나야는 솔로몬이 요압을 죽인 후 군사령관(commander in chief)이 되었다. 군사에 관계된 사람은 브나야만 언급했고, 그 외에는 종교와 행정 그리고 궁정 관료들이다. 이것은 솔로몬 때 평화의 시대가 되어 더 이상 전쟁을 하지 않아도 되었다는 뜻이다. "나단의 아들 아사리아는 지방 관장의 두령이요 나단의 아들 사붓은 제사장이니 왕의 벗이요"(5절).

여기 나단은 다윗의 아들 나단이다(삼하 5:14). 솔로몬이 이복형의 아들에게 열두 지파 관장의 두령(in charge of the district officers)을 관리하는 직책을 맡겼다(7-19절 참조). 사붓 제사장(כֹּהֵן, 제사장, 주요공직자의 우두머리: a priest and personal adviser to the king)은 제사를 지내기보다, 왕에게 영적이고 국정의 중요한 일을 논의하는 왕의 고문(顧問)이었다(삼하 8:18).

"아히살은 궁내 대신이요. 압다의 아들 아도니람은 노동 감독관이더라"(6절). 궁내 대신(in charge of the palace)은 궁중사와 왕궁 살림을 도맡아서 관리했다(왕상 16:9, 왕하 18:18). 솔로몬이 다윗 때 없었던 직책을 신설한 것은 그만큼 왕궁의 규모가 커졌기 때문이다. 노동 감독관(in charge of forced labor) 아도니람은 세금과 부역(賦役)을 담당했다. 이 직책을 남용하면 백성들로부터 미움을 사기 쉬웠다. 이것 때문에 르호보암이 아도니람을 세겜으로 파송했을 때 화가 난 백성들이 돌로 쳐 죽였다(왕상 12:18).

열두 지방 관장의 임무(7-19절): 그들은 각자 거주하는 지역에서 왕실의 식량과 물자를 조달하는 세금 징수관이었다. 열두 지방 관장(twelve district governors over all Israe)은 1년 동안 왕궁에 필요한 물량 공급의 횟수인 열두 달을 중심으로 두었다. 이들이 담당했던 구역은 필요한 물량을 일정하게 확보하기 위해 각 지역의 생산량의 많고 적음을 따라 구역을 나누다 보니 이스라엘 열두 지파의 구획과 일치하지 않았다(27-28절 참조).

열두 지방 관장은 각자 돌아가면서 1년에 한 달씩 왕국에서 사용될 물자들을 제공했는데(7절), 이것은 참으로 지혜로운 방법이다. 한 지역에만 왕궁 물자 조달을 맡길 경우, 큰 부담이 되어 불만이 나오기 쉽다. 또 왕이 지나치게 한 지역만 의존하게 되면 정치적 부담도 크다. 그러나 1년에 한 달씩 열두 관장이 책임지게 함으로 불만과 특권 의식을 동시에 잠재울 수 있었다.

솔로몬의 신하 등용 원칙: 대통령제는 대통령이 바뀌면 기존 내각이 물러나고 새 내각이 구성된다. 그러나 솔로몬은 전문성이 요구되는 분야에서는 다윗 때의 사람을 그대로 기용했다. 이것은 아버지의 정책을 그대로 이어 갔다는 것을 보여 준다. 그런데 무조건 옛사람만 쓴 것이 아니라 번성하는 나라에 더 많은 행정력이 필요했기에 새로운 조직을 효율적으로 관리할 유능한 인재도 등용했다.

'아히살'이 맡은 궁내 대신이라는 직책은 다윗 때는 없었던 직분이다. 궁내 대신은 왕궁 내의 재산 관리와 기타 행정적인 일을 관리하는 직책이다. 그 직책이 신설된 것은 다윗 때보다 왕궁의 규모가 많이 커졌기 때문이다. 새 내각을 조직할 때 완전히 새로운 사람으로 채우거나 아니면 기존 세력으로 채운다면 양극으로 치우치기 쉽다. 솔로몬은 이것을 생각해서 절묘하게 양쪽을 끌어안고서 팽팽하게 균형을 유지했다.

3. 솔로몬의 부귀영화(20-34절)

이스라엘의 인구가 많아졌다(20-25절): "솔로몬이 그 강에서부터 블레셋 사람의 땅에 이르기까지와 애굽 지경에 미치기까지의 모든 나라를 다스리므로 솔로몬이 사는 동안에 그 나라들이 조공을 바쳐 섬겼더라"(21-22절).

이 말씀은 하나님께서 창세기 15:5, 22:17에서 말씀하신 영토에 대한 약속이 성취된 것이다. 솔로몬은 막강한 국력을 기반으로 전쟁을 치르지 않고 주변국을 지배하여 조공을 받았다. 또 그의 지혜로 약한 나라와 관대하게 외교 관계를 조성하여 모든 나라가 평화를 누리도록 했다(24-25절). 주변국과 우호적인 관계로 전쟁 없는 평화의 때가 되었다. "유다와 이스라엘 인구가 바닷가의 모래같이 많게 되매 먹고 마시며 즐거워하였다"(21절).

막강한 군사력(26-28절): 솔로몬의 막강한 군사력은 애굽 공주와 정략결혼을 통해 애굽에서 말을 가져왔기 때문이다. 여기서 이스라엘 왕은 말을 많이 두어서는 안 되고 말을 얻기 위해 사람을 애굽으로 보내지 말라는 하나님의 말씀을 어겼음을 보여 준다(신 17:16). 열두 지방 관장이 솔로몬의 왕국과 군사력 유지를 위해 각자가 사는 지역에서 막대한 세금을 거두었다(27-28절). 이것은 이스라엘 백성들이 왕 솔로몬을 위해 노예가 되었음을 보여 준다.

솔로몬의 지혜(29-34절): 지혜(חָכְמָה, 명철, 학식, 기술)는 삶의 모든 영역에서 필요한 탁월한 통찰력을 말한다. 솔로몬은 많은 시와 잠언(מָשָׁל, 속담, 격언, 비유담)을 지었고 식물학과 동물학 등 자연 과학에 이르기까지 해박한 지식을 갖고 있었다. 그 결과이다. "사람들이 솔로몬의 지혜를 들으려 왔으니 이는 그의 지혜의 소문을 들은 천하 모든 왕들이 보낸 자들이더라"(34절).

우리에게 있어서 하나님 최고의 지혜는 예수 그리스도이시다. 바울은 고린도 교회 성도들에게 말했다. "너희는 하나님으로부터 나서 그리스도 예수 안에 있고 예수는 하나님으로부터 나와서 우리에게 지혜와 의로움과 거룩함과 구원함이 되셨으니"(고전 1:30). 예수 그리스도 안에 영생의 지혜와 이생의 지혜 모두 다 있다. 그러니 우리는 솔로몬보다 더 탁월한 지혜를 받았다. 그러니 솔로몬의 왕국보다 더 화려하고 영원한 천국을 선물로 받은 것에 감사하자.

■ 되새김 >>>

1. 다윗 때 각료를 소개할 때 군대 장관부터 소개했으나 솔로몬 때는 제사장부터 소개했다.

2. 솔로몬의 인재 등용 원칙은 신구 세력의 조화로 서로 균형을 이루도록 했다.

3. 이스라엘 왕은 군대보다 하나님을 의지해야 하나, 솔로몬은 군대를 더 의지했다.

7

솔로몬의 성전 건축 준비(왕상 5:1-18)

■ 핵심 내용

여호와께서 그의 말씀대로 솔로몬에게 지혜를 주신 고로 히람과 솔로몬이 친목하여 두 사람이 함께 약조를 맺었더라(21절).

■ 장소: 예루살렘 → 두로
■ 인물: 솔로몬, 두로 왕 히람, 여러 일꾼

1. 중요한 국책 사업은 우방국의 도움이 필요하다

한국 정부는 '산업의 쌀'인 철강의 중요성을 인식하고 1967년에 포항을 종합제철소 입지로 선정했다. 종합제철소의 건설사업추진위원회는 건설 자금을 세계은행에서 차관을 도입하려고 했다. 1968년에 세계은행 자문역으로 제철소 타당성 조사를 위해 한국에 온 영국인 자페 박사는 "철강 수요가 없는 한국이 종합제철소를 짓는다는 것은 쓰레기통에서 장미꽃을 피우는 것과 같다"고 보고함으로 한국은 투자금을 받지 못했다. 그런데도 오늘날의 포스코(POSCO: 이하 포철)가 세워지게 된 것은 한국에서는 박정희 대통령과 박태준 명예회장의 탁월한 지도력 때문이다.

박 대통령은 단군 이래 최대 공사인 포철을 지을 때 각종 이권 개입과 외풍을 막기 위해 박태준 회장에게 '종이 마패'를 주면서 전권을 위임했다. 여러 번 차관 도입에 실패한 박 회장은 박 대통령에게 대일 청구권 자금으로 포철을 짓자고 제안했다. 박태준 명예회장은 대일 청구권 자금으로 포철을 짓는 기공식 때 이렇게 말했다.

> 조상의 혈세로 짓는 제철소 건설에 실패하면 모두 우향우해서 영일만 바다에 빠져 죽어야 한다.

박 회장은 포철을 짓기 위해 국제 인맥을 십분 활용했다. 그는 신일본제철(현 신일철주금)과 일본강관(NNK)에서 제철소를 짓는 데 필요한 기술자, 자재와 기계, 그리고 철강 생산에 필요한 기술을 전수하기로 계약했다. 이렇게 해서 일본 회사 직원들이 1968년 4월에 포철고로 건설에 참여했고, 포철 직원들은 일본으로 가 철강 생산 기술을 배웠다.

포철은 착공 3년 만인 1973년 6월 9일에 첫 쇳물을 뽑았다. 용광로에서 시뻘건 첫 쇠물이 흘러나왔을 때 국적을 초월하여 모두가 만세를 부르면서 애국가를 불렀다. 이렇게 시작한 포철은 한국 자동차와 조선, 건축자재와 생활용품, 그리고 전자 산업을 일으키는 데 견인차 역할을 하면서 세계로 뻗어 가고 있다.

1988년 포철 창립 20주년 때 재방한했던 자페 박사는 "만약 포철을 지을 그때로 돌아간다면 보고서를 똑같이 쓰겠냐"는 질문에 이렇게 답변했다.

지금 다시 보고서를 쓰라고 해도 똑같은 보고서를 쓸 것이다. 하지만 내가 모르고 지나친 것이 하나 있다. 그것은 바로 박태준이다. 내가 잘못 판단한 것이 아니다. 박태준과 포철이 기적을 일으킨 것이다. 박태준이 상식을 초월해서 일을 하는 바람에 나의 보고서가 엉망이 되고 말았다.[1]

박 회장이 포철을 지을 때 두 일본 회사의 도움을 받았던 것처럼 솔로몬이 성전과 왕궁을 지을 때 두로 왕 히람의 도움을 많이 받았다.

2. 두로 왕 히람이 성전 건축에 참여하다(1-18절)

성전을 건축할 때가 되었다(2-5절): 역대하 22:8은 하나님께서 다윗의 성전 건축을 반대하신 것을 이렇게 말했다. "여호와의 말씀이 내게 임하여 이르시되 너는 피를 심히 많이 흘렸고 크게 전쟁하였느니라 네가 내 앞에서 땅에 피를 많이 흘렸은즉 내 이름을 위하여 성전을 건축하지 못하리라"(대하 22:8). 하나님은 다윗에게 평화의 때가 오면 성전 건축을 하게 하시겠다고 약속하셨다. 드디어 그 평화의 때가 왔다. "이제 내 하나님 여호와께서 내게 사방의 태평을 주시매 원수도 없고, 재앙도 없도다"(4절).

솔로몬은 전쟁이 없는 평화의 때가 되자 막대한 전쟁 비용을 성전 건축하는 데로 돌릴 수 있었다. 또 다윗이 성전을 건축할 수 있도록 막대한 비용을 준비했고, 그 정복한 나라로부터 막대한 조공을 받아 재정이 넉넉했다. 그래서 백성들로부터 세금을 거두지 않고도 성전을 건축할 수 있었다. "사람의 마음에는 많은 계획이 있어도 오직 여호와의 뜻만이 완전히 서리

---

1 「조선비즈」, 2022.11.10에서 인용.

라"(잠 19:21). 개인이나 기업 그리고 국가도 어려우면 큰 일을 할 수 없다. 1970년대 우리나라는 어려울 때라 경부고속도로 하나를 건설하는 데 국가 경비가 거의 다 들어갔다. 그러나 지금은 경제 규모가 커지다 보니 경부고속도로와 같은 국책 사업 여러 개를 동시에 할 수 있다. 하나님께서 솔로몬에게 평화의 때를 주신 것처럼, 우리에게도 좋은 때를 주셨다. 어려울 때는 돈과 시간이 없어 주님의 일을 하고 싶어도 하지 못했다. 그러나 지금은 돈과 시간이 다 있으니 마음만 먹으면 얼마든지 하나님을 위해 기념비가 될 일을 할 수 있다.

두로 왕 히람이 성전 건축에 도움을 주다(1, 6-10절): 두로 왕 히람(חִירָם, 높은 형제)은 페니키아의 아히람(Ahiram. B.C. 969-936년)이다. 히람은 다윗과 우호 관계에 있었기에 솔로몬이 왕이 되었다는 소식을 듣고 먼저 사절단을 보냈다(1절). 솔로몬은 히람에게 성전 짓는 데 필요한 백향목(柏香木, cedar tree)을 달라고 했다.

백향목은 나무가 곧고 아름다워 성장하는 데 수백 년이 걸린다. 목재의 쓴맛 때문에 병충해가 적어 매우 값진 건축재가 되어 왕궁이나 신전을 짓는 데 사용되었다. 에베소 신전은 백향목으로 지었는

그림 2 레바논 국기

데 400년이 지나도 목재가 썩지 않았다고 한다. 히람이 통치하는 지역에 백향목 숲이 있었다. 레바논은 고대로부터 백향목 산지로 유명하여 국기에 초

록색 백향목(초록 나무) 로그를 넣었다.²

히람은 벌목한 백향목과 잣나무를 뗏목으로 엮어 바다로 레바논에서 이스라엘까지 운반하는 것을 도와주겠다고 했다(8-9절). 예로부터 두로 사람들은 목재를 운반하는 데 전문가였다. 또 대리석으로 성전을 짓기 위해 돌을 떠야 했다. 히람은 돌을 잘 떠는 석공을 이스라엘에 보내주겠다고 했다(17-18절). 이렇게 하여 성전 외벽은 대리석으로 짓고 성전 내부는 백향목과 금으로 실내장식을 했다.

두로 왕이 성전 건축을 도와준 이유(11절): 우리나라가 물건을 만들어 해외에 수출하는 것처럼 예로부터 두로(페니키아)는 무역으로 먹고사는 나라였다. 물건을 해외로 수출하고, 수입하는 데 안전한 육로와 바닷길이 필요했다. 히람의 입장에서 시리아 다메섹에서 이스라엘을 거쳐 애굽으로 가는 상업 도로를 확보하기 위해 이스라엘의 협력이 필요했다.

또 두로는 예로부터 부족한 식량을 이스라엘에서 조달했다. 솔로몬은 양식이 있었으나, 성전 지을 백향목이 없었다. 두로는 백향목은 있는데, 식량과 올리브 기름이 부족했다. 그래서 솔로몬은 백향목을 얻는 대가로 해마다 히람에게 밀 이만 고르(1석이 대략 230리터)와 맑은 올리브 기름 이십 고르를 주었다(11절). 윈윈(Win-Win) 전략처럼 서로가 필요한 것을 얻기 위해 좋은 외교 관계를 유지한 것이다. 전쟁은 혼자의 이익을 위해 상대방의 것을 빼앗는다면 외교와 인간 관계는 서로의 유익을 위해 평화롭게 지내면서 서로 돕는 것이다. 솔로몬이 히람과 우호 관계를 맺게 된 것이 다 하나님이 지혜를 주신 덕분이었다(12절).

---

2   https://dosanim.tistory.com/21

하나님이 히람을 통해 솔로몬에게 백향목을 주신 것처럼 우리가 주님의 일을 할 때 부족한 것을 타인을 통해 공급받게 하신다. 그러니 나에게 무엇이 없다고 주님의 일을 못 하는 것이 아니다. 주님은 모든 사람과 재물을 움직이신다. 그러니 주님께 부족한 것을 달라고 기도하자. 그러면 주님께서 나의 궁핍함을 채워 주시는 것을 체험할 것이다.

솔로몬이 백향목을 얻기 위해 한 일(13-17절): 솔로몬은 이스라엘의 역군(강제 노동자) 3만 명을 동원하여, 한 달에 1만 명씩 레바논에서 일하게 했다. 두 달을 쉬고 한 달은 작업장으로 투입했다. 아도니람이 3만 명의 역군을 관리했다. 역군 외에 짐꾼이 7만 명이요, 돌을 뜨는 자가 8만 명, 이들을 관리하는 감독이 3천3백 명이었다.

레바논에서 벌목하여 바다로 운반한 후 뗏목을 만들어 이스라엘 욥바항까지 이동했다. 욥바항에서 해발 700미터가 넘는 예루살렘까지 백향목을 운반하는 데 많은 인원과 도로를 정비해야 했다. 채석장에서 돌을 다듬어서 성전 터에서 조립하는 방식으로 했다. 이것 때문에 성전 짓는 현장에서는 돌을 다듬는 소리가 나지 않았다.

솔로몬 성전: 결국 7년 동안 예루살렘 성전을 건축하기 위해 많은 사람이 동원되었다. 그들의 노력으로 성전이 완성되어 솔로몬 성전이 되었다. 이처럼 교회를 세워 가는 데도 지도자 한 사람으로 되지 않는다. 이런 의미에서 성도들은 목사와 함께 교회를 세워 가는 신실한 동역자(同役者)들이다.

■ 되새김 >>>

1. 포항제철은 박정희와 박태준의 리더십 그리고 일본 기업의 적극적인 도움으로 지어졌다.
2. 솔로몬은 성전을 짓는 데 백향목, 히람은 식량이 필요하여 우호적인 관계를 유지했다.
3. 교회가 세워지고 유지하는 데는 교회 대표자와 전 성도가 동역자가 될 때 가능하다.

솔로몬의 성전 건축(왕상 6:1-38)

■ 핵심 내용

이스라엘 자손이 애굽 땅에서 나온 지 사백팔십 년이요 솔로몬이 이스라엘 왕이 된 지 사년 시브월 곧 둘째 달에 솔로몬이 여호와를 위하여 성전 건축하기를 시작하였더라(1절).

■ 장소: 예루살렘 모리아산(대하 3:1)
■ 시기: 성전을 건축할 때(B.C. 966년)
■ 인물: 솔로몬, 히람, 많은 일꾼

1. 솔로몬이 성전 건축하는 이유(1절)

고훈 목사님(안산제일교회 시무)이 교회 건축을 시작했으나 건축 비용이 턱없이 부족했다. 목사님과 성도들의 관심이 전부 건축 비용에 가 있을 때 한 주일학교 여선생이 기도하다가 "네가 가진 돈 전부를 교회 건축헌금으로 바치라"는 감동을 받았다. 그녀는 공단 사무실에서 근무하며 10년간 모은 혼수비용 전부를 건축헌금으로 드렸다. 그 당시 그녀가 서른둘인데도 좋은 배우자를 만나지 못해서 목사님은 건축헌금을 받았지만, 마음이

편치 않았다. 그녀는 교회 건축이 완공되는 것을 보고 서울로 이사 갔다.

10여 년의 세월이 지난 후 어느 주일에 그 여선생이 남편과 아이 둘과 함께 목사님을 찾아왔다. 반갑게 그들을 맞이한 후 그동안 어떻게 지냈느냐고 물었다. 그 여선생은 "결혼을 좀 늦게 했습니다. 남편은 대학병원 원무과장이고, 아이 둘은 건강하게 자라고 있습니다. 집도 장만했고, 남편은 교회에서 안수집사 직분도 받았습니다"라고 답했다. 목사님은 결혼할 때 혼수는 어떻게 해 갔느냐고 물으니 "남편 될 사람에게 혼수비용을 건축헌금으로 바쳤다고 고백했더니 혼수 없어도 저와 결혼하겠다고 했습니다. 하나님이 참 좋은 남편을 주셨습니다"라고 답했다. 이어서 남편이 "하나님께서 착하고 믿음 좋은 아내를 주셔서 늘 감사하고 있습니다"라고 말했다. 고 목사님은 그 부부를 만난 후 하나님의 능력과 섭리는 항상 사람의 상상을 초월하신다는 것을 다시 깨달았다.[1]

교회 건축할 때 최선의 물질로 헌신한 성도들이 많다. 이런 성도들의 헌신이 웅장한 교회 건물보다 교회를 더욱 아름답게 했다. 하나님은 화려한 건물보다 성도들의 헌신을 먼저 보신다. 솔로몬도 이와 같은 마음을 가지고 있었기에 "여호와를 위해 성전 건축"을 하려고 했다(1절)

2. 성전의 여러 구조(1-10, 14-38절)

성전 건축할 때(1절): 성전 건축은 "이스라엘이 출애굽한 지 사백팔십 년, 솔로몬이 왕이 된 지 4년 시브월[2]에 시작했다(1절). B.C. 966년과 480년을 더하면 B.C. 1446년으로 출애굽의 연대가 나온다."[3] 성전 건축은 아버지 다윗의 숙원 사업을

---

1 https://sermon-jesus.tistory.com/17974545에서 인용.
2 B.C. 966년, 종교력으로 2월 태양력으로 4-5월.
3 자세한 내용은 레온 J. 우드, 『이스라엘 역사』, 김의원 옮김 (CLC, 1989). 88-118. 참조.

이루어 드리는 동시에, 이스라엘을 성전 중심으로 통치하려는 마음이 있었다.

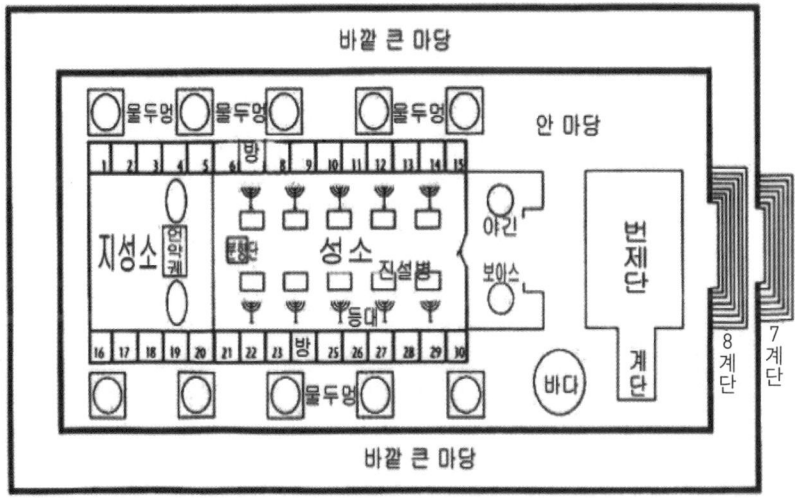

그림 3 솔로몬 성전 조감도

성전 외벽 공사(2-10절): 성전(בַּיִת, the temple of the LORD)은 성전 뜰, 성소와 지성소로 나눈다(2절).[4] 지성소는 성막과 마찬가지로 정방형의 구조이다. 1 규빗은 45.5센티미터이다. 성전 규격을 미터로 환산하면 길이는 27-32미터, 넓이는 9-11미터, 높이는 13-16미터이다. 이것은 출애굽 때 제작한 성막보다 두 배 가량 큰 것이다(출 36:15-34 참조).

성전 입구에 있는 주량: 성전 입구는 동쪽에 하나밖에 없었다. 성전 입구에 있는 두 큰 기둥을 주량(柱梁)이라 하는데 그 주량 사이로 출입했다. 성전에 들어가면 낭실(portico, 현관)이 있고, 그다음 성소, 서쪽 끝에 있는 휘장을 지나면 지성소가 있었다. 지성소는 창문이 없고 동쪽에 나 있는 입구를 통해 들어

---

4 https://pmj3025.tistory.com/10070508

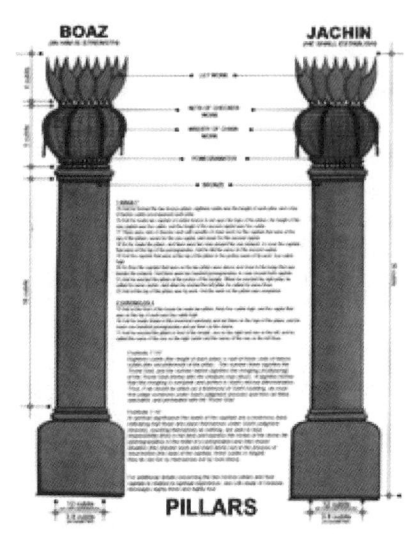

그림 4 성전 입구의 두 기둥 보아스와 야긴

갔다. 성소의 벽 상부에 붙박이 교창을 내어 약간의 빛과 공기가 통하도록 했다. 특히, 안쪽보다 바깥쪽을 더 좁게 만들어 연기가 잘 빠져나가도록 했다.

성소와 지성소 벽에 연결하여 3층으로 된 다락, 즉 골방으로 만들었다. 골방은 제사장들이 지성물을 먹거나 제사드릴 때 사용하는 지성물을 보관했다. 다락으로 올라가는 입구는 성소 남쪽에 있고, 나선형의 사다리를 이용해서 각층으로 올라갔다. 이런 구조와 치수는 성전을 짓기 전에 치밀하게 설계했음을 보여 준다.

성전 외벽 공사 방법: 성전 외벽에 사용될 대리석은 채석장에서 뜨고 다듬어 성전 터로 가져와서 조립했다. 그래서 외벽을 쌓는 동안 "성전 속에서는 방망이나 도끼나 철 연장 소리가 들리지 않았다"(7절). 성전은 거룩한 장소요, 만민이 기도하는 집이다. 외벽을 쌓을 때 시끄러운 소리가 나지 않도록 한 것은 오직 하나님만이 영광 받으시도록 하기 위함이다. 교회는 성령의 세미한 음성을 듣고, 성령의 지시를 따라 움직이는 사람이 많을 때 은혜가 넘친다.

성전 내부 장식(14-38절): 성전 외벽 공사가 끝나자, 내부 장식을 위해 금, 백향목, 여성들이 짠 천으로 각종 수를 놓은 휘장을 사용했다. 성전 기구는 조각목으로 만든 후 금과 구리를 입혔다. 성전 내부는 백향목으로 외벽에 붙인 후 금으로 도금했다.

법궤가 들어갈 지성소(至聖所)를 내소(פְּנִימִי, inner sanctuary)라고 했다(23-28절). 이곳은 대제사장이 1년에 한 번 속죄일 때 들어갔다. 내소에는 언약궤와 그룹이 설치되었다. 내소의 각종 설계와 모양은 하나님이 다윗에게 보여 주신 규격과 설계도를 따랐다(대상 28:11-19).

성소(聖所)는 제사장들이 매일 들어가 업무를 보는 곳으로 외소(הַחִיצוֹן, the main hall)라고 했다(29-36절). 성소에는 떡상, 촛대, 향단이 있었다.

떡상에는 이스라엘 열두 지파를 상징하는 빵 열두 개가 진열되어 있어서 진설병(陳設餠)이라고 했다. 그다음 일곱 개의 가지가 뻗어 있는 촛대에는 올리브유로 불을 켜서 어두운 성소 안을 밝혔다. 성소와 지성소의 경계에 휘장이 처져 있고 그 휘장 앞에 향단이 있다. 향단에서 나는 향기가 성소 안을 향기롭게 했다.

성전 내부는 금으로 입혔다. 금은 하나님이 빛 되시고 순전하심과 불변성과 고귀함을 상징한다. 성전 안을 금으로 입힌 것은 하나님의 고귀한 성품을 잘 반영하면서, 하나님을 위해 최선의 것을 드렸다는 헌신의 표시이다. 솔로몬이 통치 4년에 성전 건축을 시작하여, 11년째 되는 해에 마침으로 건축 기간이 7년이었다(37-38절). 7년 동안 온 백성이 정성을 다해 건축했기에 성전이 완공되었을 때 백성들의 감격 또한 무척 컸을 것이다.

3. 하나님께서 솔로몬에 나타나셨다(11-34절)

하나님께서 나타나신 이유: 하나님이 솔로몬에게 나타나신 것은 두 가지 이유 때문이다. 하나는 장기간 성전 외벽 공사로 지쳐 있는 백성들과 솔로몬을 격려하시기 위해서이다. 그다음 하나님은 솔로몬에게 화려한 성전을 짓는 것보다 더 중요한 것은 하나님을 향한 마음임을 가르쳐 주시기 위해서다. "네가 지금 이 성전을 건축하니 네가 만일 내 법도를 따르며 내 율례를 행하며 내 모든 계명을 지켜 그대로 행하면 내가 네 아버지 다윗에게 한 말을 네게 확실히 이룰 것이요 내가 또한 이스라엘 자손 가운데에 거하며 내 백성 이스라엘을 버리지 아니하리라 하셨더라"(12-13절).

우리가 주님의 일을 하기 전에 먼저 하나님을 사랑하는 마음이 있어야 한다. 아무리 예배당을 화려하게 지어도, 하나님을 사랑하는 마음이 없으면 성령이 역사하지 않으신다. 하나님은 모리아산에서 이삭 대신 숫양을 준비하셔서 아브라함에게(창 22:2 참조) '여호와 이레'의 하나님을 보여 주셨다. 성령이 역사하지 않으시는데 어떻게 주님의 일을 하는 보람과 하나님의 은혜를 체험하겠는가.

성전터는 모리아산이다(창 22:2): "솔로몬이 성전을 건축한 장소를 아브라함이 독자 이삭을 번제물로 바치려고 했던 예루살렘의 모리아산이라"(대하 3:1). 또 모리아산은 다윗의 인구조사로 재앙이 임했을 때 다윗은 하나님의 진노를 그치게 하려고 번제를 오르난의 타작마당에서 드렸다. 다윗은 성전을 짓기 위해 그 땅을 샀다(대상 21:15-27). 동시에 모리아산은 다윗의 후손으로 이 땅에 오신 예수 그리스도가 인류의 죄를 위해 십자가에서 죽으셨던 곳이다. 그러니 솔로몬 성전은 앞으로 오실 예수 그리스도를 지향하고 있다. 참성전은 예수 그리스도이시다. 그래서 솔로몬 성전은 예수님이 오실 때까지 임시로 제사 지내는 장소에 불과하다. 임시로 되었기에 얼마든지 외적에게 파괴될 수 있었다. 그러나 참성전이신 예수 그리스도는 영원히 존재한다.

■ 되새김 >>>

1. 솔로몬이 B.C. 966년에 성전 건축을 했다. 이것은 출애굽한 지 480년째 되는 해이다.
2. 성전 외벽은 대리석으로, 내부는 백향목과 금으로 최고급으로 실내장식을 했다.
3. 참성전은 예수 그리스도이다. 그 주님을 구주로 믿으면 성령이 내주하신다. 그러니 우리가 성전이다(고전 3:16-17).

솔로몬의 왕궁 건축(왕상 7:1-51)

■ 핵심 내용

솔로몬이 자기의 왕궁을 십삼 년 동안 건축하여 그 전부를 준공하니라(1절).

■ 장소: 예루살렘
■ 인물: 솔로몬, 놋쇠 대장장 두로 사람 히람

1. 성전이 먼저인가, 왕궁이 먼저인가?(1절)

중국 베이징(北京)에 있는 자금성(紫禁城)은[1] '자주색의 금지된 성'(紫禁城)이라는 뜻이다. '자'(紫)는 황궁이 세상 중심이고, '금'(禁)은 금지한다는 뜻으로, 황제가 기거하는 곳에 허락 없이는 누구도 출입할 수 없다는 것이다. 이곳에서 명, 청의 황제 스물네 명이 살았다. 1406년에 건축을 시작하여 14년 동안 백만 명 이상의 노동자가 축조했던 세계 최대의 궁전이다.

---

1 https://cafe.daum.net/rose47/Jaea/502?q=%EC%A4%91%EA%B5%AD%20%EC%9E%90%EA%B8%88%EC%84%B1&re=1 에서 인용 요약.

지을 때는 800여 채의 건물과 9,999개의 방이 있었으나 지금은 8,886여 개의 방만 있다. 왕이 태어날 때부터 매일 방을 바꾸어 자면 27살이 되어야 모든 방에서 잘 수 있다. 1925년부터 고궁박물원(故宮博物院)으로 개관했고, 1987년에 유네스코 세계 문화 유산으로 지정되었다.

자금성은 동서 길이가 약 753미터, 남북 길이는 960미터, 담장 길이 약 4킬로미터, 면적은 72만 제곱미터(22만 평)로 800여 채의 건물이 좌우 대칭 구조로 전체가 직사각형으로 지어졌다. 성밖은 외적 침입을 대비하여 10미터 높이의 벽과 폭 52미터, 깊이 6미터의 해자(垓字)를 둘렀으며, 동서남북으로 해자를 건너는 네 개의 다리가 있다. 궁궐 주위는 높이 10미터, 길이 4킬로미터의 담장으로 둘렀으며 동서남북에 네 개의 큰 출입구가 있다. 남쪽에 있는 문이 정문으로 일명 천안문(天安門)이라고 한다.

어떤 건축가가 자금성 건축에 관하여 글을 쓴다고 할 때 황제가 천제(天帝)에게 제사 지냈던 제단보다 웅장한 자금성을 더 강조할 것이다. 그런데 열왕기 저자는 솔로몬이 지은 큰 왕궁보다 성전 건축을 더 강조했다.

2. 솔로몬의 왕궁(1-12절)

13년 동안 왕궁을 건축하다(1-12절): 왕궁의 길이가 약 50미터, 넓이 25미터, 높이 약 15미터가 된다. "또 창틀이 세 줄로 있는데, 창과 창이 세 층으로 서로 마주 대하였고"(4절). "이것은 1층 본관 위로 2개의 층이 더 있었음을 말해준다. 이 건물에는 무기를 보관하는 창고가 있었다"(왕상 10:16-17).[2]

---

2   https://cafe.daum.net/JesusFamilyChurch/V1SO/8?q=%EC%86%94%EB%A1%9C%E

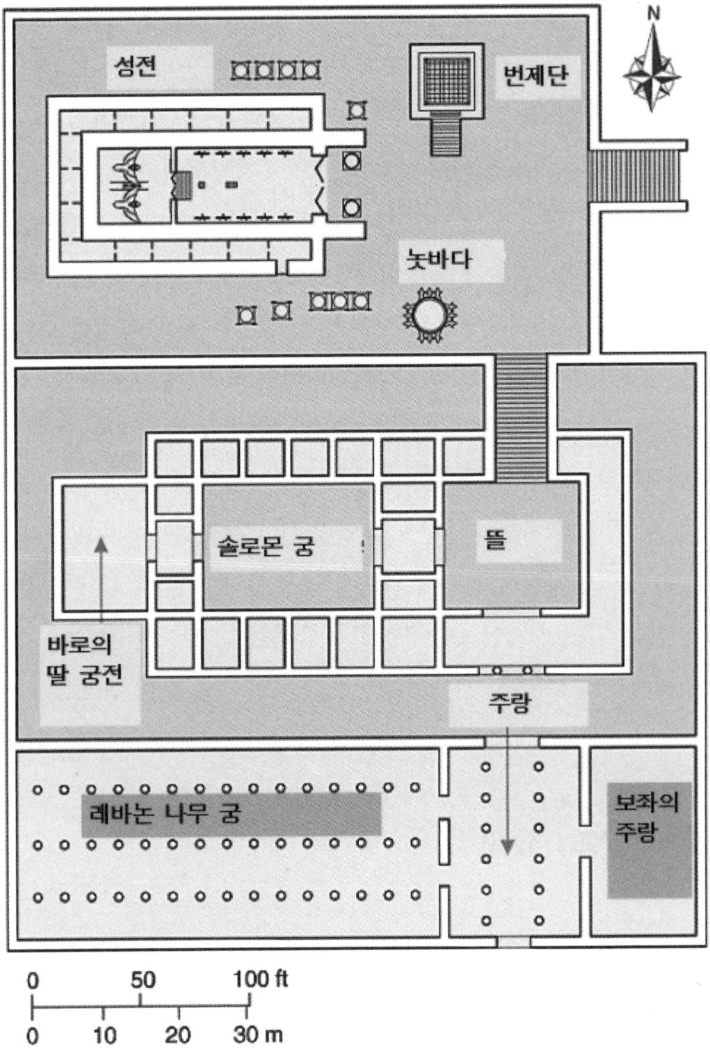

그림 5 솔로몬 성전과 왕궁 복합단지

성전 길이가 약 30미터, 넓이 10미터, 높이 15미터, 다락은 층당 5미터씩 3층으로 지어졌다. 성전과 왕궁을 비교해 보면 왕궁은 성전보다 20미터가 더 길고 층당 5미터 3층으로 지었다. 레바논 백향목과 함께 궁전 안팎으로 대리석으로 지었다. 해발 700미터인 예루살렘에 웅장한 성전과 왕궁을 짓는 것은 결코 쉽지 않았다. 그런데도 각종 고급 자재를 사용하여 웅장하게 지은 것은 솔로몬이 그만큼 부유했음을 보여 준다. 그런데 열왕기 저자는 성전 건축은 5-6장, 7:13-51까지 언급하면서도 13년 동안 왕궁을 건축한 것을 단 열두 절(7:1-12)로 요약했다.

왕국 건축을 짧게 언급한 이유: 세상 역사는 화려한 왕궁 짓는 것을 부각하고, 신전 건축을 대수롭지 않게 생각한다. 그러나 열왕기 저자는 왕궁보다, 성전 건축을 더 자세히 언급했다. 왜? 하나님이 진짜 왕이시고 왕은 하나님의 대리인으로 통치하는 사람에 불과한 것을 강조하기 위해서이다. 솔로몬도 하나님께 순종하는 왕이기에 그의 왕궁도 성전에 부속되어 있었다.

성전과 왕궁 건축이 주는 교훈: 성전과 왕궁을 지을 때 각종 규격과 건축자재는 실제로 건물이 지어졌음을 보여 준다. 성경은 노아 방주, 성막 제조, 성전 건축과 솔로몬 왕궁을 지을 때 각종 규격과 재료를 언급했다. 이것은 그 시대에 실제로 건물이 지어졌음을 입증한다.

솔로몬이 성전 건축에 7년, 왕궁 건축에 13년, 그리고 국가 방어를 위해 중요한 성읍들을 건축했다. 그러다 보니 많은 노동력과 세금이 들어갔다. 그러다 보니 백성들이 불평을 할 수밖에 없었다. 그런데도 40년 동안 나라가 태평한 것은 하나님이 지켜 주셨기 때문이다. 아무리 인간의 지혜와 능력이 뛰어나도 하나님이 함께하지 않으시면 무용지물이 되기 쉽다.

3. 놋쇠 대장장이 히람과 두 놋 기둥(13-51절, 대하 3:15-17)

놋쇠 대장장이 두로 사람 히람(13-14절): 놋쇠로 성전 기구를 만든 사람 중에 두로 사람 히람이 있었다. 그의 어머니는 이스라엘 납달리 지파의 과부이고, 아버지는 두로 사람 놋쇠 대장장이다. 그러니 히람은 혼혈족이다. 이스라엘 사람들은 이방인에 대해 아주 배타적이다. 그런데 성전 놋그릇 제조하는 것을 혼혈족에게 맡긴 것은 하나님의 성전이 이스라엘과 이방인 모두에게 필요한 것임을 보여 준다. 하나님은 민족을 초월하여 영광을 받으시는 분이다. 동시에 하나님은 이스라엘 주변 나라의 각 수호신을 다스리고 계시는 만왕의 왕이신 것을 강조하기 위함이다. 그러니 모든 사람이 하나님께 영광을 돌려야 한다. 신약 시대에는 유대인과 이방인 모두가 참 성전이신 예수 그리스도의 통치를 받고 있다.

히람이 놋으로 만든 것(1-51절): 성전 주랑 앞의 두 기둥 야긴(יָכִין, 그가 세우실 것이다)과 보아스(בֹּעַז, 민첩, 재빠름)를 만들었다(15-22절). 놋을 부어 제물을 씻거나, 제사장들이 손을 씻는 물을 저장하는 바다(물두멍)를 만들었다(23-26절). 히람은 바다를 받치고 있는 놋수레와 작은 물두멍(27-39절)과 놋으로 성전에 사용될 여러 기구들을 만들었다(40-48절).

중요한 것은 히람이 성전 기구를 만드는 데 구리가 부족하지 않도록 마음껏 제공한 것이다. "기구가 심히 많으므로 솔로몬이 다 달아보지 아니하고 두었으니 그 놋 무게를 능히 측량할 수 없었더라"(47절). 이렇게 하여 히람이 놋으로 제조하는 것을 마쳤다. "솔로몬 왕이 여호와의 성전을 위하여 만드는 모든 일을 마친지라 이에 솔로몬이 그의 아버지 다윗이 드린 물건 곧 은과 금과 기구들을 가져다가 여호와의 성전 곳간에 두었더라"(51절).

그림 6 솔로몬 성전 모형도

히람의 역할이 주는 교훈: 하나님은 당신의 영광을 위해 다양한 사람, 특히 각 사람에게 주신 달란트를 마음껏 사용하신다. 그러니 내가 받은 달란트를 잘 활용하여 주님의 일을 하는 데 사용해야 한다. 또한, 하나님의 일을 하는 데 민족적인 차별이 없다. 우리가 사는 세상은 죄의 영향으로 인종차별이 많다. 그러나 예수 그리스도 안에는 이런 차별이 없다. 마지막으로 성전을 짓는 데 값비싼 금도 백향목, 구리, 고급 대리석과 다양한 사람이 쓰임 받았다. 이처럼 교회 안에서 다양한 성도가 하나님께 쓰임 받으면서 주님의 몸된 교회를 세워 가고 있다.

■ 되새김 >>>

1. 솔로몬이 왕궁(13년)과 성전을 건축(7년)했다. 성경은 성전 건축을 더 크게 부각시켰다.
2. 성전과 왕국을 건축하는 데 건축 재료와 각종 규격은 실제로 건축했음을 입증한다.
3. 혼혈족 히람이 쓰임 받은 것은 하나님 안에는 민족과 인종차별이 없다는 것을 보여 준다.

10

언약궤를 성전으로 옮기다 (왕상 8:1-21)

■ 핵심 내용

제사장들이 여호와의 언약궤를 자기의 처소로 메어 들였으니 곧 성전의 내소인 지성소 그룹들의 날개 아래라 (7절).

■ 장소: 예루살렘
■ 인물: 솔로몬과 열두 지파 장로들, 제사장, 레위인, 백성들

1. 교회 건축에 담긴 거룩한 헌신들 (1절)

갈보리교회를 담임하고 있는 강문호 목사는 필리핀 파나이(Panay)섬을 선교하면서 부도교회(不渡敎會)를 건축했다.[1] 그 교회가 지어진 것은 갈보리교회 한 사업가의 헌신 때문이다. 한때 그 사업가는 사업에 부도가 나서 고작 남은 돈이 500만 원 정도였다. 그때 파나이 지역 성도들이 교회 지을 돈이 없어서 나무 밑에서 예배를 드리고 있다는 소식을 들었다. 그는

---

1 https://sermon-jesus.tistory.com/17974545에서 인용.

마지막 남은 돈으로 파나이섬에 교회 하나를 지어 하나님께 바치기로 작정하고, 헌금했다. 그 파나이 성도들은 사업가가 헌금한 돈으로 교회 건축을 한 후 교회 이름을 '부도교회'로 지었다. 부도교회 성도들은 매일 그 집사님 사업을 위해 기도했다. 그 기도 덕분에 재기한 사업가의 사업이 다시 번창하게 되었다. 교회의 규모가 크고 작고를 떠나 교회 건축하는 과정에서 이런 성도들의 아름다운 헌신을 찾는다면 끝이 없다. 하나님께서 성도들의 헌신을 통해 역사하시기 때문에 교회 건축에는 간증거리가 많다.

단칸방에서 신혼을 시작한 부부가 오랫동안 절약하여 아파트를 장만했다. 아파트로 이사 갈 때 신혼 때 구매했던 낡은 가구를 버리고 새 가구로 채운다. 그리고 주의 종들을 모시고 이사 예배를 드리면서 하나님께 감사한다. 한 개인이 아파트를 마련해도 이렇게 기분이 좋은데, 솔로몬과 이스라엘 백성들은 7년 동안 성전을 지어 마침내 그 성전을 하나님께 봉헌하니 그 기쁨은 말로 표현할 수 없었을 것이다.

오늘날 새로 건축한 예배당의 부채를 다 갚고, 그 예배당을 하나님께 바친다는 의미에서 헌당식을 한다. 헌당식 때 그 교회 출신 성도와 외부 인사를 초청하여 예배드린 후 공로자들에게 감사패를 전달한다. 솔로몬도 성전을 하나님께 바친다는 의미에서 성전봉헌식을 했다. 봉헌식에서 가장 중요한 것은 법궤를 성전으로 옮기는 것이었다. 솔로몬은 법궤 옮기는 것을 국가적 행사로 치르기 위해 이스라엘 열두 지파의 우두머리를 예루살렘으로 소집했다(1절).

2. 법궤를 예루살렘 성전으로 옮기다(1-11절)

시온성에 있는 법궤를 옮기다(1-4절): "이에 솔로몬이 여호와의 언약궤를 다윗 성 곧 시온에서 메어 올리고자 하여"(1절) '시온'(צִיּוֹן, Zion, 양지바른, 성, 요새)은 예루살렘 남동쪽에 있는 구릉의 이름이다. 다윗이 여부스 족속에게 빼앗았다고 해서 '다윗성'(the City of David)으로 불렀다(삼하5:7). 솔로몬이 성전을 지은 후 시온은

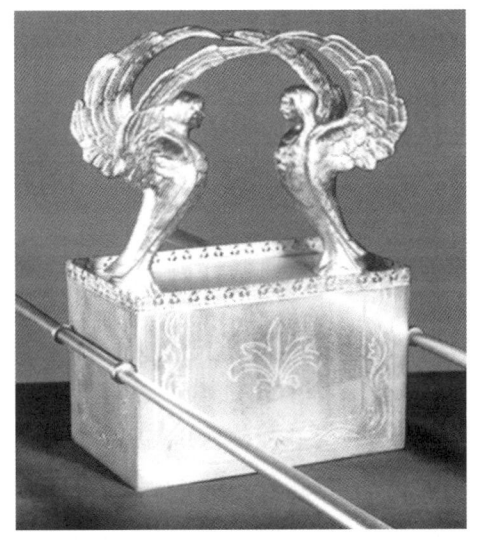

그림 7 **법궤(언약궤)**

성전이 있는 예루살렘으로 지칭하는 대명사가 되었다. 요한계시록은 시온을 하나님과 그의 백성이 영원히 거하는 천국, 즉 예루살렘으로 지칭했다. "또 내가 보니 보라! 어린 양이 시온 산에 섰고, 그와 함께 십사만 사천이 서 있는데, 그들의 이마에는 어린 양의 이름과 그 아버지의 이름을 쓴 것이 있더라"(계 14:1).

법궤는 B.C. 959년 "에다님월 곧 일곱째 달 절기"에 옮겼다(2절). '에다님(시내에 물이 흐른다)은 유대 종교력으로 7월(태양력 9-10월)이다. 이때는 건기가 끝나고 이른 비가 내리는 시기이다. 그때 시냇물이 흘러내려 간다고 해서 월명을 에다님월로 지었다.그 월에 법궤와 함께 제사장과 레위인들이 성전 안에 들어갈 각종 기구를 옮겼다.

법궤를 옮기는 데 몇 가지 원칙(1-10절):

첫째, 국가적 행사로 치르기 위해 이스라엘 장로와 열두 지파의 지도자를 초청했다(1절). 하나님의 임재를 상징하는 법궤는 하나님을 새 성전으로 모시고 온다는 차원에서 전 이스라엘이 참여했다. 예배 중의 입례송은 예배자가 하나님을 예배 자리로 초청하는 것이다. '하나님 아버지! 저희가 예배를 드리오니 예배의 자리에 오셔서 이 예배를 받아주십시오'라는 마음으로 부르는 찬양이다.

둘째, 제사장들이 법궤를 메고 왔다(3-4절). 다윗이 법궤를 수레에 싣고 옮기다가 웃사가 죽는 일이 있었는데(삼하 6:1-19), 솔로몬은 그 실수를 되풀이하지 않았다. 하나님을 모시는 일은 우리의 정성만으로 되지 않는다. 반드시 하나님이 정하신 법도를 따라야 한다. 언약궤를 멜 때 힘 있는 자가 메지 않고 제사장들이 멘 것은 율법의 규례에 따른 것이다. 메고 온 언약궤를 지성소에 안치하는 것도, 법궤 안에 십계명 돌판이 들어 있는 것도 하나님의 법도에 순종한 것이다. 주님을 향한 최고의 정성은 곧 순종이다(삼상 15:22).

셋째, 법궤가 지성소에 안치하기 전에 성전 안뜰에 놓여졌다. 그때 수많은 양과 소를 희생 제사로 드렸다. "그 궤 앞에 있어 양과 소로 제사를 지냈으니 그 수가 많아 기록 할수도 없고 셀 수도 없었더라"(5절). 이 제사는 진심으로 하나님께 영광 돌리려고 하는 솔로몬과 백성들의 마음을 보여준다. 성전은 수많은 제물의 피와 제물 태우는 냄새로 진동했다. 제물의 피는 기드론 시내로 흘러가 시내 전체를 붉게 물들였다.

넷째, 법궤는 지성소에, 각종 성전 기구는 성소 안에 안치했다(6-9절). 이것은 하나님이 모세에게 주신 성막에 관한 규례를 잘 지킨 것이다.

하나님이 성전봉헌식을 받으셨다(10-11절): 모세가 성막을 봉헌할 때 하나님의 임재를 상징하는 구름이 성막에 가득 찼다(출 40:34-35). 그 현상이 성전봉헌식 때 재연되었다. "제사장이 성소에서 나올 때에 구름이 여호와의 성전에 가득하매 제사장이 그 구름으로 말미암아 능히 서서 섬기지 못하였으니 이는 여호와의 영광이 여호와의 성전에 가득함이었더라"(10-11절).

구약에서 '구름, 불, 우레, 연기, 세미한 소리'는 여호와의 영광을 나타내는 매개 물이다. 하나님 임재를 상징하는 구름은 성전봉헌식 이후 일 년에 한 번씩 지내는 속제일 때 충만하게 임했다. 전 백성이 헌신 된 마음으로 성전을 하나님께 드리자 하나님께서 받으셨다. 예배의 생명은 하나님의 임재이다. 이처럼 우리가 준비되고 사모하는 마음으로 예배드리면, 하나님이 영광 받으신다. 우리가 드리는 예배에도 하나님의 임재와 거룩한 영광이 구름처럼 가득 차기를 소망하면서 "왕이신 나의 하나님! 내가 주를 높이고, 영원히 주의 이름으로 송축하리이다"라는 찬양을 불러야 한다.

3. 솔로몬의 봉헌식 연설(12-21절; 대하 6:3-11)

주님을 위해 성전을 지었습니다(12-13절): 솔로몬은 성전을 '주께서 영원히 계실 처소'라고 선포했다(13절). 사람도 제사를 위해 성전에 들어가지만, 성전은 주님의 처소이기 때문에 오직 주님만 영광을 받으셔야 한다. 이 시대 교회는 주님의 몸이다. 그러니 성도들은 주님을 위한 공동체가 되어야 한다. 주님이 내 인생의 주인이시기에, 늘 주님을 위해 살아가자.

주님이 친히 지으셨습니다(14-15절): 솔로몬은 여호와를 송축(בָּרַךְ, 축복하다, 찬양하다) 하면서 "여호와께서 내 아버지 다윗에게 말씀하신 것을 이제 그의 손으로 이루셨도다"라고 했다. 겉으로 볼 때는 성전을 솔로몬과 일꾼들이 지었다. 그러나 솔로몬은 여호와께서 그의 손으로 성전 짓는 것을 이루셨다고 하면서 자신을 하나님께 쓰임 받는 일꾼으로 여겼다. 성전 머릿돌에 '솔로몬이 지은 성전'이라 새겨 둔들 누구 하나 말하지 않을 것이다. 그러나 솔로몬은 '하나님이 성전을 지었다'고 고백함으로 성전을 성전답게 했다. 우리가 늘 이런 마음으로 하나님을 섬겨야 하는데, 이것이 오래가지 못하는 것이 문제이다.

주님의 뜻대로 지으셨습니다(16-21절): 다윗이 성전을 지으려고 했으나 하나님이 허락하지 않으셨다. 그러나 솔로몬이 성전 짓는 것을 허락하셔서 짓게 되었다. 성전은 지을 마음이 있다고 해서, 또 지을 준비가 되었다고 해서 짓는 것도 아니다. 오직 주님이 원하시는 사람을 통해 주님께서 지으신다.

다윗은 성전을 짓고 싶어서 물자와 인부를 준비했으나 하나님께서 그의 아들에게 맡기라고 하셔서 순종했다. 그 순종 때문에 "여호와께서 말씀하신 대로, 솔로몬을 이스라엘의 왕위에 앉게 하셨고, 솔로몬은 이스라엘 하나님 여호와의 이름을 위하여 성전을 건축했다"고 한 것이다. 거룩한 일을 할수록 나의 의욕이 하나님보다 앞서지 말고 더욱 하나님의 뜻을 우선으로 해야 한다.

■ 되새김 >>>

1. 교회 건축 부채를 다 갚은 후 헌당예배를 드리듯이 솔로몬도 성전 건축을 한 후 성전봉헌식을 했다.
2. 성전봉헌식 때 최고의 핵심은 하나님의 임재를 상징하는 법궤를 성전으로 옮기는 것이었다.
3. 솔로몬이 성전을 하나님이 지으셨다고 고백했으나 그 마음이 오래가지 못했다.

솔로몬의 기도(왕상 8:23-53; 대하 6:12-42)

■ 핵심 내용

주 여호와여 주께서 우리 조상을 애굽에서 인도하여 내실 때에 주의 종 모세를 통하여 말씀하심같이 주께서 세상 만민 가운데에서 그들을 구별하여 주의 기업으로 삼으셨나이다 (53절).

■ 장소: 예루살렘 성전
■ 인물: 솔로몬과 봉헌식에 참여한 백성들

1. 인생을 변화시키는 기도(1절)

빈세트 필 목사가 어느 의사에게 "지금까지 의사로 살면서 가장 보람 있었던 일은 무엇입니까?"라고 물었다. 의사는 이렇게 답했다.

살 확률이 10퍼센트밖에 없던 소녀가 저의 인생을 변화시킨 일이 있었습니다. 간호사들이 수술 준비를 하는 사이에 저는 수술대 위에 있는 소녀에게 다가갔습니다. 그때 소녀가 저를 쳐다보면서 "선생님 부탁이 있습니다. 저는 매일 잠자리에 들기 전에 기도합니다. 지금 기도해도 괜찮겠지요?" 하고 물었습니다. 그녀의 말이 저를 무척 힘들게 했습니다. 왜냐하면, 저는 한때 주님을 믿었으나 지금은 주님을 잊고 살아왔기 때문입니다. 그래서 그 소녀에게 오히려 저를 위해 기도해 달라고 부탁했습니다. 그러자 소녀는 이렇게 기도했습니다. "사랑이 많으신 우리 목자 예수님! 저의 기도를 들어주세요. 오늘 밤 당신의 어린양을 지켜 주세요. 예수님! 의사 선생님을 기억해 주세요. 그분은 고통스러워하고 있습니다 …."

그 소녀의 기도가 저를 완전히 변화시켰습니다. 그때 저는 간호사들에게 눈물을 보이지 않기 위해 돌아서서 난생처음으로 "오, 하나님! 저를 용서하여 주시고, 이 소녀의 생명을 구하게 하여 주소서!"라는 기도를 했습니다. 그 후 소녀는 힘든 수술을 받았고 하나님의 은혜로 건강을 회복했습니다.[1]

성도가 하나님의 마음을 흡족하게 하는 기도를 하면 하나님께서 들으신다. 본문은 솔로몬이 성전봉헌식 때 기도한 것에 하나님이 응답하시는 것을 말하고 있다. "솔로몬이 기도를 마치매 불이 하늘에서부터 내려와서 그 번제물과 제물들을 사르고 여호와의 영광이 그 성전에 가득하니"(대하 7:1).

2. 솔로몬의 기도(22-53절)

기도의 자세(1, 54절): 솔로몬은 이스라엘 백성을 대표로 번제단 앞에서 손을 들고 서서 기도하다가 중간에 무릎을 꿇었다(1절). 그는 하나님의 약

---

[1] https://cafe.daum.net/kimchonseohyon/OLe4/4?q=%EA%B8%B0%EB%8F%84%EC%9D%91%EB%8B%B5+%EC%98%88%ED%99%94&re=1

속을 근거로 해서 아주 구체적으로 기도했다.

성전이 하나님의 신실하심이 이루어지는 장소가 되게 하소서(23-26절): 하나님께서 다윗에게 말씀하신 대로 아들 솔로몬을 왕으로 세워 성전을 짓게 하신다는 약속을 이루셨다. 솔로몬은 하나님께서 다윗과 언약(삼하 7장 참조)을 맺으신 것처럼 성전을 통해 다윗의 후손들이 계속 왕위를 이어 가게 해 달라고 간구했다(27절). 하나님이 다윗에게 말씀하신 것처럼 우리가 말씀대로만 살면 그 약속을 신실하게 지키신다.

성전이 기도의 연결선이 되게 하소서(27-30절): 솔로몬은 "하늘과 하늘들의 하늘이라도 주를 모시지 못하겠거늘 어찌 이 성전이오리까"라는 표현으로(27절), 성전이 하나님의 집으로는 턱없이 작고 미미하다고 했다. 그러나 주의 이름으로 지었사오니 성전이나 성전을 향해 기도할 때 주께서 귀를 기울이시고 응답해 주실 것을 간구했다. 주님은 우리의 참된 성전이시다. 그 주님께서 말씀하셨다. "너희가 내 이름으로 무엇을 구하든지 내가 행하리니 이는 아버지로 하여금 아들로 말미암아 영광을 받으시게 하려 함이라"(요 14:13)는 말씀을 하셨다.

성전이 공의로운 재판장이 되게 하소서(28-32절): 범죄자가 인간 재판관을 속일 수 있어도 전지하신 하나님을 속일 수 없다. 솔로몬은 성전이 하나님 앞에서 심판받는 자리가 되어 거짓 맹세한 자들은 중한 벌을 받고(32절), 의로운 자는 의롭다고 하신 하나님을 만나는 장소가 되게 해 달라고 간구했다. 성도들이 하나님의 공의를 믿는다면 교회 문제로 세상 법정에 가지 않을 것이다.

성전을 향하여 회개할 때 응답하여 주소서(33-36절): 솔로몬은 성전이 기도의 집, 하나님을 향한 기도의 연결선이 되기를 원했다. "주는 하늘에서 들으사 주의 종들과 주의 백성 이스라엘의 죄를 사하시고, 그들이 마땅히 행할 선한 길을 가르쳐 주시오며, 주의 백성에게 기업으로 주신 주의 땅에 비를 내리시옵소서"(36절). 성도들도 죄와 유혹에 노출되어 범죄하기 쉽다. 그때마다 솔로몬은 성전을 향해 기도하겠다는 자세는 우리가 예수님의 이름을 의지하여 기도해야 함을 보여 준다.

성전을 향하여 구원을 요청할 때 응답하여 주소서(37-40절): 성도도 여러 가지 환난을 만난다. 범죄로 인한 심판을 당하지만, 악한 사람과 천재지변으로 무고하게 피해를 본다. 솔로몬은 고통 중에 있는 사람이 성전을 향하여 기도할 때 "주는 계신 곳 하늘에서 들어 주실" 것을 간구했다(39절), 하나님은 이방신처럼 성전에만 계시지 않고, 하늘 위에 계신다. 그러니 장소를 초월하여 성도의 기도를 들으신다.

성전을 향하여 이방인의 기도에도 응답하여 주소서(41-43절): 솔로몬은 성전이 이스라엘 백성과 이방인이 즉 온 세상 사람에게 개방된 기도의 전이 되게 해 달라고 간구했다. "땅의 만민이 주의 이름을 알고, 주의 백성 이스라엘처럼 하나님을 경외하는 것을 알게 될 것이다"(43절). 하나님은 하늘과 땅을 통치하시는 대주재이시다. 그러니 이방인도 하나님을 믿고 의지해야 한다.

전쟁에 출정할 때 성전을 향하여 기도할 때 응답하여 주소서(44-45절): 전쟁은 병사의 생사와 나라의 운명이 달려 있기에 모두가 전쟁하기를 두려워한다. 그래서 전장으로 출정하면서 성전으로 향하여 나를 도우실 분은 오직 하나님이심을 고백하는 기도에 응답하여 달라고 간구했다. 하나님은 교회뿐만 아니라, 성도의 일터와 직장까지 주관하시니 생존 경쟁이 치열한 일터로 나갈 때마다 생업 터를 위해 기도해야 한다.

이방인의 포로가 되었을 때도 성전을 향하여 기도할 때 응답하여 주소서(46-50절): 솔로몬이 통치할 때는 영광스러운 시대지만, 이스라엘의 범죄로 이방인의 포로가 될 것을 예견했다(신 28장 참조). 솔로몬은 이방 나라 포로가 되었을 때 마음을 돌이켜 성전을 향해 회개하면 하나님께서 죄를 사하시고 구원하여 달라고 했다(50절).

주의 백성 이스라엘의 기도에 응답하여 주소서(51-53절): 하나님은 우리에게 그 어떤 빚도 지지 않으셨기에 꼭 우리 기도에 응답하실 필요가 없다. 그런데도 우리 기도에 귀를 기울이시는 것은 사랑으로 우리를 자녀로 삼으셨기 때문이다. 애굽에서 노예 생활을 했던 이스라엘을 구출하여 주신 것처럼 사랑으로 우리를 죄에서 구원하셨고(51절), 사랑으로 우리를 거룩하게 구별하여 천국을 기업으로 주셨다(53절). 하나님이 먼저 은혜를 베푸셔서 주의 백성으로 삼아 주셨기에 우리가 회개하거나 기도할 때 응답하시는 것이다.

3. 솔로몬의 기도가 주는 교훈

하나님께서 우리 기도를 들으신다: 솔로몬의 기도에는 우리가 성전을 향하여 기도하거든 "주는 하늘에서 그들의 기도와 간구를 들으시고 그들의 일을 돌아보옵소서"(45절)라는 표현이 많이 나온다. 하나님이 계신 하늘과 우리가 사는 땅의 차이가 엄청나게 크지만, 하나님께서 우리 기도를 들으시고 응답하신다.

하나님께서 우리 죄를 용서하여 주신다: 솔로몬은 46절에서 "범죄하지 아니하는 사람이 없사오니…." 하지만, 죄를 깨닫고 성전을 향하여 기도할 때 죄를 용서하여 달라고 했다. 이처럼 우리가 예수님 앞에 죄를 회개하고 용서를 구할 때 주님께서 죄를 용서하여 주신다.

하나님이여! 우리를 불쌍히 여겨 달라는 기도이다: 험한 세상에 살다 보면 억울한 일을 만나고, 죄를 지을 수 있다. 또 죄악으로 이방인의 포로가 될지라도 회개하고 성전을 향해 기도하면 응답하여 달라고 했다(50절).

하나님은 우리의 아버지시라는 것이다: 하나님께서 우리를 자녀로 택하셨고 죄악에서 구원하셨다. 그리고 예수 그리스도 안에서 천국의 영원한 기업을 선물로 주셨다. 우리를 향한 하나님의 사랑은 은혜에서 시작하여 은혜로 마친다. 하나님의 은혜는 참성전이신 예수 그리스도 안에서 계속되니 계속 주님께로 나가야 한다.

■ 되새김 >>>

1. 솔로몬은 봉헌식 때 하나님의 대리자요 백성의 대표로 성전 제단 앞에 서서 기도했다.
2. 솔로몬이 아홉 가지 내용으로 구체적으로 기도한 것처럼 우리도 구체적으로 기도해야 한다.
3. 하나님이 우리를 자녀로 택하시고 구원을 선물로 주셨기에 우리 기도에 응답하시는 것이다.

12

백성을 위한 솔로몬의 축복기도 (왕상 8:54-9:9)

■ **핵심 내용**

내가 네 아버지 다윗에게 말하기를 이스라엘의 왕위에 오를 사람이 네게서 끊어지지 아니하리라 한 대로 네 이스라엘의 왕위를 영원히 견고하게 하려니와(9:5).

■ 장소: 예루살렘
■ 인물: 솔로몬, 봉헌식에 참여한 백성들

1. 임마누엘의 의미(1절)

어떤 성도가 남편과 성탄 예배를 드린 후 집으로 가면서 '예수님의 성육신'에 대해 의심이 들기 시작했다. 그래서 혼자 '어떻게 하나님이 인간으로 오실 수 있지? 도무지 믿을 수가 없어?'라고 생각했다. 집에 도착했을 때 눈이 많이 와서 쌓인 눈 때문에 먹이를 얻지 못한 새들이 문 앞에 모여 있었다. 남편은 얼른 먹이를 가져와 새들에게 던져 주었으나, 놀란 새들이 날아갔다. 남편은 새들에게 "너희들을 해치려는 것이 아니야, 이걸 먹지 않으면 너희는 굶어서 얼어 죽어!"라고 외쳤으나 그 소리에 새들은 더 멀리 날아갔다. 남편은 안타까운 마음으로 "내 마음을 어떻게 너희에게 전할 수 있겠니? 내가 새가 되지 않고서는 전달할 수가 없다"고 했다. 그 순간 아내의 뇌리에 번쩍하고 '그래 하나님이 인간에게 계속 사랑을 베푸셨지만, 하나님의 사랑을 깨닫지 못하는 인간들은 하나님을 떠났어. 그래서 어쩔 수없이 하나님이 인간의 몸을 입고 이 세상에 오신 것이야'라는 생각이 스쳐 갔다. 성육신의 의미를 깨달은 그녀는 진심으로 주님께 감사기도를 드렸다.[1]

신학적으로 예수님의 성육신과 구원을 '임마누엘'(Ἐμμανουήλ)이라 한다. 히브리어 임마누엘(עִמָּנוּאֵל)에서 '임'(עִם)은 '함께'라는 뜻의 전치사이고, '아누'(עָנוּ)는 '우리'라는 뜻이며, '엘'(אֵל)은 '하나님의 이름'이다. 그래서 임마누엘(Immanuel)은 '하나님이 우리와 함께 계신다'는 것이다. 하나님은 우리와 상관없이 저 멀리 계시는 종교적 신이 아니라 내 삶의 현장에 함께하시는 분이다. 내가 예배와 기도를 드릴 때, 어떤 일을 성취하기 위해 열심히 노력할 때, 험한 세상에서 힘들어할 때, 또 시험이 들어 낙심할 때도 함께 계신다. 그래서 성경의 핵심 사상이 임마누엘이다. 솔로몬이 백성들을 축복할 때 이스라엘 백성들과 함께하시는 임마누엘의 하나님을 강조했다(57절).

2. 솔로몬의 축복(54-61절)

임마누엘 사람이 누릴 수 있는 최고의 복(54-58절): 다윗이 법궤를 옮긴 후 만군 여호와의 이름으로 백성을 축복했다(삼하 6:18). 솔로몬도 성전봉헌

---

[1] https://cafe.daum.net/juneunch/rlnh/357?q=%EC%9E%84%EB%A7%88%EB%88%84%EC%97%98%EC%9D%98%20%EA%B0%84%EC%A6%9D&re=1 에서 인용.

식 때 성전의 기능에 대해 기도한 후 "이스라엘의 온 회중을 위하여 축복했다"(55절). 먼저 솔로몬은 하나님이 약속하신 대로 안식(태평)을 주신 것을 찬양했다. "그가 말씀하신 대로 그의 백성 이스라엘에 태평을 주셨으니…"(56절). 이 평안은 이스라엘의 열조가 하나님 말씀대로 살지 못했는데도 하나님의 은혜로 주어진 것이다(56절). 우리나라는 6.25전쟁 이후 큰 전쟁 없이 번영의 시대를 맞이하고 있다. 한국 사람들이 온갖 범죄를 저지르고 있는데도 하나님의 은혜로 평화가 지속한 것에 감사해야 한다.

임마누엘의 복을 강조했다: 솔로몬은 백성을 향해 축복하면서 먼저 임마누엘의 복을 강조했다. "우리 하나님 여호와께서 우리 조상들과 함께 계셨던 것처럼 우리와 함께 계시옵고 우리를 떠나지 마시오며, 버리지 마시옵고"(57절). 사람이 누릴 수 있는 최고의 복은 임마누엘이다. 그 임마누엘의 복 때문에 하나님은 범죄한 인간을 버리지 않으시고, 구원하시기 위해 하나님이신 예수님이 육신의 몸을 입고 이 땅에 오신 것이다. 우리 삶에 고달픔이 많아도, 임마누엘 하나님을 믿는다면, 얼마든지 환난 풍파를 극복할 수 있다.

이스라엘 백성들이 성전중심으로 하나님이 원하시는 삶을 살게 하소서(59-61절): "우리의 마음을 주께로 향하여 그의 모든 길로 행하게 하시오며 우리 조상들에게 명령하신 계명과 법도와 율례를 지키게 하시기를 원하오며"(58절). 솔로몬은 하나님이 그의 일과 이스라엘 백성들의 일을 날마다 필요한 대로 돌아보게 해 달라는 기도를 했다(59절). 동시에 이스라엘 백성들에게 몸과 마음을 온전히 여호와께 바쳐 그의 법도와 계명을 지키면서 온 세상 만민에게 여호와만 참하나님이신 것을 알리는 통로가 되는 삶을 살도록 권면했다.

성전봉헌식(61-66절): 인생 사(事)는 일을 시작했으면 마무리도 잘해야 한다. 성전봉헌식 축제도 끝날 때가 왔다. 솔로몬과 성전봉헌식에 참여한 사람들이 하나님께 '소 이만 이천 마리, 양 십이만 마리'를 드렸다(63절). "그 날에 왕이 여호와의 성전 앞뜰 가운데를 거룩히 구별하고 거기서 번제와 소제와 감사 제물의 기름을 드렸으니 이는 여호와의 앞 놋제단이 작으므로 번제물과 소제물과 화목제의 기름을 다 용납할 수 없음이라"(64절). 엄청난 제물로 놋 제단만으로 감당할 수 없었다. 또 제물들의 피가 기드론 시내로 흘러 유혈이 낭자했다. 밤낮으로 제물 태우는 냄새와 연기가 가득찬 것은 그만큼 아낌없이 하나님께 드렸다는 것이다.

그런데 하나님은 이런 엄청난 제물보다 솔로몬과 이스라엘 백성들이 온 마음을 바쳐 하나님의 법도와 계명 지키는 것을 더 중요하게 여기셨다. 당연히 이런 삶을 살아야 하는데도 솔로몬과 이스라엘 백성이 결국 그런 삶을 살지 못했다. 오히려 솔로몬이 하나님을 떠나 우상 숭배의 죄를 짓다가 나라가 분열되는 원인을 제공했다.

우리가 예배 드리면서 은혜받는 것과 새로운 삶을 살겠다고 결단하는 것도 중요하다. 이런 결단을 했다면 말씀에 순종하여 성령 충만한 삶이 지속되도록 해야 한다.

3. 하나님이 솔로몬에게 다시 나타나심(9:1-10, B.C. 946년)

하나님께서 나타나신 때(1-2절): 솔로몬은 통치 4년에 성전을 건축하여(6:1) 11년에 마쳤다. 성전 건축을 한 후 왕궁을 13년 동안 지었다. 그렇다면 하나님께서 솔로몬에게 다시 나타나셨을 때는 통치 24년째가 되는 해이다. "¹ 솔로몬이 여호와의 성전과 왕궁 건축하기를 마치며 … ² 여호와께서 전에 기브온에서 나타나심같이 다시 솔로몬에게 나타나사"(1-2절). 이때는 솔로몬과 이스라엘이 최고의 번영을 누릴 때로, 우리 같으면 하는 일이 잘 되어, 아무런 걱정이 없을 때이다. 그런데 살기가 좋아지자 솔로몬의 마음이 예전과 같지 않았다. 기브온에서 일천 번제를 드릴 때와 같은 간절함이 사라졌다. 하나님께서 영적 경각심을 심어 주기 위해 나타나신 것이다.

간절함이 없는 솔로몬의 기도(3-5절): "여호와께서 그에게 이르시되 네 기도와 네가 내 앞에서 간구한 바를 내가 들었은즉"(3절). 하나님이 과거 솔로몬의 간절함을 상기시켰다. 아쉬울 때는 기도가 간절하지만 아쉽지 않을 때는 기도의 간절함이 사라지는 것처럼 솔로몬의 기도가 그러했다. 이런 영적 자만 때문에 고린도전서 10:12은 "그런즉 선 줄로 생각하는 자는 넘어질까 조심하라"고 했다. 하나님이 다시 솔로몬에게 나타나신 것은 계속 그와 좋은 관계를 맺기 원하셨기 때문이다. 이처럼 하나님은 우리와도 좋은 관계를 유지하기를 원하신다.

네 아버지 다윗이 행함같이(4-5절): 하나님이 솔로몬에게 강조하셨던 것은 성전의 제사보다 더 우선은 다윗처럼 하나님 앞에 온전히 행하라는 것이다. 그러면 하나님이 다윗과 언약을 맺으실 때 하신 약속을 이행하신다고 하셨다. "이스라엘의 왕위에 오를 사람이 끊어지지 않게 하신 약속대로 왕위를 영원히 견고하게 하시겠다"(4-5절; 삼하 7장 참조).

하나님의 계명과 법도를 버리면(6-9절): 하나님은 신명기 28:36-37에서 이스라엘이 하나님의 말씀에 순종하지 않고, 범죄하면 이방인의 포로가 되어 모든 민족 중에서 놀람과 조롱거리가 되게 할 것이라고 했다. 포로가 된 사람들은 이방 땅에서 목석으로 된 다른 신을 섬기게 될 것이라고 하셨다.

하나님은 이 말씀을 솔로몬에게 상기시키면서 하나님을 버리고 다른 신을 섬기면 이스라엘 백성에게 선물로 주신 가나안 땅에서 끊어 버리시겠다고 했다. 또 솔로몬이 지은 성전은 이방인들이 파괴할 것이며, 성전 파괴로 이방인에게 조롱거리가 될 것이라고 했다. 이것은 화려한 성전에서 제사 지내는 것보다 더 중요한 것은 하나님을 향한 이스라엘 백성들의 변함없는 마음임을 강조한 것이다.

하나님을 떠난 상태에서 아무리 성전에서 제사를 많이 드려도 하나님이 받지 않으신다. 그래서 하나님은 이사야 1:11-12에서 이런 말씀을 하셨다. "너희의 무수한 제물이 내게 무엇이 유익하느뇨 나는 숫양의 번제와 살진 짐승의 기름에 배불렀고 나는 수송아지나 어린 양이나 숫염소의 피를 기뻐하지 아니하노라 12 너희가 내 앞에 보이러 오니 이것을 누가 너희에게 요구하였느냐 내 마당만 밟을 뿐이니라"(사 1:11-12).

하나님이 솔로몬에게 다시 나타나신 것은 그가 일천 번제를 드렸을 때의 순수한 마음으로 돌아가기를 원했기 때문이다. 그때 솔로몬은 영적으로 가난했고, 절박했고 하나님을 두려워했다. 그런데 물질적 번영이 솔로몬의 믿음을 변질시켜 하나님이 싫어하시는 우상 숭배를 허용했다. 하나님은 솔로몬의 영적 위기를 막기 위해 찾아오셨다. 그 하나님이 동일하게 우리를 찾아오신다.

지금 나의 영적 상태는 어떠한가? 물질적 번영이 에베소 교회처럼 주님과의 첫사랑을 잃어버리지 않았는가? 성공과 명예가 하나님보다 귀해서 하나님이 싫어하시는 각종 죄악과 우상을 도입하지 않았는가? 매 주일 하나님의 은혜를 사모하면서 예배를 드리는가? 간절한 마음으로 지속적으로 기도하고 있는가? 영적으로 느슨할 때마다 자기 점검의 질문을 하면서 처음 하나님을 만나 기뻐했던 믿음을 회복해야 한다.

■ 되새김 >>>

1. 솔로몬이 임마누엘을 강조한 것처럼 우리는 예수님을 통해 함께하시는 성령을 체험할 수 있다.

2. 하나님은 엄청난 양의 번제물보다 먼저 이스라엘 백성들의 헌신하는 마음을 요구하셨다.

3. 솔로몬의 물질적 번영과 왕권 강화가 영적으로 무디어져서 점점 하나님을 떠나게 했다.

13

솔로몬의 부귀영화와 영적 위기 (왕상 9:10-10:22)

■ 핵심 내용

전에 애굽 왕 바로가 올라와서 게셀을 탈취하여 불사르고 그 성읍에 사는 가나안 사람을 죽이고 그 성읍을 자기 딸 솔로몬의 아내에게 예물로 주었더니 (9:16).

■ 장소: 예루살렘
■ 인물: 솔로몬, 두로 왕 히람. 강제 노역을 하는 사람들

1. 주전자의 속의 개구리

조지 바나(Georgy Barna)가 쓴 『주전자 속의 개구리』(The Frog in the kettle)라는 책이 있다. 이 책은 쇠퇴하는 유럽 교회와 미국을 비롯하여 현대 교회가 물질만능주의 시대와 공존하면서 영적으로 서서히 죽어 가는 것을 "주전자 속의 개구리"로 비유했다.

주전자 속에 뜨거운 물을 넣고 개구리를 넣으면 금방 뛰쳐나온다. 그런데 차가운 물에 개구리를 넣고 물을 조금씩 가열하면 개구리는 환경에 따라 자기 몸의 온도를 바꾸면서 적응한다. 그러다가 점점 뜨거운 물에 자신

이 익어 가는 사실도 모른 채 죽어 간다.

우리 삶에도 이와 비슷한 일이 많이 일어난다. 갑작스럽게 변화를 주면 대부분 거기에 저항한다. 누군가가 우리에게 "교회 다니지 말라"고 한다면 "왜 교회 가지 말라고 하느냐?"고 저항한다. 불이익을 당하거나 얻어맞으면서도 교회를 다닐 것이다. 그럴 용기가 없을 때는 '몰래 교회 다니려고' 한다.

그런데 조금씩 변화를 주면 거의 저항하지 않는다. 예배 빠지는 건수(件數)를 하나씩 만들거나 조금씩 기도회를 줄이고, 말씀 듣는 시간을 짧게 하면서 교회 모임을 줄여 가면 거의 저항하지 않는다. 말씀을 읽고 듣는 것 등 영적인 일을 조금씩 양보하다 보면 치명적인 마귀의 덫에 걸려 도저히 회복할 수 없게 된다.[1]

솔로몬이 성전과 왕궁을 건축하는데 좋은 일만 있었던 것이 아니다. 오히려 불길한 그림자가 서서히 다가오고 있었다. 대공사를 위한 강제 노역과 외교적 효율을 위해 이방인과의 교류와 통혼까지 이어졌다. 나름대로 이유가 있었으나 이런 것들이 솔로몬으로 하여금 서서히 하나님을 떠나게 했다.

2. 솔로몬에게 드리웠던 영적 어두움들(9:10-10:22)

히람의 불평(9:10-14): 솔로몬의 제1차 교역은 히람에게 밀과 기름을 주었고, 히람은 백향목과 잣나무 재목을 보내 성전 건축을 도운 것이다. 제2차 교역은 성전과 왕궁 건축을 마친 후에 이루어졌다. 솔로몬은 히람에게

---

[1] https://story.kakao.com/_DIl2Y/1Ypd6OkjlD9에서 인용.

갈릴리 지역 성읍 스무 곳을 주었으나 히람이 그 이 땅을 본 후 쓸모없는 땅이라는 의미에서 '가불'(כָּבוּל, 마른, 사막의)이라고 했다. 히람이 솔로몬에게 "내 형제여"라고 하면서 형제 관계에서 이럴 수가 없다고 따졌다. 그런데도 히람은 금 120달란트를 솔로몬에게 주었다. 솔로몬은 금을 받고 하나님이 그의 조상에게 기업으로 주신 땅을 이방인에게 판 꼴이 된다. 하나님이 선물로 주신 땅(기업)은 개인 마음대로 사고팔 수가 없다. 이것 때문에 나봇은 이스라엘 왕 아합이 그의 포도원을 팔라고 했을 때 거절한 것이다.

솔로몬이 히람에게 판 땅은 납달리와 아셀 지파에 속한 곳이다. 솔로몬이 쓸모없다고 팔았던 땅은 장차 하나님의 아들 예수 그리스도가 사역하실 중요한 장소였다. 그러니 솔로몬은 에서가 하나님의 주신 장자권을 소홀히 여긴 것처럼, 하나님이 주신 약속의 땅을 소홀히 여긴 꼴이 된다. 이런 솔로몬의 행위를 반면교사로 삼아, 우리는 하나님이 주신 각종 영적 특권을 귀하게 여겨야 한다.

백성의 강제 노역(9:15-23): 성전과 왕궁과 여러 성읍은 수많은 사람의 노역으로 지어진 것이다. "솔로몬 왕이 역군을 일으킨 까닭은 이러하니"(15절). 이스라엘 땅에 사는 가나안 사람을 역군(מַס, 강제 노동을 하는 사람)으로 징용했다.[2] 그 징용은 한 달 일하고 두 달 쉬도록 하여 노동 정책에 공의로움이 있었다. 그러나 여기 나오는 징용은 애굽의 징용 정책을 모델로 삼은 것으로 평생 일을 해야 하는 노예 징용이다. 그 대상은 아모리 사람, 헷 사람, 브리스 사람, 히위 사람, 여부스 사람으로 이스라엘 자손이 가나안에 입성한 후 다 멸하지 못하고, 그 땅에 남아 있는 사람들이다(20절). 이들은

---

[2] 김지찬, 『여호와의 날개 아래 약속의 땅을 향하여』. 760.

이스라엘 백성들이 가나안에 정착하면서부터 쫓아내야 할 대상이다. 그런데도 솔로몬 때까지 이들은 이스라엘 백성들과 함께 살았다. 이스라엘은 상전이 되고, 그들은 종이 되니 꿩 먹고 알 먹는 것처럼 좋았다. 그런데 왜 하나님의 종인 모세와 여호수아가 그들을 줄기차게 쫓아내라고 했을까? 그들이 가졌던 음란한 가나안의 문화와 우상 때문이다.

가나안에는 바알과 아세라를 비롯하여 아들을 불에 태워 제사 지내는 몰렉신과 같은 잡다한 우상을 섬겼다. 신명기 7:16은 "하나님께서 그들을 쫓아내고 그들의 신을 섬기지 말라"고 했다. 만약 그들을 쫓아내지 않고 그들의 신을 섬기면 그것이 이스라엘에게 올무가 될 것을 경고했다. 이것 때문에 25-26절은 가나안 땅에 있는 각종 신상을 불사르고, 우상의 은금을 탐내지 말라고 했다. 탐내면 그것이 올무가 될 것이라고 경고했으나 이스라엘은 가나안 족속을 쫓아내지 못했다. 그 결과 사사기 때부터 유다가 바벨론의 포로가 될 때까지 이스라엘은 가나안 족속의 우상을 섬기는 역정복을 당했다.

성경의 지혜는 하나님의 뜻을 깨닫고, 하나님의 뜻대로 살아가는 것이다. 그런데 지혜의 왕 솔로몬이 하나님의 뜻을 알고도 물질과 세속주의, 성공주의에 눈이 멀어 하나님의 뜻을 무시했다. 그 결과 우상 숭배에 빠졌고, 이것이 남북 분열로 이어졌다. 그러니 성공을 추구할수록 하나님의 뜻대로 살아가고 있는가를 세밀히 살펴야 한다.

이방 여인과의 결혼(9:24-28): 이방 여인들이 왕비 혹은 후궁으로 들어올 때 그들이 섬겼던 우상을 가져왔다. 이것 때문에 하나님이 이방 여인과의 통혼을 금하셨지만, 솔로몬은 외교적 효율을 위해 여러 나라와 정략결혼을 했다(왕상 11:2).

스바 여왕의 방문(10:1-13절): 스바(שְׁבָא ,Sheba)는 예루살렘에서 2,300킬로미터 떨어진 남서 아라비아의 상업 도시였다. 스바 여왕은 솔로몬의 지혜에 대한 명성을 듣고, 그를 시험하기 위해 어려운 문제를 가지고 왔다(1절). 수행하는 자가 심히 많고 향품과 많은 금과 보석을 낙타에 싣고 온 것은 그녀의 왕권이 막강했음을 보여 준다. 그녀가 솔로몬에게 어려운 문제를 내었으나, 솔로몬은 거침없이 답변하자 그녀는 감탄하여 이런 말을 했다. "당신의 행위와 당신의 지혜에 대해 들은 것이 사실이라고 하면서 당신처럼 지혜로운 군주를 둔 이스라엘이 복되다"(4-8절). 그녀는 하나님을 송축하면서 금 120달란트와 심히 많은 향품과 보석을 솔로몬에게 주었다(9-10절).

한편, 예수님은 자신이 솔로몬보다 더 지혜로운 하나님의 아들인데도 사람들이 알아보지 못하자, 스바 여왕의 예를 들어 말씀하셨다. 심판 때에 남방 여왕이 일어나 이 세대 사람을 정죄하리니 이는 그가 솔로몬의 지혜로운 말을 들으려고 땅끝에서 왔음이거니와 솔로몬보다 더 큰 이가 여기 있으니라(마 12:42). 스바 여왕이 먼 곳에서 솔로몬의 지혜로운 말을 듣기 위해서 왔다면 주님은 솔로몬보다 더 크시고, 더 지혜로우니 당연히 사람들이 주님의 말씀을 들어야 했다. 그런데도 주님의 말씀을 듣지 않고, 믿지 않았기에 그 불신에 대한 정죄를 받을 것이라고 했다.

솔로몬의 부귀영화(10:14-22): 솔로몬은 두로 왕 히람과 스바 여왕으로부터 각각 금 120달란트(1달란트, 34.4킬로그램) 총 8톤의 금을 받았다. 무역으로 14톤의 금 420달란트를 벌었다(9:28). 세금 수입이 금 666달란트(총 22톤)가 된다(10:14). 다시스에 무역선을 두어 3년에 한 번씩 금과 은과 상아와 원숭이와 공작을 실어 왔다(22절). 그 결과 "솔로몬의 시대에 은을 귀히 여기지 아니함은"(21절). "왕이 예루살렘에서 은을 돌같이 흔하게 하고 백향목을 평지의 뽕나무같이 많게 하였더라"(27절)라고 했다. 솔로몬은 이 많은 금의 일부를 성전을 짓는 데, 나머지는 사치와 자기 과시를 위해 사용했다. 16절에 금으로 큰 방패 200개, 작은 방패 300개를 만들어 왕궁을 금방패로 장식했다. 18절은 솔로몬이 앉은 보좌를 정금을 입혔고, 왕이 음식 먹는 그릇을 금으로 만들었다고 했다. 외교 사절들이 그 많은 금을 보고 욕심을 냈다. 결국, 솔로몬 사후 르호보암 때 애굽 왕 시삭이 예루살렘에 쳐 들어와 솔로몬의 금방패를 빼앗아 갔다.

이것 때문에 주님은 "너희를 위하여 보물을 땅에 쌓아 두지 말라, 거기는 좀과 동록이 해하며 도적이 구멍을 뚫고, 도적질하느니라, 오직 너희를 위하여 보물을 하늘에 쌓아 두라"(마 6:19-20)고 하셨다. 솔로몬이 금으로, 율법을 필사하여 열두 지파에 흩어졌던 제사장들에게 돌렸다면 백성들이 율법을 더 많이 알았을 것이다. 또 백성들의 복지를 위해 썼다면 그의 사후에 과도한 세금을 감면하여 달라는 말이 나오지 않았을 것이다.

■ 되새김 >>>

1. 하나님의 기업을 사고팔 수 없다. 그런데도 솔로몬은 히람에게 갈릴리 지역 성읍 스무 개를 주었다.

2. 스바 여왕이 솔로몬의 지혜에 감탄했으나 예수님은 솔로몬보다 더 크고 지혜로우시다.

3. 솔로몬의 금은보화가 엄청났으나 그것을 자기 과시와 사치 그리고 쾌락을 누리는 데 사용했다.

14

솔로몬을 타락시킨 아내들(왕상 10:26-11:13)

> ■ 핵심 내용
>
> ³ 왕은 후궁이 칠백 명이요 첩이 삼백 명이라 그의 여인들이 왕의 마음을 돌아서게 하였더라 ⁴ 솔로몬의 나이가 많을 때에 그의 여인들이 그의 마음을 돌려 다른 신들을 따르게 하였으므로 왕의 마음이 그의 아버지 다윗의 마음과 같지 아니하여 … (11: 3-4).
>
> ■ 장소: 예루살렘
> ■ 인물: 솔로몬, 수많은 이방 여인

1. 당나라 현종의 막장 드라마

중국 당나라를 망하게 했던 두 사람은 이임보(李林甫)와 양귀비(楊貴妃)라 해도 과언이 아니다.[1] 이임보는 황제 현종(玄宗, A.D. 685-762년)과 궁중의 환심을 사며 19년 동안 재상으로 있었다. 그는 겉으로는 아첨 섞인 달콤한 말로 상대를 안심시킨 후에 권력 유지를 위해 단호하게 비판자를 제

---

[1] tvN의 〈벌거벗은 세계사〉 제83회 "양귀비! 당제국을 몰락시킨 금단의 사랑"을 참고.

거했다. 이런 이임보를 두고 "입에는 꿀이 있고 배에는 칼이 있다"는 뜻의 구밀복검(口蜜腹劍)이라는 말이 생겼다.

이임보가 조정 실권을 쥐게 된 것은 A.D. 736년에 현종이 사랑했던 무혜비(武惠妃)가 죽었을 때였다. 궁중에 아리따운 미녀가 3천 명이나 있었으나, 아무도 현종의 마음을 끌지 못했다. 실의에 빠진 현종이 어느 날 그와 무혜비 사이에 태어난 18번째 아들 수왕의 아내(양옥환: 楊玉環)를 보게 되었다. 그녀가 중국 역사에서 가장 아름다웠던 4대 미인 중의 한 사람인 양귀비(楊貴妃)이다. 현종은 며느리와 사랑에 빠진 나머지 아들의 아내를 빼앗는 막장 드라마를 펼쳤다.

양귀비는 달콤한 말과 가무, 시와 악기로 현종의 마음을 사로잡자, 현종은 중신들의 반대에도 그녀를 귀비(貴妃)로 책봉했다. 귀비는 황후 다음 자리로, 이미 황후가 없었으니 황후 행세를 한 것이다. 양귀비가 현종의 총애를 받을수록 그녀의 일족들이 앞다투어 고관의 자리를 차지했다. 현종은 양귀비에게 빠져 국정을 이임보에게 맡기고 돌보지 않았다. 현종이 71세까지 정사를 돌보지 않는 사이 이임보는 황제를 속이면서 자신의 의견에 반대하는 충신들을 제거했다. 그 결과 그에게 충성하는 간신들만 조정에 남아 있었다. 그들의 악독한 착취에 시달렸던 백성들이 곳곳에서 민란을 일으켰다.

현종 755년에 일어난 '안록산의 난'은 불과 한달 만에 수도 '장안'을 점령했다. 현종은 황궁을 버리고 도망갔으나 양귀비는 환관 고력사에게 잡혀 비단으로 목이 졸리는 죽임을 당했다(37세). 현종은 안록산의 난으로 황제 자리에서 물러났으나 죽을 때까지 양귀비를 그리워했다고 한다.

오늘날 아편 재료를 '양귀비'라 한다. 마약에 빠져 인생을 망치는 것이 현종이 양귀비에게 빠져 나라를 망친 것과 같다고 해서 붙여진 이름이다. 현종이 양귀비에게 빠진 것처럼 지혜의 왕 솔로몬도 여색에 빠져 하나님을 떠났다.

2. 솔로몬의 명성과 여인들(10:23-11:8)

솔로몬의 명성(10:22-25): 주변 나라 왕과 고관들이 많은 예물을 가지고 솔로몬의 지혜를 듣기 위해 몰려왔다. 온 세상 사람들이 다 하나님께서 솔로몬의 마음에 주신 지혜를 들으며, 그의 얼굴을 보기 원하여 그들이 각기 예물을 가지고 왔다(24-25절).

무수한 병거와 마병(10:26-29): 솔로몬의 부와 명성은 군사력 증강으로 이어졌다. 그는 애굽처럼 제국의 왕이 되고 싶어 병거와 말 그리고 마병을 애굽에서 수입했다. 이것 때문에 애굽 왕의 공주와 정략결혼을 한 것이다. 그런데 솔로몬이 부국강병(富國强兵)을 추구할수록 그의 마음은 점점 하나님을 떠나고 있었다. 이것 때문에 하나님은 이스라엘 왕이 될 사람에게 왕이 지켜야 할 규례를 말씀하셨다. "병마를 많이 두지 말 것이요 병마를 많이 얻으려고 그 백성을 애굽으로 돌아가게 하지 말 것이니 이는 여호와께서 너희에게 이르시기를 너희가 이 후에는 그 길로 다시 돌아가지 말 것이라"(신 17:16).

솔로몬이 많은 이방 여인을 사랑했다(11:1-8): 솔로몬이 외교적 유익을 위해 정략결혼을 하다 보니 후궁이 칠백 명, 첩이 삼백 명이었다(3절). 이 많은 여인을 먹여 살리기 위해 백성들은 과도한 세금으로 등골이 휘어졌다. 솔로몬은 고대 왕처럼 처첩의 숫자로 부와 권세를 과시했다. 집권 초기에 솔로몬의 사랑은 하나님이었는데 이제는 처첩으로 바뀌었다. 많은 여인이 솔로몬의 마음을 돌려 각종 우상을 섬기게 했다(4절). 솔로몬이 섬겼던 이방 신 중에 '시돈의 다산의 신이요, 음란의 신인 여신 아스다롯'과 '암몬의 쌍둥이 형제 신 밀곰과 몰록' 등이 있었다. 그 당시 사람들은 몰렉 신상 앞에 있는 번제단에 아이를 불에 태워 제사 지내면 몰렉 신이 자손들에게 복을 준다고 생각했다. 그 외에도 모압의 태양신이요, 전쟁의 신인 그모스(Chemosh)를 섬겼다. 하나님은 가나안에 입성하는 이스라엘이 우상 숭배에 빠질 것을 아시고 율법을 통해 유일하신 하나님 외에 그 어떤 신을 섬기는 것을 금하셨다.

"너는 결단코 자녀를 몰렉에게 주어 불로 통과하게 함으로 네 하나님의 이름을 욕되게 하지 말라 나는 여호와이니라"(레 18:21). "⁴ 그가 그의 자식을 몰렉에게 주는 것을 그 지방 사람이 못 본 체하고 그를 죽이지 아니하면 ⁵ 내가 그 사람과 그의 권속에게 진노하여 그와 그를 본받아 몰렉을 음란하게 섬기는 모든 사람을 그들의 백성 중에서 끊으리라"(레 20:4-5). "그가 또 그의 이방 여인들을 위하여 다 그와 같이 한지라, 그들이 자기의 신들에게 분향하며 제사 하였더라"(레 20:8).

이런 하나님의 경고가 있었음에도 불구하고 솔로몬이 각종 우상을 숭배한 것은 결국 하나님을 떠났기 때문이다. 이것 때문에 그의 사후 이스라엘이 남북 왕조로 분열되었다. 남북 왕조는 우상 숭배 때문에 이방인에게 정복당한 후 포로로 끌려갔다. 누구든지 하나님의 말씀을 버리면 하나님이 싫어하시는 행동을 할 수밖에 없다.

3. 하나님께서 두 번이나 솔로몬에게 경고하셨다(11:9-13)

솔로몬은 사십 대에 잠언을 썼다. 잠언에는 "내 아들아! 어찌하여 음녀를 연모하며, 이방 계집의 가슴에 안기겠느냐"라는 표현이 많이 나온다. 그는 잠언을 통해 여인을 삼가 조심하라고 해 놓고 정작 자신은 그것을 지키지 않았다. 솔로몬이 천 명의 아내를 둔 것은 많은 여인과 쾌락을 누리면서, 주변 왕들처럼 부와 권력을 자랑하기 위해서이다. 또 주변국과 외교 관계를 통해 국가 안전을 보장받기 위함이다. 그런데 그를 왕으로 세워 주시고, 그에게 지혜와 부귀영화를 주신 하나님을 배제하고, 인간적 욕망을 채우려고 하다 보니 예루살렘은 점점 우상 숭배의 소굴이 되었다.

한꺼번에 음식을 많이 먹는다고 몸무게가 늘어나지 않는다. 대부분은 오늘 많이 먹고 내일부터 다이어트를 하자고 결심한다. 그런데 내일이 되면, 또 오늘 많이 먹고 내일부터 다이어트를 하자고 결심한다. 이런 식으로 계속 음식을 먹다 보면 본인이 모르는 사이에 몸무게가 늘어난 것을 볼 수 있다. 그러니 잘못된 것은 초창기부터 끊어 버려야 한다. 솔로몬의 타락은 진짜 조심할 것은 실패할 때가 아니라 성공할 때이다.

잘 나갈 때 교만에 빠지지 않도록 더욱 신경 써야 한다. 다윗은 늘 이런 마음으로 살기 위해 "²³ 하나님이 나를 살피사 내 마음을 아시며 나를 시험하사 내 뜻을 아옵소서 ²⁴ 내게 무슨 악한 행위가 있나 보시고 나를 영원한 길로 인도하소서"(시 139:23-24)라는 기도를 했다.

솔로몬이 하나님의 경고를 무시함(10:9-12): 하나님께서 두 번 솔로몬에게 나타나셔서 다른 신을 섬기지 말라고 하셨으나 솔로몬은 그 경고를 듣지 않았다. 그 결과 하나님은 솔로몬 사후에 이스라엘 왕국이 분열될 것을 말씀하셨다. "여호와께서 솔로몬에게 말씀하시되 네게 이러한 일이 있었고 또 네가 내 언약과 내가 네게 명령한 법도를 지키지 아니하였으니 내가 반드시 이 나라를 네게서 빼앗아 네 신하에게 주리라"(11절).

솔로몬이 일천 번제를 드렸을 때는 하나님이 그에게 더 많은 것을 주시려고 했다. 그러나 솔로몬이 하나님을 떠나자 이제 그의 나라를 두 조각으로 나누어 하나를 그의 신하에게 주신다고 했다(12-13절). 이것은 아무리 하나님의 복을 많이 받아도 그것을 믿음으로 간직하지 않으면 복이 사라진다는 교훈을 준다.

　여호와께서 사람의 매와 인생의 채찍으로 솔로몬을 징계하여 나라 일부를 빼앗아 신하의 손에 주신다고 했다. 그런데도 다윗과 맺은 언약 때문에 솔로몬 후손의 왕위를 빼앗지 않겠다고 하셨다. 솔로몬은 아버지 다윗의 신실함 때문에 하나님의 심판이 잠시 보류되었고 심판의 규모도 축소되었다. 이것을 보면 솔로몬은 아버지 하나를 참 잘 두었다. 다윗은 살아서도 솔로몬을 도왔지만 죽어서까지 재앙으로부터 아들을 구했다.

　이것을 통해 좋은 부모가 되어, 자녀들에게 믿음의 유산을 물려주는 것이 얼마나 큰 복인가를 가르쳐 준다. 동시에 처음 받았던 은혜를 잘 간직하여 계속 내 마음이 하나님을 떠나지 않도록 믿음을 점검해야 하는 교훈을 준다.

■ 되새김 >>>

1. 많은 사람이 하나님께서 솔로몬에게 주신 지혜를 듣기 위해 솔로몬에게로 왔다.
2. 솔로몬 때 이방 여인 아내들이 가져온 우상 숭배로 인해 예루살렘이 우상 숭배의 온상지가 되었다.
3. 솔로몬의 우상 숭배는 이스라엘이 남북 왕조로 분열되는 원인을 제공했다.

15

솔로몬 말년을 괴롭혔던 대적들(왕상 11:14-43)

■ **핵심 내용**

여호와께서 돔 사람 하닷을 일으켜 솔로몬의 대적이 되게 하시니(14절).
하나님이 또 엘리아다의 아들 르손을 일으켜 솔로몬의 대적자가 되게 하시니 … (23절).

■ 장소: 예루살렘, 애굽, 다메섹
■ 인물: 솔로몬, 시삭, 하닷, 르손, 여로보암

1. 힘의 근원이신 하나님을 버릴 때

필리핀 사람들이 수없이 미군 철수를 외친 결과 1992년에 미군이 필리핀에서 철수했다.[1] 필리핀 정부는 미군이 떠난 자리에 외국인 투자 공단을 만들어 다국적 기업을 유치하려고 했다. 그런데 미군의 주둔으로 생기는 경제 효과가 사라져서 안보 위협이 커진 나라에 투자하려고 하는 글로벌 기업이 없었다. 미군이 사라지자 중국이 스프래틀리 군도(Spratly Islands) 일

---

[1] 「조선일보」 2023.09.26에서 인용.

부를 점령한 후 군사기지를 세웠다. 최근에는 중국군이 필리핀 어선에 총격을 가했으나 필리핀 정부는 대항할 힘이 없어서 속수무책으로 당할 수밖에 없었다. 결국, 필리핀은 미군 철수로 인해 '안보와 경제'라는 두 마리 토끼를 다 잃어버렸다.

이런 필리핀과는 달리 최근에 베트남은 미국과 손을 잡았다. 미국과 베트남은 1960년대부터 1975년까지 전쟁을 치른 '불구대천의 원수'이다. 이 전쟁으로 미군 약 6만 명과 베트남인 약 200만 명이 죽었다. 그런 양국이 9월 10일 하노이에서 정상회담을 하고 양국 관계를 최상위 수준인 '포괄적 전략 동반자 관계'로 높였다. 미군이 철수한 지 50년 만에 처음으로 미국 대통령이 베트남을 방문했다.

베트남이 미국과 손을 잡은 것은 남중국해를 둘러싸고 나날이 커지는 중국의 위협을 막기 위해서이다. 미국은 베트남을 지킨다는 의지를 보여 주기 위해 지난 6월에 미 항공모함 '로널드 레이건호'가 다낭항에 입항했다. 다낭은 중국과 영토 분쟁 중인 호앙사 군도(중국명 시사 군도)와 가깝다. 두 나라가 안보 파트너십을 구축하자, 미국은 대규모 투자와 반도체, 정보기술(IT) 지원을 약속했다. 베트남이 생존을 위해 미국과 손잡은 것은 '미군 철수'를 외치는 것이 얼마나 어리석은가를 보여 준다.

본문은 솔로몬을 괴롭혔던 세 명의 대적이 나온다. 대적의 출현은 솔로몬이 힘의 근원이신 하나님을 버린 결과이다. 아담이 선악과를 먹지 말라는 하나님의 말씀을 어겼을 때 하나님이 떠났다. 그때부터 땅은 가시덤불과 엉겅퀴를 내어 아담을 괴롭혔다(창 3:18). 솔로몬도 그의 보호자이신 하나님을 버리자, 하나님도 솔로몬을 버렸다. 누구든지 하나님을 버리면 그때부터 원수 마귀의 공격을 받게 된다. 그러니 절반은 하나님, 절반은 마귀 편에 서는 영적 중립 지대가 없다. 그러니 하나님을 선택할 것인가, 아니면 마귀를 선택할 것인가를 분명히 해야 한다.

2. 솔로몬을 괴롭혔던 세 대적(14-40절)

에돔 사람 하닷(14-22절): 성도가 하나님과 맺은 언약에 신실하지 못하면 평안이 사라진다. 그 대신 각종 재앙이 일어난다. 하나님은 하닷(הֲדַד, 강력한)을 솔로몬을 징계하는 도구로 사용하셨다. 하닷은 이스라엘 남쪽 국경에 있는 에돔의 왕족이었다. 그는 요압이 에돔 사람들을 학살할 때(삼상 8:13), 애굽으로 망명했다. 애굽 왕은 하닷을 급부상하는 다윗을 경계하는 도구로 활용하기 위해 그의 처제를 하닷에게 주었다.

하닷은 다윗과 요압이 죽었다는 말을 듣고 에돔으로 돌아온 후 집요하게 솔로몬을 괴롭혔다. "²¹ 하닷이 애굽에 있어서 다윗이 그의 조상들과 함께 잔 것과 군대 지휘관 요압이 죽은 것을 듣고 바로에게 아뢰되 나를 보내어 내 고국으로 가게 하옵소서 ²² 바로가 그에게 이르되 네가 나와 함께 있어 무슨 부족함이 있기에 네 고국으로 가기를 구하느냐 대답하되 없나이다 그러나 아무쪼록 나를 보내옵소서 하였더라"(21-22절).

다메섹의 르손(23-25절): 이스라엘 북쪽 국경과 맞닿은 수리아(수도 다메섹)에 르손(רְזוֹן, 족장, 지배자)이라는 장수가 있었다. 과거 수리아는 다윗과의 전쟁에서 크게 패배했다. 그때 르손이 패잔병을 모아 왕권을 찬탈한 후 수리아의 왕이 되었다. 수리아는 이스라엘과 국경을 접한 나라 중에서 가장 강한 나라였다. "솔로몬의 일평생에 하닷이 끼친 환난 외에 르손이 수리아 왕이 되어 이스라엘을 대적하고 미워하였더라"(25절).

다윗 시대에 큰 힘을 쓰지 못했던 대적이 솔로몬 때 위협적인 존재가 된 것은 솔로몬의 우상 숭배 때문이다. 대적 르손의 세력이 커진 것이 아니라 솔로몬이 하나님을 버리고 우상 숭배로 인해 영적으로 약해졌기 때문이다. 그 결과 솔로몬은 점점 작아진 데 비해 대적들은 점점 커졌다.

여로보암의 출현(23-28절): 여로보암(יָרָבְעָם)은 '백성을 증가한다'는 뜻으로 에브라임 지파 출신이다. 여로보암의 출현은 솔로몬에게 외부에 있는 적들보다 더 큰 위협이 되었다. 솔로몬이 밀로를 건축하고 예루살렘성 무너진 곳을 수축할 때(왕상 9:15; 11:27) 여로보암이 큰 용사인 것을 보고 그에게 북부 지파에서 차출된 노역자들을 감독하는 직무를 맡겼다.

아히야의 예언(29-40절): 어느 날 선지자 아히야(אֲחִיָּה, 여호와의 형제)가 새 옷을 열두 조각으로 찢은 후 그중 열 조각을 여로보암에게 가지라고 했다. 아히야는 이런 상징적 방법으로 하나님께서 열 지파를 여로보암에게 주고 한 지파만 솔로몬에게 주신다고 했다. 33절은 그 이유를 네 개의 동사로 설명했다. "이는 그들이 나를 버리고 시돈 사람의 여신 아스다롯과 모압의 신 그모스와 암몬 자손의 신 밀곰을 경배하며 그의 아버지 다윗이 행함 같지 아니하여 내 길로 행하지 아니하며 나 보기에 정직한 일과 내 법도와 내 율례를 행하지 아니함이니라"(33절).

① "이는 그들이 나를 버리고(עָזַב, forsake)"
② "시돈 사람의 여신 아스다롯과 모압의 신 그모스와 암몬 자손의 신 밀곰을 경배하며(שָׁחָה, bow down)"
③ "그의 아버지 다윗이 행함 같지 아니하여 내 길로 행하지(הָלַךְ, walk) 아니하며"
④ "나 보기에 정직한 일과 내 법도와 내 율례를 행하지(עָשָׂה, do) 아니함이니라"

여기서 가장 중요한 것은 솔로몬이 여호와를 버리고 다른 신을 섬겼다는 것이다. 아히야는 나라가 분열되는 것이 곧바로 일어나지 않을 것이라고 했다. 왜? 다윗이 행한 순종으로 인해 솔로몬이 살아 있을 동안에는 나라를 분열시키지는 아니한다고 하셨다. 하나님은 다윗과의 언약을 생각해서 한 지파(베냐민)만 유다 지파에게 남길 것이라고 했다(37절). 37-38절은 하나님은 여로보암에게 왕국을 주어 왕을 세우는 목적을 말씀하셨다.

"**37** 내가 너를 취하리니 너는 네 마음에 원하는 대로 다스려 이스라엘 위에 왕이 되되 **38** 네가 만일 내가 명령한 모든 일에 순종하고 내 길로 행하며 내 눈에 합당한 일을 하며 내 종 다윗이 행함같이 내 율례와 명령을 지키면 내가 너와 함께 있어 내가 다윗을 위하여 세운 것같이 너를 위하여 견고한 집을 세우고 이스라엘을 네게 주리라."

솔로몬이 하나님의 언약을 저버리자, 하나님은 솔로몬에게 주셨던 권세를 빼앗아 여로보암에게 넘기시려고 했다. 이 권세는 하나님 나라의 권세로, 하나님의 뜻 행하기를 원하는 자에게 위임되었던 권세이다. 만약 다윗과 성전에 대한 하나님의 애착이 없었다면 하나님은 당장 솔로몬으로부터 모든 것을 빼앗았을 것이다.

솔로몬이 여로보암을 죽이려고 하자 여로보암은 애굽으로 도망했다. 애굽 왕 시삭(Shishak the king)이 받아 주어 솔로몬이 죽을 때까지 머물렀다(40절). "이러므로 솔로몬이 여로보암을 죽이려 하매 여로보암이 일어나 애굽으로 도망하여 애굽 왕 시삭에게 이르러 솔로몬이 죽기까지 애굽에 있으니라"(40절). 솔로몬은 애굽 왕국을 닮기 위해 바로왕의 공주와 결혼했으나, 그 애굽이 한편으로는 솔로몬의 대적 '하닷과 여로보암'을 보호하는 망명처가 되었다. 이렇게 세상 정치는 자기 유익을 우선하기 때문에 비정한 것이다.

3. 솔로몬의 죽음(41-43절)

솔로몬의 평가: 솔로몬은 20세에 등극하여 40년간 통치하다가 60세에 죽었다(43절). 그의 삶은 두 가지 교훈을 준다. 하나는 그가 부와 장수를 구하지 않고, 공정한 재판을 위해 지혜와 듣는 마음을 구했을 때, 하나님께서 전무후무한 지혜를 주셨다. 하나님은 솔로몬 때 아브라함에게 약속하신 땅에 대한 경계가 성취되게 하셨다. 그 결과 이스라엘은 번영과 평화를 누렸다. 그러나 솔로몬이 바로의 딸과 이방 여인을 사랑하여, 그들이 가져온 우상 숭배를 허락했다. 또 지나친 강제 노동 정책으로 백성들이 반발하여 왕국 분열이라는 불씨를 제공했다.

사울과 다윗 그리고 솔로몬(B.C. 971-930년)은 각각 40년을 통치했다. 세 왕 중에서 다윗이 가장 하나님 마음에 맞는 합당한 통치를 했다. 열왕기 저자는 이런 다윗에 대해 "다윗이 헷 사람 우리아의 일 외에는 평생에 여호와 보시기에 정직하게 행하고 자기에게 명령하신 모든 일을 어기지 아니하였더라"(왕상 15:6)고 했다.

솔로몬은 아가서(Song of songs)와 잠언 그리고 전도서를 썼다. 아가서는 젊었을 때, 잠언은 중년에, 전도서는 인생 말년에 썼다. 전도서는 "다윗의 아들 예루살렘 왕 전도자의 말씀이라"는 말로 시작한다. 2절에 "전도자가 이르되 헛되고 헛되며 헛되고 헛되니 모든 것이 헛되도다"라고 했다. 솔로몬처럼 부강하고 호화롭게, 또 1천 명의 여인과 살았던 삶이 헛되다고 하면 누가 수긍을 하겠는가.

솔로몬은 전도서를 통해 하나님을 온전히 섬기지 못해서 허무할 수밖에 없었음을 고백하면서 허무를 역전시킬 한 가지 대안을 제시했다. "일의 결국을 다 들었으니 하나님을 경외하고 그의 명령들을 지킬지어다 이것이 모든 사람의 본분이니라"(전 12:13). 하나님을 경외하는 것이 사람의 본분이다. 이것이 없다면 아무리 화려한 업적으로 남겼어도 그 삶이 허무할 수밖에 없다.

■ 되새김 >>>

1. 이스라엘이 하나님을 버리고 우상 숭배를 할 때마다 그것이 찌르는 가시가 되어 이스라엘을 괴롭혔다.
2. 솔로몬이 우상 숭배를 하자, 하나님의 세 대적을 일으켜 솔로몬을 괴롭혔다.
3. 전도서는 하나님 없는 삶의 허무함과 사람의 본분인 하나님만 섬길 것을 강조했다.

제2부

분열 왕국 시대

◆

온 이스라엘이 여로보암이 돌아왔다 함을 듣고 사람을 보내 그를 공회로 청하여 온 이스라엘의 왕으로 삼았으니 유다 지파 외에는 다윗의 집을 따르는 자가 없으니라 (왕상 12: 20).

- **두 왕국의 지파와 수도**
  - 남왕국: 유다 베냐민 (수도 예루살렘)
  - 북왕국: 북쪽 10지파 (수도: 디르사, 사마리아)

- **분열되었을 때**: B.C. 930년

- **북왕국 이스라엘**: B.C. 930-722년, 19명의 왕, 208년간 지속
  - 여로보암(1대), 나답(2대), 바아사(3대), 엘라(4대), 시므리(5대), 오므리(디브니, 6대), 아합(7대), 아하시아(8대), 여호람(요람, 9대), 예후(10대), 여호아하스(11대), 요아스(12대), 여로보암(2세, 13대), 스가랴(14대), 살룸(15대), 므나헴(16대), 브가히야(17대), 베가(18대), 호세아(19대)

- **멸망**: 앗수르에게(B.C. 722년)

- **남왕국 유다**: B.C. 930-586년, 20명의 왕, 344년간 지속
  - 르호보암(1대), 아비얌(아비야, 2대) 아사(3대), 여호사밧(4대), 여호람(요람, 5대), 아하시야(6대), 아달랴(7대), 요아스(8대), 아마샤(9대), 아사랴(웃시야, 10대), 요담(11대), 아하스(12대), 히스기야(13대), 므낫세(14대), 아몬(15대), 요시야(16대), 여호아하스(17대), 여호야김(18대), 여호야긴(19대), 시드기야(20대)

- **멸망**: 제3차에 걸쳐서 바벨론에 멸망
    제1차: B.C. 605년, 여호야김 왕 제4년
    제2차: B.C. 597년, 여호야긴 왕 3개월
    제3차: B.C. 586년, 시드기야 왕 11년, 유다 멸망.

16

북쪽 지파들의 배반(왕상 12:1-24)

■ 핵심 내용

온 이스라엘이 자기들의 말을 왕이 듣지 아니함을 보고 왕에게 대답하여 이르되 우리가 다윗과 무슨 관계가 있느냐 이새의 아들에게서 받을 유산이 없도다 이스라엘아 너희의 장막으로 돌아가라 다윗이여 이제 너는 네 집이나 돌아보라 하고 이스라엘이 그 장막으로 돌아가니라(16장).

■ 장소: 세겜, 예루살렘
■ 시기: B.C. 930년
■ 인물: 르호보암, 여로보암, 북쪽 지파의 장로들

1. 섬기는 지도력(Servant Leadership)

헤르만 헤세(Hermann Karl Hesse)가 쓴 『동방순례』[1]는 미지의 세계로 여행을 떠나는 순례자들의 이야기이다. 순례 여정에 동행했던 하인 중에 '레

---

[1] 헤르만 헤세, 『동방순례』, 이인웅 옮김(이숲에올빼미, 2013).

오'가 있었다. 그는 순례자들에게 무엇이 필요할 때 조용히 나타나서 식사 준비와 심부름을 했다. 늘 순례자들에게 필요한 것을 살폈고, 저녁에는 순례자들이 지치지 않도록 악기로 연주하자 모두가 그를 좋아했다. 그런데 어느 날 갑자기 레오가 사라졌다. 순례자들은 궂은일을 도맡아서 해 주었던 레오가 사라지자 당황하면서 사소한 일에도 싸움을 했다. 결국, 여행을 포기하고 흩어지면서 레오의 소중함을 깨달았다. 어느 날 순례자들은 그들을 후원했던 본부로 갔을 때 그곳에서 또 다른 순례자를 섬기고 있는 레오를 만났다. 그런데 레오는 하인이 아니라 그 본부 최고 책임자로, 여전히 최선을 다해 순례자들을 섬기고 있었다.

  미국의 경영학자 로버트 그린리프는 이런 레오의 모습에서 '섬기는 리더십'의 유형을 체계화하여 『서번트 리더십』(Servant Leadership)이라는 책을 출간했다. 서번트 리더십은 "인간 존중을 바탕으로 섬기고 봉사하는 자세로 구성원을 후원하고 지지함으로써 잠재력을 끌어내는 지도력"을 말한다. 섬기는 지도자는 사람들이 무엇을 말하고 요구하는가를 듣는 귀가 있다(경청). 그다음 사람들의 말에 공감하면서 그들에게 무엇이 필요한지를 알아낸다(공감). 그리고 사람들의 필요를 합리적으로 해결하면서 서로 유익을 얻는 '윈윈(win-win) 전략'을 구사한다(치유). 어디를 가나 이런 섬기는 지도력이 필요하다. 그러나 그렇지 않은 지도자에 의해서 순탄했던 단체와 기업, 그리고 나라가 망하기도 한다.

2. 세금과 중노동을 감면하여 달라(1-15절)

  르호보암이 세겜으로 간 이유(1-5절): '세겜'(שְׁכֶם, 등성이, 비탈)은 예루살렘에서 북쪽으로 약 58킬로미터 떨어진 에브라임 지파에게 속했다(수 20:7,

제2부 16. 북쪽 지파들의 배반(왕상 12:1-24) 123

그림 8 분열 왕국 시대의 지도

삿 9:1). 이곳은 그리심산과 에발산을 중심으로 도로가 사방으로 교차되어 있어 이스라엘 지파들이 모여 하나님의 말씀을 듣고 언약 갱신했던 역사적 장소이다(신 27장; 수 24장). 솔로몬의 아들 르호보암(רְחַבְעָם, 백성을 크게 하는 자)은 열두 지파에게 이스라엘 왕으로 인정받기 위해 세겜으로 갔다(1절). 세겜에는 이스라엘 열두 지파에 온 장로가 모여 있었다.

여로보암과 이스라엘 회중은 르호보암에게 말했다. "왕은 이제 왕의 아버지가 우리에게 시킨 고역과 메운 무거운 멍에를 가볍게 하소서 그러면 우리가 왕을 섬기겠나이다"(4절). 멍에와 고역(the harsh labor and the heavy yoke)은 압제적 속박으로 노예 상태에 있는 것을 말한다. 회중이 솔로몬의 과중한 세금과 강제 노역으로 이스라엘 백성들은 노예와 같은 생활을 했다. 사무엘은 왕을 세워 달라고 요구하는 이스라엘 백성들에게 왕이 세워지면 너희 아들과 딸을 데려다가 종과 노비처럼 부려 먹는다고 한 말이 그대로 이루어진 것이다(삼상 8:15-16).

지혜로운 자문과 어리석은 자문(6-14절): 르호보암은 3일 후에 답변을 주겠다고 하면서 국가 원로들에게 자문을 구했다. 원로들은 새 왕이 취임하면 사면령을 내리고 세금을 감면하여 백성의 부담을 덜어 줄 것이라고 기대하고 있으니 회중의 요청대로 하라고 했다(7절). 이것은 로호보암이 솔로몬처럼 독재자가 아닌 백성을 섬기는 왕이 되라는 것이다. 그런데 르호보암은 노인들의 자문을 무시하고 젊은 친구들의 자문을 구했다. 그들은 "솔로몬보다 더 과도하게 거두고 중노동을 시킬 것과 백성들이 말을 듣지 않을 때는 사정없이 채찍으로 내리치라"고 했다. 르호보암은 젊은 친구들이 한 말을 회중에게 했다(10-11절).

어느 단체든지 새 지도자가 취임할 때는 자신을 낮추면서 부족한 자신을 도와달라고 호소한다. 르호보암도 자신을 낮추면서 백성들의 협조를 구해야 했으나 포학한(קָשָׁה,맹렬한 가혹한, 완고하다) 말로 젊은이들의 조언대로 말했다(13절). 그러자 북쪽 열 지파 사람들이 화를 내면서 반발했다. 모든 사람이 말을 조심해야 하지만, 특히 지도자의 말 한마디에 따라 공동체가 뭉치기도 하고, 분열되기도 한다. 이것 때문에 잠언 15:1-2은 "¹ 유순한 대답은 분노를 쉬게 하여도 과격한 말은 노를 격동하느니라 ² 지혜 있는 자의 혀는 지식을 선히 베풀고 미련한 자의 입은 미련한 것을 쏟느니라"라고 했다.

르보호암이 젊은이들의 조언을 따른 이유(15절): 열왕기서 저자는 이런 르호보암의 행위가 "여호와께로 말미암아 난 것이라 여호와께서 전에 실로 사람 아히야로 느밧의 아들 여로보암에게 하신 말씀을 이루게 하심이더라"(15절)라고 했다. 왕국 분열이 하나님의 뜻이라고 해도 르호보암에게 전혀 잘못이 없다는 것이 아니다. 그의 어리석음으로 인해 왕국이 분열되었기에 당연히 책임져야 한다. 그러나 그의 판단과 왕국 분열이 하나님의 섭리 가운데서 이루어지므로 하나님이 아히야를 통해 여로보암에게 예언하신 말씀이 성취된 것이다.

3. 이스라엘 왕국의 분열(16-24절)

북쪽 열 지파의 반발(16-17절): "온 이스라엘이 왕에게 대답하여 이르되 우리가 다윗과 무슨 관계가 있느냐 이새의 아들에게서 받을 유산이 없도다 이스라엘아 너희의 장막으로 돌아가라 다윗이여 이제 너는 네 집이나 돌아보라 하고 이스라엘이 그 장막으로 돌아가니라"(16절).

"우리가 다윗과 무슨 관계가 있느냐"에서 '관계'(חֵלֶק)는 '몫, 지분'을 뜻한다. 이것은 더 이상 이새의 아들 다윗에게 받을 기업이나 유산이 없다는 것이다. 이 표현은 유다 지파를 제외한 지파들이 다윗 왕가에 불만을 표출

할 때 사용했다. 세바가 다윗을 반역할 때도 이와 비슷한 문구를 사용했다(삼하 20:1 참조). 르호보암은 역군의 감독 아도람을 파송하여 북쪽 지파를 설득하려고 했으나 화가 난 사람들이 아도람을 돌로 쳐 죽였다.

분열 왕국은 하나님의 뜻이다(18-24절): 아히야의 예언대로 북쪽 열 지파가 여로보암을 이스라엘 왕으로 추대하자(18절), 르호보암은 총 18만 명의 군사를 모아, 북왕국을 치려고 했다(21절). 그러나 하나님의 사람 스마야(שְׁמַעְיָה, 여호와께서 들으셨다)가 왕국 분열이 여호와께로 나왔음을 상기시키면서 전쟁해서는 안 된다고 했다(24절). 하나님은 어떤 형편에 있더라도 형제간의 불화와 싸움을 싫어하신다. 우리가 정말 싸워야 할 대상은 믿음의 형제 사이를 갈라놓으려고 하는 악한 영이다. 그래서 힘써 악한 영과 싸울 때 하나님과 형제를 잘 섬길 수 있다.

르호보암(B.C. 930-913년)**의 어리석음이 주는 교훈**: 르호보암은 국가 운명이 달린 중요한 문제를 사람에게 자문하면서 정작 꼭 물어야 할 하나님께는 묻지 않았다. 만약 그가 솔로몬처럼 하나님의 지혜를 구했다면 하나님께서 가르쳐 주셨을 것이다. 이것을 보면 르보호암이 하나님을 믿지 않은 사람임을 보여 준다. 르호보암의 불신은 그의 어머니 암몬 여인 '나아마'(נַעֲמָה, 즐거움, 유쾌함)의 영향이 컸을 것이다(왕상 14:21). 나아마는 가나안 여신을 암시하는 이름이다.

솔로몬이 18세에 나아마와 결혼하여 19세에 르호보암을 낳았다. 르호보암은 솔로몬이 죽자 41세에 왕위에 등극했다. 암몬 족속은 그모스와 몰렉 신을 섬겼다. 그래서 르호보암은 어머니의 영향으로 하나님을 섬기는 것보다 우상을 섬기는 데 더 익숙했을 것이다. 만약 그의 어머니가 이스라엘 여인이었다면, 솔로몬의 독재로 인해 힘들어 하는 백성들의 탄식 소리를 결코 외면하지 않았을 것이다.

또 르호보암은 국가 원로들의 지혜로운 말을 귀담아듣지 않았다. 그에게 자문했던 원로들은 우리나라 같으면 60-70년대 파독 광부와 간호사, 그리고 중동 건설 현장에서 가난을 극복하기 위해 피땀을 흘렸던 세대들이다. 그들은 눈물의 쓴 빵을 먹었던 경험이 있기에 삶의 지혜가 풍부했다. 그런데 르호보암은 왕궁에서 금수저로 자라다 보니 가난한 서민들의 고달픔과 노인들의 말이 귀에 들어오지 않았다.

르호보암처럼 배우기를 거부하고 듣기를 거부하는 지도자는 나라를 망하게 한다. 그는 아버지 솔로몬으로부터 여인들의 품에 빠져 먹고 마시는 것만 배웠지, 정작 받아야 할 왕의 수업을 받지 못했다. 그가 이스라엘 왕이 꼭 지켜야 할 왕도(王道)인 신명기 17:18-20을 잘 배웠다면 결코 어리석은 결정을 하지 않았을 것이다.

■ 되새김 >>>

1. 세겜은 이스라엘 백성들이 역사적으로 정치와 종교의 중요한 것을 결정하기 위해 자주 모였던 곳이다(수 24장 참조).
2. 르호보암은 나라를 위해 세금과 중노동을 감면하여 주라는 원로들의 충고를 듣지 않았다.
3. 르호보암이 젊은 세대의 말을 들은 것은 사람을 분별해서 사귈 필요가 있음을 보여 준다.

17

북왕국 이스라엘 제1대 왕 여로보암(왕상 12:25-33)

■ 핵심 내용

²⁸ 이에 계획하고 두 금송아지를 만들고 무리에게 말하기를 너희가 다시는 예루살렘에 올라갈 것이 없도다 이스라엘아 이는 너희를 애굽 땅에서 인도하여 올린 너희의 신들이라 하고 ²⁹ 하나는 벧엘에 두고 하나는 단에 두지라(28-29절).

■ 장소: 세겜 → 디르사
■ 인물: 여로보암(B.C. 930-909년)

북왕국 이스라엘의 왕	남왕국 유다의 왕
여로보암(B.C. 930-909년) 22년 동안 통치	제1대 르호보암:여로보암 통치 18년(B.C. 913년)에 죽음. 제2대 이바얌(아비야): 여로보암 통치 18년(B.C. 913년)년에 왕으로 등극 제3대 아사: 여로보암 통치 20년(B.C. 910년)에 왕으로 등극

1. 본래 창설한 목적을 상실할 때

UNRWA(유엔 팔레스타인 난민구호기구)는 1949년 12월 8일 제1차 중동전쟁 때 설립되었다. 이 기구는 팔레스타인 가자지구와 요르단강 서안 그리고 요르단과 시리아, 레바논에서 팔레스타인의 의료와 인도적 구호 활동 그리고 교육 업무 등을 수행했다. 작년에 이스라엘과 하마스와 전쟁이 발발하자 UNRWA는 가자지구 전역에 154개의 피난민 보호 시설을 운영해 왔다. 그런데 최근에 UNRWA 본부 지하에서 하마스의 지하터널과 막대한 무기 저장고가 발견되었다.

UNRWA 측은 자신들과 무관한 터널이라고 주장했으나 전력과 인터넷 케이블이 본부와 연결되어 있었다. 2023년 10월 7일에 하마스 무장 대원이 이스라엘을 침범하여 민간인을 납치하고 학살할 때 UNRWA 직원 열세 명이 가담한 것이 밝혀져서 유엔은 진상 조사단을 꾸렸다. 그러자 UNRWA 기금을 지원했던 미국과 독일 그리고 20개국은 진상이 파악될 때까지 기금 지원을 중단하기로 했다.[1]

무엇이든 본래 만든 목적을 상실하게 되면 그때부터 나쁜 방향으로 나아간다. UNRWA 직원들의 테러는 그 기구를 설립했던 목적을 상실한 것이다. 이것이 밝혀진 이상 UNRWA는 설립 목적에 따라 운영되기는 어려울 것이다.

하나님께서 여로보암을 왕으로 세운 것을 솔로몬과 정반대로 우상 숭배를 멀리하면서 다윗의 길로 가도록 하기 위함이었다. 그런데 여로보암은 이것을 망각하고 솔로몬보다 더 악랄하게 우상을 섬겼다. 여로보암의 타락은 하나님의 영광을 위해 살아야 할 성도들이 사명을 망각하면 얼마든

---

[1] 「조선일보」 2024.01.30. 20에서 인용

지 타락할 수 있음을 보여 준다.

2. 북왕국 이스라엘의 시작(25-29절)

제1대 여로보암왕: 여로보암(יָרָבְעָם, 백성이 증가한다)은 에브라임 지파 출신으로 솔로몬의 신복 느밧의 아들이다. 어머니는 과부 '스루아니'(צְרוּעָה, 나병에 걸린, 왕상 11:26)이다. 그는 B.C. 930년에 이스라엘 왕으로 등극하여 22년간 통치했다.

하나님께서 여로보암에게 북쪽 열 지파를 주신 것은 하나님의 대리자로 하나님의 말씀을 통치 이념으로 삼고 나라를 다스리도록 하기 위함이었다(왕상 11:38). 이것은 솔로몬의 우상 숭배에 대한 심판으로 하나님께서 여로보암에게 주신 특별한 은혜와 사명이었다. 하나님은 선지자를 통해 여로보암에게 "내가 다윗을 위하여 세운 것같이 너를 위하여 견고한 집을 세우고 이스라엘을 네게 주리라"(11:38)라고 말씀하셨다. 그러나 여로보암은 하나님이 그를 왕으로 세워 주신 목적을 망각하고 다윗과 정반대의 길로 갔다. 그 길은 우상의 제단을 만들고 우상을 섬긴 우상 숭배의 길이다.

국경에 대한 여로보암의 염려(25-27절): 우리나라는 8.15해방 이후 지금까지 남북이 서로 다른 이념을 가지고 첨예하게 대치되어 있다. 유다와 이스라엘도 분단 이후 우리나라와 같은 상황이 전개되었다. 분단 이후 남북 간에 많은 전쟁이 있었다. "르호보암과 여로보암 사이에 항상 전쟁이 있으니라"(왕상 14:30). "아비얌과 여로보암 사이에도 전쟁이 있으니라"(왕상 15:7). "아사와 이스라엘의 왕 바아사 사이에 일생 동안 전쟁이 있으니라"(왕상 15:16).

남왕국 유다는 예루살렘에 성전과 왕이 다윗의 후손이라는 정통성이 있었다. 그러나 여로보암은 쿠데타로 정권을 잡았기에 이런 정통성이 없었다. 또 북왕국 사람들도 세 절기(유월절, 맥추절, 초막절)를 지키기 위해 예루살렘으로 갔는데, 이것이 여로보암에게 큰 부담이 되었다. "만일 이 백성이 예루살렘에 있는 여호와의 성전에 제사를 지내고자 하여 올라가면 이 백성의 마음이 유다 왕 된 그들의 주 르호보암에게로 돌아가서 나를 죽이고 유다의 왕 르호보암에게로 돌아가리로다 하고"(왕상 15:27).

여로보암이 그를 왕으로 세워 주신 하나님을 믿었다면 이런 염려를 하지 않아도 된다. 왜? 하나님께서 그를 지켜 주신다고 약속하셨기 때문이다. "네가 만일 내가 명령한 모든 일에 순종하고 내 길로 행하며 내 눈에 합당한 일을 하며 내 종 다윗이 행함같이 내 율례와 명령을 지키면 내가 너와 함께 있어 내가 다윗을 위하여 세운 것같이 너를 위하여 견고한 집을 세우고 이스라엘을 네게 주리라"(왕상 11:38).

그런데도 혼자 염려하여 국경을 폐쇄했다. 다윗처럼 하나님의 대리자로 나라를 통치해야 했으나, 여로보암은 이것을 망각하고, 자기 뜻대로 통치하려고 하다 보니 점점 하나님을 떠나게 되었다.

예루살렘 성전을 대신할 금송아지 우상을 만들다(28절): "이에 계획하고 두 금송아지를 만들고 무리에게 말하기를 너희가 다시는 예루살렘에 올라갈 것이 없도다 이스라엘아 이는 너희를 애굽 땅에서 인도하여 올린 너희의 신들이라 하고"(28절).

출애굽기 32장에서 이스라엘 백성들이 금송아지 우상을 만들 때 "우리를 위하여 우리를 인도할 신을 만들라"(출 32:1)고 했다. 이것은 우상을 만드는 목적이 하나님의 영광이 아닌 자기 자신을 위한 것임을 보여 준다. 하나님이 이스라엘을 출애굽시켰는데도, 이스라엘 백성이나 여로보암은

그림 9 여로보암이 세운 금송아지 우상

금송아지가 애굽에서 인도했던 신이라고 했다. 이렇게 우상과 우상 숭배는 하나님의 존재와 구원 역사를 왜곡하는 것이다.

여로보암이 금송아지 우상을 만든 것은 애굽에서 생활할 때 '금송아지 우상의 형상과 그 우상을 섬기는 것'을 많이 보았기 때문이다(왕상 11:40 참조). 우상을 섬기는 환경에 살다 보니 하나님을 금송아지 우상으로 둔갑시켰다. 우리는 여기서 성도에게 있어서 믿음의 환경이 얼마나 중요한가 하는 교훈을 배울 수 있다. 성도가 하나님께 예배드리고 기도하고, 또 주님의 몸된 교회를 섬기는 환경에서 벗어나면 얼마든지 믿음이 변질될 수 있다.

3. 철저히 하나님을 무시했던 여로보암(25-33절)

왜 벧엘과 단일까?(29절): 벧엘(בֵּית־אֵל, 하나님의 집)은 아브라함에서부터 야곱 때부터 제단을 쌓았던 곳이다. 이스라엘 최북단에 위치했던 단(דָן, 심판)의 시작은 사사기 17장에 단 지파의 일부가 북쪽으로 정착할 곳을 찾다가 미가의 집에 있는 신상을 빼앗은 것이 그 기원이다. 그들은 모세의 손자 요나단을 그 신상을 섬기는 제사장으로 삼고 이스라엘 최북단 '라이스'를 정복한 후 그곳을 '단'이라 부른 후 정착했다(삿 17:27). 벧엘은 이스라엘 남쪽 유다 경계에 있어서 남부 사람들에게 거리상의 편의를 제공했다면 단은 북쪽 경계 지역에 있어서 북부 사람들에게 거리상의 편의를 제공했다.

하나님을 섬기도록 왕이 된 사람이 우상을 만들자 "이 일이 죄가 되었으니 이는 백성들이 단까지 가서 그 하나에게 경배함이더라"(30절). 또 여로보암은 "레위 자손이 아닌 보통 백성을 제사장으로 세웠다"(31절). 이것은 아론의 후손만 제사장이 된다는 하나님의 뜻을 역행한(출 28:1) 것이다. 게다가 여로보암은 한 해 추수를 기념하기 위해 7월 15일(유대 종교력)에 지켰던 초막절(the Feast of Tabernacles)의 날짜를 바꾸었다. 이스라엘 북쪽은 남쪽보다 곡식 수확을 한 달가량 늦게 했다. 여로보암은 그 수확 시기를 맞추기 위해 초막절을 8월 15일(태양력으로 10-11월)로 정했다. 그러자 북왕국에 거주했던 수많은 제사장과 레위인이 반발하여 유다로 이동했다(대하 11:13-14).

여로보암은 십계명 중에서 제2계명을 어겼다(출 20:3-4): 하나님은 제2계명을 어겼을 때 그 죄를 "아버지로부터 아들에게로 삼사 대까지 이르게 한다"고 하셨다(5절). 이것 때문에 여로보암의 왕조는 3대를 잇지 못했다. 그의 장남은 병으로 죽고, 차남 나답은 왕이 된 지 2년 만에 바아사의 쿠데타로 일가족이 학살되었다. 누구든지 하나님을 떠나면 망한다. 그러나 제2계명은 망하는 것만 말하지 않고 하나님을 잘 섬기면 하나님이 천대까지 복을 주신다는 약속도 나온다.

■ 되새김 >>>

1. 무엇이든지 처음 창설된 목적을 상실하게 되면 그때부터 잘못된 방향으로 나아간다.
2. 여로보암은 그를 왕으로 세워 주신 하나님을 믿지 않고 각종 우상을 숭배하는 것을 허용했다.
3. 매사에 하나님의 영광이 우선되지 않으면 여로보암처럼 패역한 행동을 하고 잘못된 길로 간다.

18

선지자가 벧엘 제단 심판을 예언(왕상 13:1-34)

■ 핵심 내용

하나님의 사람이 제단을 향하여 여호와의 말씀으로 외쳐 이르되 제단아 제단아 여호와께서 이와 같이 말씀하시기를 다윗의 집에 요시야라 이름하는 아들을 낳으리니 그가 네 위에 분향하는 산당 제사장을 네 위에서 제물로 바칠 것이요 또 사람의 뼈를 네 위에서 사르리라 하셨느니라 하고(2절).

■ 장소: 벧엘
■ 인물: 여로보암, 유다에서 온 한 선지자, 벧엘의 늙은 선지자

1. 선지자의 직분(1절)

구약의 3대 직분은 '왕, 제사장, 선지자'이다. 그중에서 선지자는 이스라엘에만 있는 독특한 직분이다. 사전에서 '선지자'(先知者)는 "예수 이전에 나타나 예수의 강림과 하나님의 뜻을 예언한 사람"이라고 했다. 제사장은 세습제라 율법에 제사장의 직무에 관한 조항이 많이 나온다. 그러나 선지자는 하나님의 특별한 부르심을 받았기에(출 3:4; 렘 1:5; 겔 1:1) 율법서에 선

지자의 직무에 대해 특별히 언급하지 않았다.

선지자의 용어로 선견자인 '호제'(חֹזֶה, seer, 감찰하다, 살피다)는 구약에서 총 22회가 나온다. 그중 11회는 개인의 이름과 함께 사용되었다(삼하 24:11). 또 하나님의 말씀을 대언하는 자란 뜻에서 '나비'(נָבִיא, 대변인, 말하는 자)가 있다. '나바'(נָבָא, 부르다, 선포하다)는 구약에서 300회 정도 사용되었다. 선지자는 하나님을 대신하여 말씀을 선포하기에 대언자 혹은 예언자(prophet)이다.

제사장이 율법에 기록된 하나님의 말씀을 가르쳤다면 선지자는 백성들이 하나님의 말씀대로 살지 않을 때 그 죄를 지적하면서 회개와 함께 하나님께로 돌아올 것을 선포했다. 선지자는 주로 종교와 권력을 쥐고 있는 사람들을 대상으로 말씀을 선포했다. 그래서 사무엘은 사울에게, 나단은 다윗에게, 엘리야는 아합왕에게 이사야는 아하스왕을 대상으로 했다.

선지자가 말씀을 선포할 때 여러 가지 상징적이고(왕하 13:17; 사 20:4; 렘 19:11; 겔 4:1-3) 시각적인 자료를 사용했다(렘 13:14; 13:1-11; 24:1-10). 어떤 선지자는 자신이 선포했던 말씀이 하나님의 말씀인 것을 강조하기 위해서 "이는 여호와의 말씀, 만군의 여호와의 말씀이라"(렘 2:12,19), "이스라엘 자손들아! 여호와의 말씀을 들으라"(호 4:1)[1] 고 했다.

하나님은 이스라엘 남북 왕조가 우상 숭배에 빠졌을 때 그들을 돌이키기 위해 많은 선지자를 보내셨다. 본문은 유다에서 벧엘로 파송된 한 늙은 선지자가 여로보암이 세운 벧엘 제단에 관하여 예언한 내용이 나온다. "보라 그때에 하나님의 사람이 여호와의 말씀으로 말미암아 유다에서부터 벧엘에 이르니 마침 여로보암이 제단 곁에 서서 분향하는지라"(1절).

---

1   자세한 내용은 레온 J. 우드, 『이스라엘의 선지자』, 김동진 옮김(CLC, 2007)을 참고하라.

2. 벧엘 제단에 관한 저주(1-10절)

벧엘 제단에 관한 저주(1-5절): 여로보암이 벧엘 제단에서 스스로 정한 절기에 직접 제사드리고 있을 때 하나님의 사람이 벧엘에 관해 두 가지 예언을 했다. 하나는 300년 후에 제16대 유다 왕 요시야(B.C. 640-609년)가 벧엘 산당을 헐고 우상을 불사르며, 그 제단을 부정하게 만들기 위해 묘실의 해골을 태울 것이라고 했다(3절; 왕하 23:15-20 참조). 그다음 하나님께서 벧엘 제단을 갈라지게 하여 제단 안에 있는 재가 쏟아질 것이라고 했는데, 그것이 즉시 일어났다(3-5절).

누구든지 하나님을 두려워한다면 이것을 목격했을 때 즉시 회개할 것이다. 그러나 여로보암은 부하들에게 하나님의 사람을 잡으라고 손을 폈다. 그 편 손과 팔이 마비되어 다시 오므리지 못했다(4절).

여로보암은 하나님을 자기 마음대로 통제할 수 있다고 생각했다. 그래서 본인이 직접 제사를 통치자로의 권위를 드러내려고 하다가 하나님의 심판을 당했다. 우리가 하나님을 나의 유익을 위해 이용하는 도구쯤으로 생각한다면 속히 생각을 바꾸어야 한다. 하나님은 피조물을 통해 영광 받으시기에 합당하신 분이다. 그러니 내가 하나님의 권위를 인정하면서 뜻에 맞추어야 한다.

하나님의 살아 계신 증거를 보고서도(6-10절): 팔이 마비된 여로보암은 하나님의 사람에게 "너는 나를 위하여 네 하나님 여호와께 은혜를 구하여 내 손이 다시 성하게 기도하라"고 했다. 그는 '네 하나님'이라고 했다. 하나님께서 그를 택하시어 북쪽 열 지파를 떼어 왕이 되게 하셨다. 그런데도 여로보암은 하나님을 인정하지 않았다. 그의 신은 벧엘의 금송아지 우상이기에 하나님의 사람에게 '네 하나님'이라고 했다.

수십 년간 교회를 다녔어도 '나의 하나님'으로 섬기지 않고, 여전히 '네 하나님, 네 교회'로 섬기는 사람이 많다. 전자의 삶에는 항상 하나님이 우선이지만, 후자는 항상 하나님을 차순으로 여기고 필요할 때만 이용하려고 한다. 이런 사람은 교회에서 무슨 일을 하던 자기와 상관없다고 생각한다. 왜? 내 교회가 아니라, 네 교회이기 때문이다.

하나님의 사람이 여로보암의 요청으로 여호와께 은혜를 구하니 여로보암의 팔이 다시 회복되었다. 그렇다면 여로보암이 벧엘 제단을 헐어 버렸을까? 천만에 오히려 하나님의 사람을 회유하여 벧엘 제단에 대한 심판 예언을 취소하도록 식사와 예물을 주겠다고 하면서 자기 집으로 가자고 했다. 그러나 하나님의 사람은 "왕의 집 절반을 준다고 할지라도"(8절) 가지 않겠다고 했다. 오늘날도 하나님이 살아 계신 증거를 보았는데도 회개하지 않고 자기 방식만 고집하는 사람이 있다. 그 완악함 때문에 심판을 받는 것이다. 그러니 죄를 지을 때 속히 회개하고, 하나님께로 돌이켜야 한다.

3. 하나님의 사람이 유혹에 넘어가다(11-32절)

벧엘의 한 늙은 선지자(11-18절): 하나님이 선지자를 벧엘로 파송할 때 벧엘에서 말씀을 선포한 후 "먹지도 마시지도 말고, 왔던 길로 되돌아 가라"고 신신당부를 했다(9절). 그는 이 말씀에 따라 여로보암의 제안은 거부했으나, 벧엘의 한 늙은 선지자의 유혹은 뿌리치지 못했다. 왜? 그가 "여호와의 말씀으로 내게 이르기를 …"라는 표현을 썼기 때문이다. "그가 그 사람에게 이르되 나도 그대와 같은 선지자라 천사가 여호와의 말씀으로 내게 이르기를 그를 네 집으로 데리고 돌아가서 그에게 떡을 먹이고 물을 마시게 하라 하였느니라 하니 이는 그 사람을 속임이라"(18절).

하나님의 사람이 자신에게 임한 하나님의 말씀과 늙은 선지자의 말이 서로 상충되는 것을 분별했다면 벧엘로 가지 않았을 것이다. 그런데 분별하지 못하고 늙은 선지자의 말에 속아 그의 집에서 먹고 마셨다. 이 늙은 선지자는 여로보암이 만든 벧엘 종교에 동조하는 사람으로 오늘날 같으면 이단에 속한 자이다.

교주 이만희는 예수님께서 자신에게만 요한계시록의 내용을 온전히 해석할 수 있는 권한을 주셨다고 하면서 사람들을 유혹한다. 누구나 분별력이 없으면 이런 유혹에 쉽게 넘어갈 수 있다. 오늘날의 이단은 구약의 거짓 선지자와 같다. 레온 J. 우드가 쓴 『이스라엘의 선지자』(CLC 刊)란 책에서 참선지자와 거짓 선지자를 이렇게 구분했다.

구분	참선지자	거짓 선지자
1	복술을 행하지 않는다 (복술: 점치는 방법이나 기술)	복술을 행한다 (렘 14:14)
2	하나님이 기뻐하시는 말씀을 전한다 (하나님께 맞춤)	사람이 기뻐하는 말을 전한다 (렘 8:11; 겔13:10). (사람에게 맞춤)
3	하나님의 지시대로 움직인다 (요나)	하나님이 보내시지 않았는데도 하나님의 부르심을 받고 말하는 것처럼 한다
4	메시지에서 기꺼이 자기를 부정하려고 한다 (이사야 선지자 고백)	자기를 부정하려고 하지 않는다 (왕상 22:27-28)
5	메시지는 하나님의 율법이나 다른 선지자들의 메시지와 조화를 이룬다	조화를 이루지 않는다(자기 주장이기 때문에 메시지의 일관성이 없다)
6	그가 전한 메시지는 반드시 성취된다	그가 전한 메시지는 성취되지 않는다 (신 18:21, 22)
7	기적을 통해 그의 권위를 드러낸다(신 13:1-31) (기적:하나님의 살아 계심을 표현)	그의 권위를 드러내지 못한다 갈멜산에서 바알과 아세라 선지자 850 명
8	영적 분별력이 있다 (성령께서 역사)	영적 분별력이 없다(요 10:40) (악령이 역사)

유다에서 온 선지자의 죽음(19-22절): 벧엘의 늙은 선지자는 거짓말로 유다에서 온 선지자를 속였다. 그것 때문에 그가 하나님의 말씀을 어겼고, 집으로 돌아가다가 하나님이 보낸 사자에게 물려 죽었다. 사자가 그의 나귀를 살려둔 채 그만 죽인 것(26절)은 하나님의 말씀이 일관성(一貫性) 있게 진행되고 있었음을 보여 준다.

여로보암의 길은 멸망의 길이다(33-34절): "여로보암이 이 일 후에도 그의 악한 길에서 떠나 돌이키지 아니하고 다시 일반 백성을 산당의 제사장으로 삼되 누구든지 자원하면 그 사람을 산당의 제사장으로 삼았으므로"(33절). "이 일이 여로보암의 집에 죄가 되어 그 집이 땅 위에서 끊어져 멸망하게 되니라"(34절). 누구나 하나님을 믿지 않거나 하나님이 살아 계신 증거를 보고도 회개하지 않으면 여로보암처럼 심판을 받는다.

■ 되새김 >>>

1. 지금도 하나님은 사람을 보내어 자신의 뜻과 징계와 심판의 메시지를 전하신다.
2. 여로보암은 선지자에게 "너의 하나님이라"고 하여 하나님이 본인과 상관없다는 것처럼 말했다.
3. 하나님의 뜻과 말씀은 일괄성이 있다. 그러니 말씀을 따라 일관성 있게 행동해야 한다.

19

여로보암과 장남의 죽음(왕상 14:1-24)

■ 핵심 내용

⁹ 네 이전 사람들보다도 더 악을 행하고 가서 너를 위하여 다른 신을 만들며 우상을 부어 만들어 나를 노엽게 하고 나를 네 등 뒤에 버렸도다. ¹⁰ 그러므로 내가 여로보암의 집에 재앙을 내려 … 여로보암의 집을 말갛게 쓸어 버릴지라(9-10절).

■ 장소: 디르사 → 실로
■ 인물: 여로보암, 여로보암의 아내, 실로에 있는 아히야 선지자

1. 왜 사람들이 회개하지 않을까?(1절)

성경에서 회개(μετανοέω, 悔改)는 죄악 된 행위를 버리고 여호와께로 돌아가는 것을 말한다. 단순히 생각을 바꾸고, 감정적으로 후회하는 것이 아니라, 완전히 죄와 죄책에서 돌아서서 하나님께로 가는 것이다.

우리는 사람들이 하나님이 살아 계시는 증거를 본다면 당연히 회개할 것이라 생각한다. 그러나 수많은 증거를 보고서도 여전히 회개하지 않는 사람이 있다. 이집트의 왕 바로는 모세를 통해 하나님이 일으키시는 열 가지 재

앙을 보았다. 그런데도 바로는 더 마음이 강퍅해졌다. 바리새인들은 주님께서 일으키시는 각종 이적과 권세 있는 말씀 보고 들었다. 그런데도 회개하지 않고 주님이 귀신의 왕 '바알세불'을 의지하여 귀신을 쫓아낸다고 비방했다. 예수님은 권능을 가장 많이 행하셨던 고을들이 회개하지 않자 "화 있을진저 고라신아 화 있을진저 벳새다야 너희에게 행한 모든 권능을 두로와 시돈에서 행하였더라면 그들이 벌써 베옷을 입고 재에 앉아 회개하였으리라"(마 11:20-21)는 말씀을 하셨다.

여로보암은 하나님이 살아 계신 증거를 다양하게 체험했다. 그런데도 왜 회개하지 않았을까? 회개의 영인 성령이 그에게 역사하지 않았기 때문이다. 회개는 내가 하고 싶다고 해서 하는 것이 아니라 성령이 역사할 때만 가능하다. 우리 주변에 흉악한 죄를 짓고도 회개하지 않은 사람이 있다. 반면에 사소한 죄를 지어도 양심의 가책을 느끼고 회개하는 사람이 있다. 전자와 후자는 그 사람 속에 성령이 역사하느냐 하지 않느냐의 차이이다.

내가 성령에 힘입어 진심으로 회개하면 영육이 살아나지만, 회개할 기회가 있는데도 회개하지 않으면 본인과 집안 전체가 망한다. 본문은 회개하지 않는 여로보암과 그의 집안에 대해 하나님의 심판이 선포되는 것을 보여 준다.

2. 여로보암의 집에 내려진 심판(1-18절)

장남 아비야가 중병에 걸렸다(1절): "그때에 여로보암의 아들 아비야가 병든지라." 여기 '그때는' 여로보암이 벧엘에서 하나님의 선지자로부터 심판의 메시지를 들은 후를 말한다. 아비야(אֲבִיָּה, 여호와는 아버지이시다)가 불치병에 걸린 것은 여로보암의 범죄 때문이다. "³³ 여로보암이 이 일 후에도 그의 악한 길에서 떠나 돌이키지 아니하고 다시 일반 백성을 산당의 제사장으로 삼되 누구든지 자원하면 그 사람을 산당의 제사장으로 삼았으므로 ³⁴ 이 일이 여로보암 집에 죄가 되어 그 집이 땅 위에서 끊어져 멸망하게 되니라"(왕상 13:33-34).

벧엘 체험을 한 후에 유력한 왕의 계승자가 불치병에 걸렸다면 우상을 버리고 회개를 해야 했다. 그러나 그렇게 하지 않은 것은 그가 얼마나 영적으로 무지한가를 볼 수 있다. 시편 14:1에서 "어리석은 자는 그의 마음에 이르기를 하나님이 없다 하는도다 그들은 부패하고 그 행실이 가증하니 선을 행하는 자가 없도다"라는 말씀을 여로보암과 같은 자를 두고 한 말이다.

속지 않으시는 하나님(2-3절): 여로보암은 아들이 불치병에 걸리자 하나님을 그의 목적에 이용하려고 했다. 그래서 그의 아내를 평민으로 변장시켜 실로에 사는 아히야에게 보내 장남의 운명이 어떻게 되려는지 알아보라고 했다. 이것은 평소에는 하나님을 찾지 않다가 급박한 문제가 생기면 하나님을 찾는 사람과 같다. 여로보암은 앞서 하나님의 심판 말씀을 들었으나 여전히 하나님을 자기 마음대로 조종할 수 있는 대상으로 생각했다. 혹 내가 여로보암과 같은 행동을 하고 있지 않은가? 하나님은 주권자이시기에 내가 조종할 수 있는 분이 아니다. 그러니 내가 하나님께 맞추어야 한다.

아히야 선지자는 나이 많아 눈이 어두워 앞을 보지 못했다. 그러나 하나님의 계시로 여로보암의 아내가 그를 찾아온 목적을 다 알고 있었다. "여호와께서 아히야에게 이르시되 여로보암의 아내가 자기 아들이 병 들었으므로 네게 물으러 오나니 너는 이러이러하게 대답하라 그가 들어올 때에 다른 사람인 체함이니라"(5절).

다윗은 그에 대해 모든 것을 다 아시는 전지(全知)하신 하나님 앞에 고백을 했다. "¹ 여호와여 주께서 나를 살펴 보셨으므로 나를 아시나이다 ² 주께서 내가 앉고 일어섬을 아시고 멀리서도 나의 생각을 밝히 아시오며 ³ 나의 모든 길과 내가 눕는 것을 살펴 보셨으므로 나의 모든 행위를 익히 아시오니 ⁴ 여호와여 내 혀의 말을 알지 못하시는 것이 하나도 없으시니이다"(시 139:1-4). 하나님은 나에 대해 모든 것을 아시는데 누가 감히 하나님을 속일 수 있겠는가. 결코 속일 수 없고 하나님은 속임을 받지 않으신다. 그러니 내가 하나님께 맞추어서 살아야 한다.

여로보암의 죄(4-16절): 아히야 선지자는 여로보암의 아내에게 그의 아들의 생존 문제와 여로보암이 통치하는 이스라엘의 비극적 운명에 대해 세 가지로 예언했다.

① 하나님께서 그를 왕으로 세우셨던 은혜를 저버리는 배은망덕한 행위를 했다고 했다(7-8절).
② 하나님께서 다윗의 길로 가라고 당부했는데도 여로보암이 행하지 않았다. "너는 내 종 다윗이 내 명령을 지켜 전심으로 나를 따르며 나 보기에 정직한 일만 행하였음과 같지 아니하고 네 이전 사람들보다도 더 악을 행하고 가서 너를 위하여 다른 신을 만들며 우상을 부어 만들어 나를 노엽게 하고 나를 네 등 뒤에 버렸도다"(8-9절). 여로보암은 이런 당부를 무시하고 이전 사람들보다 더 악을 행하여 각종 우상을 만들어 하나님을 노엽게 했다.
③ 하나님은 그 죄로 여로보암에게 속한 남자를 다 끊어 버리고, 그들이 영예로운 장례식 조차 치루지 못하게 할 것이라고 했다. "¹⁰ 그러므로 내가 여로보암의 집에 재앙을 내려 여로보암에게 속한 사내는 이스

라엘 가운데 매인 자나 놓인 자나 다 끊어 버리되 거름 더미를 쓸어 버림같이 여로보암의 집을 말갛게 쓸어 버릴지라 ¹¹ 여로보암에게 속한 자가 성읍에서 죽은즉 개가 먹고 들에서 죽은즉 공중의 새가 먹으리니 …"(10-11절). "거름 더미를 다 쓸어(태워) 버림같이 여로보암의 집을 쓸어(태워) 버릴 것"이라고 한 것은 여호와의 진노가 얼마나 컸던가를 보여 준다. "시체를 개와 공중의 새가 먹게 될 것이라"는 심판은 역시 언약에 대한 저주 때문이다. 여로보암에게 베푸신 하나님의 은혜를 비교해 보면 그의 죄가 너무 심각했다.

여로보암 가문의 모든 남자가 죽을 것이다. 그 심판은 병든 아들이 죽음으로 시작되었다. 그다음 심판은 여로보암이고, 그다음은 그의 아들 나답이 이스라엘 왕으로 통치한지 2년 만에 바아사가 쿠데타를 일으켜 여로보암의 집안을 초토화시킴으로 성취되었다. "여호와께서 이스라엘 위에 한 왕을 일으키신즉 그가 그날에 여로보암의 집을 끊어 버리리라 언제냐 하니 곧 이제라"(14절).

15절에 하나님이 이스라엘을 쳐 "물에서 흔들리는 갈대같이 되게" 하시겠다고 한 것은 불완전한 여로보암 왕조를 빗댄 말이다. 여로보암은 22년 동안 통치했고, 나답이 2년 동안 통치하여 그의 왕조는 24년 만에 끝이 났다.

말씀대로 장남이 죽음(18절): 여로보암의 아내가 디르사로 돌아갔을 때 아들이 죽었다. "여호와께서 그의 종 선지자 아히야를 통하여 하신 말씀과 같이 되었다"(18절). 이쯤 되면 회개하는 것이 정상이 아닐까? 그런데도 여로보암은 회개하지 않았다.

3. 여로보암의 죽음(19-20절)

이스라엘 왕 연대기에 기록된 여로보암의 업적(19-20절): 여로보암의 전쟁과 통치 업적은 "이스라엘 왕 연대기"에 기록되었다(19절). 그의 22년의 통치가 하나님의 구원 역사책에 기록될 만한 것이 전혀 없었다. 그에게 왕직을 주신 하나님의 기대를 저버리고, 자기 마음대로 권력을 휘두르면서 우상 숭배를 도입했다. 그 우상이 이스라엘 전체를 타락시켜 다윗의 길로 가지 못하도록 했다. 여기에 반발했던 수많은 제사장과 레위 사람이 북왕국을 떠나 르호보암에게로 돌아왔다(대하 11:13-14). 그 결과 우상 숭배자 여로보암은 여로보암의 길이라는 불의한 이름을 갖게 되었다.

다윗의 길과 여로보암의 길: 다윗이 하나님을 잘 섬겨서 믿음의 길이라는 첫 단추를 꿰었다면 여로보암은 우상 숭배라는 첫 단추를 꿰었다. 열왕기서 저자는 두 왕의 길을 비교하여 선한 왕과 악한 왕으로 구분했다. 다윗의 길로 갔던 왕은 '선한 왕', 여로보암의 길로 갔던 왕은 '악한 왕'으로 묘사했다. "아사가 그의 조상 다윗같이 여호와 보시기에 정직하게 행하여"(왕상 15:11). 이스라엘 제2대 왕 나답은 "그가 여호와 보시기에 악을 행하여 그의 아버지의 길로 행하며 그가 이스라엘을 범하게 한 그 죄 중에 행한지라"(15:26).

열왕기 저자는 북왕국의 왕들이 하나님을 떠나 우상 숭배를 할 때마다 그들이 "느밧의 아들 여로보암의 길로 갔다"고 했다(왕상 16:3; 21;22, 52). 누구든지 나쁜 모델적인 인물이 되어 후손들에게 이름이 언급되는 것만큼 비극적인 것도 없다.

■ 되새김 >>>

1. 여로보암의 아내가 평민으로 변장했으나 하나님과 아히야는 이미 그녀를 알고 있었다.

2. 아히야는 하나님께서 여로보암과 그의 가문을 세 가지로 심판하신다고 했다.

3. 여로보암이 악한 왕의 모델이 된 것은 회개할 기회가 있을 때 회개하면서 하나님께로 돌이키지 않았기 때문이다.

1 Kings

20

남왕국 유다 제1대 왕 르호보암(왕상 14:21-31)

■ 핵심 내용

솔로몬의 아들 르호보암은 유다 왕이 되었으니 르호보암이 왕위에 오를 때에 나이가 사십일 세라 여호와께서 자기 이름을 두시려고 이스라엘 모든 지파 가운데에서 택하신 성읍 예루살렘에서 십칠 년 동안 다스리니라 그의 어머니의 이름은 나아마요 암몬 사람이더라 (왕상 14:21).

■ 장소: 예루살렘
■ 인물: 르호보암(B.C. 930년 - 913년), 여로보암, 애굽 왕 시삭

1. 열왕기 저자의 지그재그식 배열

　통일 왕정 시대의 기사는 연대순으로 기록되었으나 분열 왕국사는 두 왕국 왕들을 연대순으로 배열하지 않았다. 저자는 북왕국의 왕들을 중심으로 기록하되 남북 왕조에서 먼저 즉위한 왕의 통치를 살핀 후 연대순으로 역사를 거꾸로 거슬러 올라가서 그 왕이 통치할 때 다른 왕국의 왕이었던 자의 통치를 살펴보는 방식을 취했다.

예를 들면, 여로보암은 B.C. 930-909년까지 22년 동안 통치했다. 그때 남쪽 유다는 르호보암(B.C. 930-913년), 아비얌(B.C. 913-910년) 아사(B.C. 910-869년) 세 왕이 있었다.

저자는 열왕기상 12:1에서 먼저 여로보암의 이야기를 시작했다. 한 왕의 이야기를 시작하면 그가 죽을 때까지 업적을 기술했다. 그래서 여로보암이 죽기 전에 남쪽에 세 명의 왕이 통치했는데도 그들의 이야기를 중간에 삽입하지 않았다. 저자는 여로보암왕의 이야기가 열왕기상 12:1-14:20에 가서 끝나자마자 곧바로 역사를 거꾸로 거슬러 올라가 여로보암과 같은 해에 등극한 유다 제1대 왕 르호보암에 대한 이야기를 시작했다.

한편, 르호보암은 17년밖에 통치하지 않았기에 그의 이야기는 14:31에 끝난다. 그다음 유다의 아비얌(왕상 15:1-8), 그리고 다음 왕 아사의 이야기를 다루었다. 아사는 여로보암이 죽기 1년 전인 21년에 즉위하여(왕상 15:9-24) 유다를 41년 동안 통치했다. 저자는 아사가 죽을 때까지 북왕국 왕들에 관해 이야기를 하지 않고, 아사의 역사만 기술하다 보니 아사의 이야기는 열왕기상 15:24에서 끝났다.

저자는 다시 북왕국 이스라엘 왕들의 이야기를 다루기 위해 40년 과거로 거슬러 올라가 '나답, 바아사, 엘라, 시므리, 오므리왕' 이야기를 다루었다. 이들은 유다 아사왕의 통치 기간에 이스라엘을 다스렸다.

북왕국 이스라엘	남왕국 유다[1]
1. 여로보암 1세: B.C. 930-909년 (12:1-14;20)	
	2. 르호보암: B.C. 930-913년 (14:21-31)
	3. 아비얌: B.C. 913-910년 (15:1-8)
	4. 아사: B.C. 910-869년 (15:9-24), 선한 왕
5. 나답: B.C. 909-908년 (15:25-32), 살해됨	
6. 바아사: B.C. 908-886년 (15:33-16:7)	
7. 엘라: B.C. 886-885년 (16:8-14), 살해됨	
8. 시므리: B.C. 885년 (16:15-20), 자살함	
9. 디브니: B.C. 885-880년 (16:21)	
10. 오므리: B.C. 885-874년 (16:22-28)	
11. 아합: B.C. 874-853년 (16:29-22;40), 전사함	
	12. 여호사밧: B.C. 872-848년 (22:41-50)
13. 아하시야: B.C. 853-852년 (22:51-왕하 1:18)	
14. 여호람(요람): B.C. 852-841년 (왕하 3:1-8:15) 살해됨	

열왕기 저자의 등극 공식과 죽음 공식: 저자는 르호보암이 17년간 다스렸으나 그에 관한 기사를 열한 절에 할애했다. 르호보암의 기사 처음 부분과 끝부분을 읽어 보면 저자가 왕의 이야기를 서술할 때 항상 왕의 등극 공식과 죽음 공식에 따라서 기록했음을 알 수 있다.

이스라엘 왕의 경우[2]:

등극 공식: 유다 왕 아무개 제 모 년에 아무개의 아들 아무개가 다르사/사마리아에서 이스라엘 왕이 되어 모년을 이스라엘을 다스리니라. 저가 여호와 보시기에 악을 행하되. 그 아비의 길로 행하며.

---

1 김지찬, 『여호와의 날개 아래 약속의 땅을 향하여』, 804에서 인용.
2 김지찬, 『여호와의 날개 아래 약속의 땅을 향하여』, 796에서 인용.

죽음 공식: 아무개의 남은 사적과 무릇 행한 일이 이스라엘 왕 역대지략에 기록되지 아니하였느냐. 아무개가 그 열조와 함께 자매 사마리아에서 장사되고 그 아무개가 대신하여 왕이 되니라.

유다 왕의 경우:

등극 공식: 이스라엘 왕 아무개의 아들 모 년에 유다 왕 아무개의 아들 아무개가 왕이 되니 위에 나아갈 때에 나이가 몇 세라. 예루살렘에서 모 년을 치리하니라. 그 모친의 이름은 ~의 ~ 사람이더라. 아무개가 여호와 보시기에 정직하게(혹은 악을) 행하였으니.

죽음 공식: 아무개의 남은 행적은 유다 왕 역대지략에 기록되지 아니하였느냐. 아무개가 그 열조와 함께 자매 다윗성에 그 열조와 함께 장사되고, 그 아들 아무개가 대신하여 왕이 되니라.

2. 제1대 유다 왕 르호보암(25-31절)

	남왕국 유다(왕상 15:9-24)	북왕국 이스라엘(왕상 15:25-22:40)
왕들	르호보암, 아비얌, 아사.	나답, 바아사, 엘리, 시므리, 디브니, 오므리, 아합
왕조	다윗 왕조: 안정적	5개의 왕조(여로보암, 바아사, 엘라, 시므리, 오므리): 매우 불안정
계승	다윗 왕조 평화적 계승	두 번의 살해와 왕조 교체, 한 번의 자살(7일 천하): 혁명파의 숙청
평가	르호보암, 아비얌(부정적) 아사(조건부, 긍정, 선한 왕)	6명 모두 부정적(여호와 보시기에 악행) 1명 디브니는 평가 조차 없음

여호와 보시기에 악을 행하되(21-24절): 르호보암(רחבעם)은 '백성을 크게 하는 자'란 뜻으로 41세에 등극하여 17년간 통치했다(21절). 그의 어머니는 암몬 사람 '나아마'이다. 유다 왕들의 경우 왕과 함께 그의 어머니를 언급한 것은 어머니가 왕위 계승과 관련하여 모종의 역할을 했기 때문이다. 르호보암이 우상 숭배에 몰두하자 하나님의 이름을 두시겠다고 하신 '샬롬'의 성읍 예루살렘은 우상 숭배로 몸살을 앓았다. 그러니 그에 대한 하나님의 평가는 부정적이다. "유다가 여호와 보시기에 악을 행하되 그의 조상들이 행한 모든 일보다 뛰어나게 하여 그 범한 죄로 여호와를 노엽게 하였으니"(22절). 솔로몬의 우상 숭배가 르호보암에게 악영향을 끼쳤다. 결국, 자녀는 부모의 영향을 받게 되어 있다. 믿음의 부모를 통해 믿음의 자녀가 만들어지고, 패역한 부모를 통해 패역의 자녀가 만들어진다.

영적 부흥의 기회를 살리지 못했다(대하 11:13-17; 12:1): 르호보암 때 북왕국의 제사장과 레위인들이 여로보암의 우상 숭배에 반발하여 유다로 망명했다. 그 결과 르호보암은 3년 동안 다윗의 길로 갔다. "그러므로 삼 년 동안 유다 나라를 도와 솔로몬의 아들 르호보암을 강성하게 하였으니 이는 무리가 삼 년 동안을 다윗과 솔로몬의 길로 행하였음이더라"(대하 11:17).

역대하 12:1은 이 영적 부흥이 3년밖에 지속되지 못한 이유를 "르호보암이 나라가 견고하고, 세력이 강하매, 여호와의 율법을 버리니 온 이스라엘이 본받은지라"고 했다. 르호보암은 나라가 위급할 때는 간절히 하나님을 찾다가 나라가 안정되자 하나님을 버렸다. 그리고 유다 곳곳에 우상 숭배를 위해 신당을 세웠고, 동성애까지 허락했다(왕상 14:21-24). 왕은 백성의 지도자이다. 백성들은 지도자의 나쁜 모습을 여과 없이 따라한다. 그래서 지도자는 항상 선한 일로 본을 보여야 한다.

애굽 왕 시삭이 예루살렘을 치다(25-28절): 르호보암 통치 5년(B.C. 922년)에 애굽의 시삭(שִׁישַׁק)이 유다로 쳐들어왔다. 그는 여로보암에게 피난처를 제공했던 왕이다(왕상 11:40). 르호보암은 금방패를 비롯하여 많은 보물을 시삭에게 바침으로 솔로

그림 10 **애굽 왕 시삭의 유다 침입**

몬 시대 영화의 상징이었던 금방패가 청동방패로 대체(代替)되었다. 솔로몬이 쌓은 부귀영화가 아들 대에 와서 무너짐으로 다윗, 솔로몬 시대의 부와 평안이 사라지고 말았다. 하나님이 주신 부를 하나님과 이웃을 위해 사용하지 않으면 언젠가는 사라진다. 유다의 쇠퇴는 다윗의 길로 가지 않고, 우상 숭배를 했기 때문이다. 하나님과 관계가 잘못되자 정치적으로 큰 위기가 왔다.

항상 전쟁이 있으니라(29-31절): 남북 왕조는 서로 새로 생긴 국경 방어를 위해 계속 전쟁을 했다. "르호보암과 여로보암 사이에 항상 전쟁이 있으니라"(30절). 이 전쟁이 르호보암의 아들 아비얌 때도(왕상 15:7), 여로보암이 죽은 후 이스라엘 왕 바아사와 유다 왕 아사 때까지 계속되었다(34절).

같은 동족 유다와 이스라엘은 정작 싸워야 할 외적과 싸우지 않았다. 분단되다 보니 서로 싸우지 않아도 될 동족과 싸웠다. 동족끼리 싸우는 사이에 외적의 힘이 점점 커져서 유다와 이스라엘을 집어 삼키려고 했다. 남북 왕조는 애굽과 아람 강대국 사이에 끼어 '고래 싸움에 새우 등이 터지는 것'처럼 늘 안보가 불안했다.

■ 되새김 >>>

1. 열왕기 저자가 남북 왕들을 소개할 때 지그재그식으로 기록하여 남북 왕들을 알아 가기가 쉽지 않다.
2. 르호보암은 아버지 솔로몬의 우상 숭배의 영향에서 벗어나지 못했다.
3. 르호보암 때 북왕국에서 많은 제사장과 레위인이 왔으나 영적 부흥의 기회를 살리지 못했다.

21

남왕국 유다 제2대 왕 아비얌(왕상 15:1-8; 대하 13장)

> ■ **핵심 내용**
>
> 아비얌이 그의 아버지가 이미 행한 모든 죄를 행하고 그의 마음이 그의 조상 다윗의 마음과 같지 아니하여 그의 하나님 여호와 앞에 온전하지 못하였으나(3절).
>
> ■ 장소: 예루살렘
> ■ 인물: 아비얌(B.C. 913 - 910년), 여로보암왕 제18년에 등극

1. 부모가 대물림하지 말아야 할 것들

부모가 자녀에게 물려주어야 할 것이 많다. 그중에서 재산보다 더 중요한 것은 '좋은 성품'을 물려주어야 한다. 좋은 성품은 자녀 인생을 행복하게 하고, 주변 사람과 좋은 관계를 맺기 때문이다. 어떤 분은 '부모가 자녀에게 물려주어야 할 일곱 가지 선물을 소개했다.'[1]

---

1 https://jiji99jp.tistory.com/175에서 인용-.

첫째, '타인에 대한 존경심'이다. 내가 소중하면 타인도 소중하고, 내 의견이 중요하면 타인의 의견도 소중하다는 것을 가르쳐야 한다.

둘째, '인내심'이다. 인간의 끝없는 욕망을 다 채울 수 없다. 또 어떤 일이 마음 먹은 대로 되지 않을 때 포기하지 않고 참는 것을 가르쳐 주어야 한다.

셋째, '따뜻한 사랑'이다. 부모가 자녀를 따뜻하게 사랑할 때 자녀도 다른 사람을 사랑하게 된다.

넷째, '삶의 의욕'이다. 부모가 자녀에게 좋은 것을 많이 주면서도 자녀 스스로 일을 할 수 있는 능력을 키워 주어야 한다.

다섯째, '개성 창출'이다. 자녀가 재능을 잘 발휘하게 하면 미래를 밝게 빛낼 보석이 된다는 것을 가르쳐 주어야 한다.

여섯째, '배움'이다. 높은 이상은 배움에서 온다. 부모는 자녀가 배우는 것이 체질화 되도록 환경을 만들어 주어야 한다.

일곱째, '미래를 향한 꿈'이다. "묵시가 없으면 백성이 방자히 행하거니와 율법을 지키는 자는 복이 있느니라"(잠 29:18)는 말씀처럼 꿈(vision)은 자녀가 미래를 향하여 항해를 하는 통로가 된다.

부모로서 자녀에게 좋은 것은 물려주어야 하지만, 좋지 않은 것은 대물림하지 말아야 한다. 그중의 하나는 질병이다. 유전적인 질병으로 고생하는 자녀들이 많다. 또 하나는 막대한 부채이다. 부채는 자녀 인생의 꽃을 피우기 전에 무거운 짐을 지게 한다. 마지막은 불화와 전쟁을 물려주지 말아야 한다. 전쟁은 자녀 인생뿐만 아니라, 그의 후손까지 많은 고통을 준다.

아비얌이 르호보암의 뒤를 이어 제2대 유다 왕이 되었다. 그는 르호보암이 매듭짓지 못한 전쟁을 대물림 받았다. "아비얌과 여로보암 사이에도 전쟁이 있으니라"(7절).

2. 제2대 유다 왕 아비얌(1-8절)

여호와 앞에 온전하지 못한 왕(1-3절): 아비얌(אֲבִיָּם, 여호와는 나의 아버지, 아비야, 대하 13:1)은 여로보암왕 18년에 유다 왕으로 등극하여 3년간 통치했다. 그의 모친은 마아가로 아비살롬(압살롬, 대하 11;2)의 딸이었다. 저자가 유다 왕들의 계보에 모친의 이름을 언급한 것은 모친의 영향력이 컸기 때문이다. 열왕기는 아비얌의 모친을 압살롬(Absalom)의 딸이라고 했으나, 역대기는 '우리엘'(Ur-iel)의 딸이라고 했다(대하 13:2). 각각 이름이 다르게 표현된 것은 압살롬의 딸 다말이 기브아 사람 우리엘과 결혼하여 마아가를 낳기 때문이다(삼하 14:27). 마아가는 압살롬의 외손녀이다. 그 당시 정치적 목적을 이루기 위해 왕족끼리의 근친결혼을 많이 했기에 르호보암이 자기 사촌 혹은 조카와 결혼을 했을 것이다.

아비얌은 다윗의 길로 가지 않았다. "아비얌이 그의 아버지가 이미 행한 모든 죄를 행하고 그의 마음이 그의 조상 다윗의 마음과 같지 아니하여 그의 하나님 여호와 앞에 온전하지 못하였으나"(3절). '다윗의 마음'은 하나님을 향해 전심전력하는 마음이다(왕상 8:25, 9:4). 아비얌이 하나님을 떠난 것은 그의 부친을 따랐기 때문이다. 또 백성들이 우상 숭배하는 것을 방조했다. 이것은 솔로몬의 우상 숭배가 손자 때까지 대물림이 된 것을 보여준다.

자녀가 탈선하는 것은 상당 부분 부모의 책임이다. 그러니 자녀가 아버지의 악행을 따르지 않으려고 하면 부모부터 바르게 살아야 한다. 설령 부모가 잘못 산 것을 알았다면 부모를 본받지 말아야 한다. 아비얌은 이런 반성 없이 무조건 부친을 따라간 것이 문제였다.

하나님께서 다윗을 위하여(4-5절): 다윗은 하나님을 잘 섬겼던 모델적 왕으로 남북 왕국의 왕들이 다윗의 길로 가야 할 본을 보여 주었다. 열왕기 저자는 다윗의 삶에 대해 "이는 다윗이 헷 사람 우리아의 일 외에는 평생에 여호와 보시기에 정직하게 행하고 자기에게 명령하신 모든 일을 어기지 아니하였음이라"(5절)는 말로 요약했다. 하나님은 이런 다윗과 언약을 맺고 그의 왕국이 영원할 것이라고 했다(삼하 7장) 그 언약 때문에 아비얌의 우상 숭배에도 불구하고 그의 아들을 후계자로 세워서 예루살렘을 견고하게 하신 것이다(4절).

신약 시대 다윗의 길은 예수 그리스도를 상징한다. 우리가 수많은 죄를 지었으나 하나님이 우리의 허물을 예수 그리스도의 십자가 뒤에 감추셨다. 그 예수님의 공로 때문에 죄 용서받고, 하나님의 자녀가 되었다. 그러니 예수님을 따라 살아가야 한다.

3. 여로보암과의 전쟁(6-8절; 대하 13장)

전쟁하게 된 이유(6-8절): 북왕국 이스라엘은 유다보다 국력과 영토, 인구가 배 이상 컸다. 르호보암은 아들에게 강한 적, 즉 북왕국과의 전쟁을 대물림했다. "르호보암과 여로보암 사이에 사는 날 동안 전쟁이 있었더니 아비얌과 여로보암 사이에도 전쟁이 있으니라"(6-7절). 여로보암과의 전쟁이 르호보암 때 끝나지 않고 아비얌까지 온 것은 아비얌이 우상 숭배를 한 죄 때문이다. 아비얌이 온갖 죄를 지었기 때문에 전쟁이 계속되었다. 하나님은 우리가 죄를 지을 때 회개하라는 경고 차원에서 각종 시험이나 우환 질고를 허락하신다.

아비얌의 믿음을 부각시키는 역대기(대하 13:1-12): 역대기는 열왕기에서 아비얌과 여로보암과의 전쟁을 자세히 언급하지 않았던 것을 밝히고 있다. 역대기 저자가 역대기를 쓸 때 유다는 페르시아로부터 독립하지 못했다. 나라 없는 백성들에게 우리가 하나님의 자녀라는 정체성을 심어 주기 위해 역대기를 쓰면서 아비얌의 불리한 조건에서 전쟁을 했던 것을 소개했다. 역대기 저자는 비록 아비얌이 하나님께 온전히 충성하지 못했으나 여로보암과의 전쟁에서 유다가 하나님의 변치 않는 소금 언약으로 세워진 "여호와의 나라"(8절)라고 했던 것을 언급했다.

남북 왕국이 전쟁할 때 유다 군사는 40만 명, 여로보암의 군사는 80만 명이었다. 아비얌은 유다보다 두 배 이상 많은 북왕국의 군사를 보고 겁에 질릴 만도 한데 오히려 담대했다. 마치 어른이 철없는 아이를 꾸짖는 것처럼 여로보암과 이스라엘 군인들을 꾸짖었다. 그것을 요약하면 다음과 같다.

① 여로보암이 난봉꾼과 잡배를 동원하여 그의 아버지 르호보암을 대적했다(7절).
② 하나님께서 유다와 함께 계시는데, 북왕국 이스라엘은 다윗 자손이 다스리는 여호와의 나라를 대적한다(8절)고 했다.
③ 여로보암이 벧엘과 단에 금송아지 우상을 세운 후 아론 자손의 제사장과 레위인을 쫓아내고 이방 풍습을 따라 아무나 제사장을 세운 죄를 범했다(8-9절).
④ 이런 이스라엘과 달리 유다는 하나님을 배반하지 않고 아침과 저녁으로 아론 자손의 제사장들과 레위 사람들이 성전에서 봉사를 하고 있다고 했다(10-11절). "… 우리는 우리 하나님 여호와의 계명을 지키나 너희는 그를 배반하였느니라"(11절).

⑤ 하나님께서 유다와 함께 계시니 이번 전쟁에서 유다가 승리할 것이라고 주장했다. "이스라엘 자손들아 너희 조상들의 하나님 여호와와 싸우지 말라, 너희가 형통하지 못하리라"(12절).

아비얌은 다섯 가지 말로 전력이 절대 열세인 상황에서 하나님이 함께 하시는 자신들과 싸우면 이스라엘이 다치니까 싸우지 말라고 적군을 타일렀다. 여로보암은 가소롭기도 하면서 기가 찼을 것이다. 그러나 하나님의 임재를 확신하는 자의 언어는 항상 긍정적이다. 그러니 나의 언어를 긍정적으로 바꾸어서 하나님을 믿는 나는 잘될 것이라고 선포하자. 그러면 그대로 될 것이다.[2]

여로보암이 유다를 포위함(대하 13:13-21): 아비얌이 이스라엘 군사들 앞에서 꾸짖는 연설을 할 때 여로보암이 군사를 유다 군대 뒤로 보내 포위했다. 그때 아비얌과 유다 군사들이 일제히 "여호와께 부르짖고 제사장들이 나팔을 불었다"(14절). 그러자 하나님께서 여로보암과 온 이스라엘을 치셨다(15절). 그 결과 아비얌이 여로보암의 여러 성읍을 빼앗았고, 여로보암은 치명상을 입었다." "[20] 아비야 때에 여로보암이 다시 강성하지 못하고 여호와의 치심을 입어 죽었고 [21] 아비야는 점점 강성하며 아내 열넷을 거느려 아들 스물둘과 딸 열여섯을 낳았더라"(20-21절).

아비얌의 승리는 하나님은 허물이 있어도 부르짖는 사람의 기도에 응답하시는 것을 보여 준다. 하나님은 아비야가 말씀대로 합당하게 살아서 은혜를 베푸신 것이 아니라. 우상 숭배를 했던 여로보암을 심판하는 도구로 사용하셨다. 그 하나님께서 지금은 다양한 사람을 통해 악의 세력을 징벌

---

2   한홍, 『왕들의 이야기 1』(두란노, 2007). 218에서 인용.

하는 도구로 사용하신다.

■ 되새김 >>>

1. 부모가 좋은 것을 자녀에게 대물림 해야 한다. 그러나 좋지 않는 것을 대물림하면 자녀가 힘들게 살 수밖에 없다.
2. 아비얌은 르호보암의 우상 숭배를 단절하지 않고 그의 아버지를 따라갔다.
3. 하나님은 아비얌을 들어 우상 숭배자 여로보암을 징계하는 도구로 사용하셨다.

22

남왕국 유다 제3대 왕 아사 (왕상 15:9-24; 대하 15-16장)

■ 핵심 내용

아사가 그의 조상 다윗같이 여호와 보시기에 정직하게 행하여(11절).

■ 장소: 예루살렘

■ 인물: 아사(B.C. 910-869년), 여로보암왕 제20년에 등극

남왕국 유다의 왕	북왕국 이스라엘의 왕
아사(B.C. 910-869년) 41년 동안 통치	제2대 나답: 아사왕 통치 2년(B.C. 909년)에 왕으로 등극 제3대 바아사: 아사왕 통치 3년(B.C. 908년)에 왕으로 등극 제4대 엘라: 아사왕 통치 26년(B.C. 886년)에 왕으로 등극 제5대 시므리: 아사왕 통치 27년(B.C. 885년)에 왕으로 등극 내전 디브니: 아사왕 통치 27년에 제6대 오므리: 아사왕 통치 27년에(B.C. 885년) 왕으로 등극 제7대 아합: 아사왕 통치 38년에(B.C. 874년) 왕으로 등극하여 22년을 통치.

1. 마음가짐이 인생을 만든다

유럽의 세일즈맨 두 명이 신발을 팔기 위해 아프리카로 갔으나 그곳 사람들이 맨발로 다니는 것을 보았다. 그러자 한 명은 몹시 실망하여 '모두 맨발로 다니기에 신발을 살리가 없다'고 생각한 후 유럽으로 되돌아갔다. 다른 한 명은 그곳 사람들이 모두 맨발로 다니는 것을 보고 기뻐하면서 "신발 시장이 정말 어마어마하게 크다"고 외쳤다. 그는 온갖 방법을 동원하여 현지인들이 자신의 신발을 구매하도록 만들어 엄청난 성공을 거두어서 돌아갔다.[1]

두 세일즈맨은 똑같이 아프리카에서 맨발의 사람들을 보았으나 한 사람은 신발을 팔 생각조차 하지 않음으로 실패했다. 그러나 다른 한 사람은 신발 시장의 가능성을 보았기에 성공했다. 우리가 변화와 실패가 두려워 조금만 어려워도 쉽게 물러날 길만 찾는다면 성공을 거둘 수 없다. 반면에 환경이 어려워도 그것을 극복하는 방법을 찾는다면 그 분야에서 성공할 수 있다. 이런 긍정적인 삶의 태도를 제3대 유다 왕 아사가 가지고 있었다.

아사는 왕이 되자마자 가장 우선적으로 솔로몬 때부터 섬겨 왔던 각종 우상을 제거했다. 조상 때부터 섬겨 온 우상을 제거하기가 쉽지 않았을 것이다. 그런데도 아사는 다윗의 길로 가기 위해 우상을 제거하는 영적 개혁을 과감하게 시도했다.

---

[1] 장이츠, 『하버드 인생특강』, 송은진 옮김 (파주북스, 2015). 17에서 인용.

2. 아사의 종교개혁(9-15절)

아사 시대의 영적 상황(9-15절): 아사(אָסָא, 치료자)는 북왕국 여로보암 통치 20년(B.C. 910년)에 등극하여 41년간 통치했다. 그의 통치 때 북왕국은 일곱 명의 왕(나답, 바아사, 엘라, 시므리, 디브니, 오므리, 아합)이 바뀌었다. 아합은 아사 통치 제38년에 왕이 되었다. 아사 통치 때 북왕국에 일곱 명의 왕이 바뀐 것은 그만큼 정치가 불안정했음을 보여 준다.

열왕기 저자는 아사의 어머니를 아사의 선왕 아비얌의 모친 마아가(Maachah)라고 했다(10절). 이것은 아사의 친어머니와 아버지 아비얌이 일찍 죽자 마아가가 어린 손자를 대신하여 섭정을 했기 때문이다. 그런데 태후는 손자에게 좋은 믿음을 심어 주지 않았다. 아세라를 비롯하여 각종 우상을 퍼뜨려 유다가 우상을 섬기는 나라가 되게 했다.

아사는 힘든 환경에서 자라났음에도 불구하고, 통치 초기부터 다윗의 길로 가려고 우상 숭배자와 남색하는 자를 제거했다(12-13절). 여기 남색하는 자(the male shrine prostitutes from the land)는 동성연애자(homosexual)가 아니라 바알과 아세라 우상 앞에서 이교 의식(異敎儀式)에 동원되었던 남창(男娼)이다. 아사는 태후가 만든 아세라의 가증한 우상을 파괴하고, 우상숭배를 조장했던 태후의 위를 폐했다(13절). 이것은 그가 우상을 제거하는 데 얼마나 열심을 내었는가를 보여 준다.

예수님께서 "사람의 원수가 자기 집안 식구"라는 말씀을 하셨다(마 10:36-38). 이것은 부모나 형제와 불화하라는 것이 아니다. 주님께 헌신할 때 가장 가까운 집안 식구에게 핍박을 받거나 외면을 당할 수 있다는 것이다. 하나님을 따르는 길에는 가까운 인간 관계를 잃는 아픔이 따른다. 그러나 그런 과정을 통해 가족이 주님 품으로 돌아오는 경우가 많다.

아사가 우상을 제거했던 이유(11, 14절): 다윗의 길로 가려고 했기 때문이다. "아사가 그의 조상 다윗같이 여호와 보시기에 정직하게 행하여"(11절). 다윗은 하나님 마음에 합한 사람으로, 남북 왕들에게 왕도(王道)의 길을 제시했다. 하나님께서 다윗을 선한 왕의 모델로 제시했으나 대부분 왕은 다윗의 길보다 여로보암의 길을 선택했다. 이것은 하나님의 말씀대로 사는 것이 참으로 쉽지 않음을 보여 준다.

그런데도 아사 자신이 하나님께 순종하려고 노력한 것은 참으로 귀한 것이다. 이것 때문에 열왕기 저자는 "아사의 마음이 일평생 여호와 앞에 온전하였다"(14절)고 했다. 히브리어로 '온전'은 '샬롬'(שׁלֹם)이다. '샬롬'은 '평안, 평화'로 번역되지만, '양처럼 순종했다'는 뜻도 있다. 사람도 자기에게 순종하는 사람을 좋아하고 그에게 좋은 것을 준다. 그렇다면 하나님은 사람보다 순종하는 자에게 더 좋은 것을 주시지 않겠는가.

아사가 우상을 제거하면서 받았던 복(대하 14:6; 15:9): 유다는 지정학적으로 강대국들의 침략에 노출되어 있었다. 그런데도 하나님께서 지켜 주시자, 아사 41년의 통치 동안 유다는 평안했다. "여호와께서 아사에게 평안을 주셨으므로 그 땅이 평안하여 여러 해 싸움이 없는지라 그가 견고한 성읍들을 유다에 건축하니라"(대하 14:6). 열왕기에서 끊임없이 강조하는 것은 왕이 하나님 앞에 바르게 살면, 하나님께서 평안을 주시고, 그 평안으로 나라가 태평성대를 누렸다는 것이다. 평안은 내가 강함으로 오는 것이 아니라, 하나님께 순종할 때 하나님이 보장해 주시는 것이다.

그다음 아사의 종교개혁은 북왕국의 신실한 사람들에게 영향을 끼쳐 아사에게로 돌아왔다. "… 이는 이스라엘 사람들이 아사의 하나님 여호와께서 그와 함께하심을 보고 아사에게로 돌아오는 자가 많았음이더라"(대하 15:9).

북왕국은 영토와 인구 그리고 국력이 유다보다 배 이상 크다. 이런 와중에 북왕국의 신실한 사람들이 유다로 망명함으로 유다 국력 신장에 크게 기여했다. 새 가족 주변에는 전도 대상자가 많다. 그래서 우리가 새 가족 전도에 총력을 기울여야 한다. 그런데 교회가 잘 유지되기 위해서는 새 가족도 필요하지만 믿음의 훈련이 잘된 일꾼들이 많이 와서 교회 각 분야에서 봉사해야 한다. 아사가 말씀에 순종하자 하나님은 믿음의 사람을 붙여 주신 것처럼 지금도 믿음으로 살면 하나님이 사람과 돈을 붙여 주신다.

3. 아사와 바아사의 전쟁(16-24절; 대하 16장)

전쟁을 하게 된 이유(16-22절): 바아사는 이스라엘에 신실한 사람들이 유다로 가지 못하도록 국경을 폐쇄했다. "아사왕 제삼십육년에 이스라엘 왕 바아사가 유다를 치러 올라와서 라마를 건축하여 사람을 유다 왕 아사에게 왕래하지 못하게 하려 한지라"(대하 16:1).

라마(רָמָה, 높은 곳, 고지)는 예루살렘에서 북쪽으로 9킬로미터 떨어진 전략적으로 중요한 장소였다. 바아사가 라마를 정복하자 당장 유다의 수도 예루살렘이 위협받게 되었다. 다급해진 아사는 여호와의 성전 곳간과 왕궁 곳간의 남은 은금을 가져다가 아람 왕 벤하닷(בֶּן־הֲדַד, 하닷의 아들)에게 주고 이스라엘을 쳐 달라고 부탁했다(18절). 벤하닷이 '이욘, 단, 아벨벧마아가와 갈릴리와 납달리 지경을 치고, 이스라엘 수도인 디르사'로 남하하자 "바아사가 듣고 라마를 건축하는 일을 중단하고 디르사에 거주하니라"(21절). 아사는 평화를 얻었으나, 그 평화는 하나님의 능력이 아닌 이방인이 믿음의 형제를 쳐서 얻는 것이다.

선견자 하나니가 아사를 책망하다(대하 16:7-10): 아사가 하나님을 의지하지 않고 외세의 힘으로 형제 나라를 치자 하나님은 선견자 하나니를 보내셨다. 하나니는 하나님께서 바아사보다 더 강했던 구스의 백만 대군을 물리쳐 주신 것을 예로 들면서 이번에도 당연히 하나님을 의지해야 하는데 그렇게 하지 않았다고 책망했다. 그 결과 지금부터 전쟁이 계속될 것이라고 했다.

"7 그때에 선견자 하나니가 유다 왕 아사에게 나와서 그에게 이르되 왕이 아람 왕을 의지하고 왕의 하나님 여호와를 의지하지 아니하였으므로 아람 왕의 군대가 왕의 손에서 벗어났나이다 8 구스 사람과 룹 사람의 군대가 크지 아니하며 말과 병거가 심히 많지 아니하더이까 그러나 왕이 여호와를 의지하였으므로 여호와께서 왕의 손에 넘기셨나이다 9 여호와의 눈은 온 땅을 두루 감찰하사 전심으로 자기에게 향하는 자들을 위하여 능력을 베푸시나니 이 일은 왕이 망령되이 행하였은즉 이 후부터는 왕에게 전쟁이 있으리이다 하매"(대하 16:7-9).

아사는 책망 듣기를 거부하면서 선견자 하나니를 감옥에 가두었다. 하나님의 사람을 핍박한다고 죄가 없어지는 것이 아니었다. 하나님은 그 징계로 아사의 발에 병이 들게 하셨으나 그것을 깨닫지 못했다. "아사가 왕이 된 지 삼십구 년에 그의 발이 병들어 매우 위독했으나 병이 있을 때에 그가 여호와께 구하지 아니하고 의원들에게 구하였더라"(대하 16:12). 이것은 아사가 구스의 백만 대군 앞에 "여호와여 힘이 강한 자와 약한 자 사이에는 주밖에 도와 줄 이가 없사오니 우리 하나님 여호와여 우리를 도우소서 …"(대하 14:11)라고 기도했던 모습과는 대조적이다.

아사의 출발은 다윗처럼 온전히 하나님을 의지했다. 그러나 평안해지자 불신앙에 빠졌다. 이것은 하나님의 은혜받는 것 이상으로 그 은혜가 소멸되지 않도록 지키는 것이 중요하다는 교훈을 준다.

■ 되새김 >>>

1. 아사가 다윗의 길로 가기로 마음 먹고 각종 우상을 제거하여 선한 왕이 되었다.

2. 아사가 우상을 제거하자 많은 북왕국의 신실한 사람이 유다로 망명했다. "또 유다와 베냐민의 무리를 모으고 에브라임과 므낫세와 시므온 가운데에서 나와서 저희 중에 머물러 사는 자들을 모았으니 이는 이스라엘 사람들이 아사의 하나님 여호와께서 그와 함께 하심을 보고 아사에게로 돌아오는 자가 많았음이더라"(대하 15:9).

3. 아사 말년에 바아사와의 전쟁에서 하나님 대신 아람 왕 벤하닷을 의지함으로 그의 좋은 믿음에 흠집이 나게 했다.

23

북왕국 이스라엘 제2대-6대까지의 왕들(왕상 15:25-16:28)

■ 핵심 내용

²⁵ 유다의 아사왕 둘째 해에 여로보암의 아들 나답이 이스라엘 왕이 되어 이 년 동안 이스라엘을 다스리니라 ²⁶ 그가 여호와 보시기에 악을 행하되 그의 아버지의 길로 행하며 그가 이스라엘에게 범하게 한 그 죄 중에 행하지라(15:25-26).

■ 장소: 북왕국 디르사
■ 인물: 북왕국의 왕: 나답, 바아사, 엘라, 시므리, 디브니, 오므리,
  아합(아사 통치 38년에 등극, B.C. 874년)
  남왕국의 왕 아사(B.C. 910-869년)

1. 타산지석(他山之石)의 교훈

타산지석(他山之石, 다른 산의 돌맹이)은 『시경』〈소아〉편 "학명"(鶴鳴)에 나오는 5언시의 구절에서 유래되었다.[1] 다른 산의 쓸모없는 돌맹이가 나

1　https://namu.wiki/w/%ED%83%80%EC%82%B0%EC%A7%80%EC%84%9D에

의 산을 옥돌로 가는 데 쓸 수 있는 것처럼, 남의 말이나 행동이 나의 지식과 인격 수양에 큰 도움이 된다는 것이다.

옛날 어느 마을에 아주 지혜로운 노인이 살고 있었다. 그가 지혜 자가 된 것은 타인의 경험에서 얻은 교훈을 소중히 여겼기 때문이다. 어느 날, 노인은 이웃이 힘들게 일을 했는데도 보상받지 못했다는 말을 들었다. 노인은 그에게 "노력한 만큼 보상을 받지 못한 것은 참으로 아쉽지만, 타인의 실패와 성공을 통해 교훈을 얻을 수 있다면 그것은 가치 있는 일이라"고 말했다.[2]

어떻게 하면 나의 성장을 위해 타인의 경험을 타산지석으로 삼을 수 있을까? 먼저 타인의 경험이 중요한 것을 알고 그의 말에 경청해야 한다. 그 다음 모든 사람과 모든 상황은 무엇인가를 가르쳐 주는 것으로 알고, 그것이 주는 교훈을 찾아야 한다. 마지막은 타인의 지혜에서 배운 것을 삶의 현장에 적용하여 내 것으로 만들어야 한다.

북왕국 이스라엘 제2대에서 제6대 왕까지 한결같이 악한 왕이었다. 그 이유는 그들은 여로보암이 우상 숭배로 하나님의 심판을 받았던 것을 타산지석으로 삼지 않았기 때문이다. 오히려 선왕보다 더 우상 숭배에 몰두했다. 이런 왕들의 모습은 우리에게 여로보암의 길로 가면 반드시 망한다는 교훈을 준다. 그러니 하나님이 원하시는 다윗의 길과 예수 그리스도의 길로 가야 한다.

서 인용

2 https://nomadtrex.tistory.com/7에서 인용.

2. 북왕국 제2대에서 6대까지 왕들(15:24-16:28)

제2대 왕 나답(15:25-32): 나답(נָדָב, 관대함, B.C. 910-909년)은 2년간 통치하다가 바아사에게 살해당했다. 26절은 그 이유를 "그가 여호와 보시기에 악을 행하되 그의 아버지의 길로 행하며 그가 이스라엘에게 범하게 한 그 죄 중에 행한지라"라고 했다.

나답은 그의 아버지 여로보암이 우상 숭배로 하나님의 심판받는 것을 여러 번 목격했다. 그렇다면 우상을 버리고 하님께로 돌이켜야 하는데 그렇게 하지 않았다. 하나님께서 이런 나답을 심판하기 위해 바아사를 도구로 사용하셨다. 그 당시 나답과 이스라엘 군사들이 블레셋의 깁브돈을 포위하고 있을 때 바아사가 반란을 일으켜 여로보암 혈족을 모두 제거했다. 이렇게 함으로 하나님께서 아히야 선지자를 통해 하신 말씀이 그대로 이루어졌다(왕상 14:9-11).

나답은 회개할 기회가 있었으나 회개 대신 우상 숭배에 몰두했다. 그만 우상 숭배를 한 것이 아니라 주위 사람들까지 우상 숭배에 빠지도록 했다(30절). 하나님이 우상 숭배자를 심판하시는 것을 보고도 계속 자기 길만 고집하다 죽임을 당했다. 오늘날도 하나님의 말씀을 듣고도 거역하는 자는 하나님께서 반드시 심판하신다.

제3대 왕 바아사(15:33-16:7): 바아사(בַּעְשָׁא, 사악함. B.C. 908-886년)는 유다 아사왕 3년에 등극하여 디르사에서 24년 동안 다스렸다. 그에 대한 평가는 "바아사가 하나님이 보시기에 악하여 여로보암의 길로 갔다"(34절)는 것이다. 바아사는 북왕국의 신실한 사람들이 우상 숭배에 반발하여 유다로 망명하는 것을 보고서도 우상 숭배를 포기하지 않았다. 바아사는 여로보암 가문을 제거하는 데는 성공했으나 여로보암이 남긴 우상 숭배를 제거하는 데는 실패했다. 그는 하나님의 대리 통치자로 살지 않고 하나님을 거역하면서 살았기에 그가 통치했던 북왕국은 패망의 길로 갔다.

'여로보암의 길'은 오늘날로 말하면 하나님을 섬긴다고 하면서도 순종하지 않고 자기 위주로 사는 것을 말한다. 입으로 하나님을 외치면서도 삶의 내용이 전혀 하나님과 관계없이 사는 것이다. 누구나 이런 유혹을 받기 쉬우니 항상 예수 그리스도를 목표로 삼고 살아야 한다.

하나님은 바아사가 우상 숭배를 단절시키지 않자 하나니의 아들 예후(יֵהוּא, 여호와는 그분이시다)를 통해 바아사를 심판하시겠다고 했다. "바아사에게 속한 자가 성읍에서 죽은즉 개가 먹고 그에게 속한 자가 들에서 죽은즉 공중의 새가 먹으리라 하셨더라"(4절). 바아사와 그의 아들 엘라도 전혀 본받을 것이 없었던 여로보암을 본받다가 결국 멸망의 길로 갔다.

제4대 왕 엘라(16:7-14): 엘라(אֵלָה, 테레빈나무, B.C. 886-885년)는 나답 때처럼 깁브돈을 정복하기 위해 블레셋과 전쟁을 했다. 군사들이 출정했는데도 왕은 '왕궁 맡은 자 아르사'의 집에서 술에 취할 정도로 마셨다. 엘라는 방탕했고 왕의 재목이 전혀 없었기에 통치 2년 만에 이스라엘 군사 절반을 통솔했던 시므리에게 죽임을 당했다. "시므리가 왕이 되어 왕위에 오를 때에 바아사의 온 집안 사람들을 죽이되 남자는 그의 친족이든지 그의 친구든지 한 사람도 남기지 아니하고"(11절). 이렇게 함으로 예후 선지자가 경고했던 하나님의 말씀이 그대로 이루어졌다. 하나님의 약속과 경고의 말씀은 때로는 멀게 느껴지지만 어떤 때는 곧바로 성취된다.

제5대 왕 시므리(16:15-20): 시므리(זִמְרִי, 나의 음악, B.C. 885년)가 엘라를 살해했다는 소식이 깁브돈의 전쟁터까지 전해졌다. 군사들은 그들의 지휘관 오므리(עָמְרִי, 여호와의 종)를 왕으로 세운 후 회군하여 디르사를 포위했다. 시므리는 디르사가 포위되자 왕궁에 불을 질러 스스로 목숨을 끊었다. 19절은 그의 7일 천하를 이렇게 요약했다. "이는 그가 여호와 보시기에 악을 행하여 범죄하였기 때문이니라 그가 여로보암의 길로 행하며 그가 이스라엘에게 죄를 범하게 한 그 죄 중에 행하였더라"(19절). 예수님께서 "칼을 쓰는 자는 칼로 망한다"고 하신 것처럼, 칼로 왕권을 장악했던 시므리의 왕위도 7일 천하로 끝나고 말았다.

제6대 왕 오므리(16:21-28): 시므리가 죽자 이스라엘은 오므리를 지지하는 세력과 기낫의 아들 디브니(תִּבְנִי, 지프라기, 그루터기, B.C. 885년)를 지지하는 세력으로 양분되었다. 그러나 오므리(מָעְרִי, 여호와의 종, B.C. 885-874년)가 디브니를 죽임으로 제6대 이스라엘 왕이 되었다. 그는 유다 왕 아사 제31년에 왕이 되어 12년 동안 다스렸다. 정치적으로 상당히 유능했으나 성경은 "그 전의 모든 사람보다 더욱 악하게 행하였다고 했다." 성경의 관심은 왕권 강화가 아니라 "여호와 보시기에 어떠한 삶을 살았는가?"에 있다.

3. 오므리왕의 업적과 과오

사마리아를 수도로 정함: 사마리아(שֹׁמְרוֹן)는 이스라엘 하르 소메린(הַר-שֹׁמְרוֹן, 암 6:1) 위에 건설된 도시로 에브라임 지파에 속한 곳이다. 다윗이 예루살렘을 이스라엘 수도로 정한 것처럼 오므리는 수도를 외적 방어에 유리했던 사마리아로 옮겼다(왕상 20:34). 이렇게 해서 사마리아는 앗수르에게 멸망(B.C. 772년)할 때까지 이스라엘의 수도가 되었다.

엣바알과 결혼 동맹: 오므리가 통치할 때, 아람 왕 벤하닷(다메섹)이 이스라엘을 쳐서 길르앗 라못을 빼앗아 가자 오므리는 페니키아(베니게 혹은 시돈) 왕 엣바알과 결혼 동맹을 했다. 이렇게 하여 엣바알의 딸 이세벨(Jezebel daughter of Ethbaal king of the Sidonians)이 이스라엘로 왔다. 결혼 동맹으로 페니키아와 연대하여 아람의 군사력을 견제할 수 있었다. 또 이스라엘은 레바논에서 백향목을 수입하고 페니키아(시돈)는 남쪽으로 가는 무역로 확보와 이스라엘에서 곡식과 올리브 기름을 안정적으로 수입할 수 있었다.

그런데 이 결혼 동맹으로 엣바알의 딸 이세벨이 바알과 아세라 우상을 이스라엘에 가져옴으로 이스라엘은 여로보암보다 더욱 타락의 길로 갔다. 이것 때문에 성경은 오므리에 대해 "^{25} 오므리가 여호와 보시기에 악을 행하되 그 전의 모든 사람보다 더욱 악하게 행하여 ^{26} 느밧의 아들 여로보암의 모든 길로 행하며 그가 이스라엘에게 죄를 범하게 한 그 죄 중에 행하여 그들의 헛된 것들로 이스라엘의 하나님 여호와를 노하시게 하였더라"(25-26절). 왕조가 거듭될수록 하나님을 잘 섬겨야 하는데, 더욱 우상 숭배에 몰두했으니 하나님께서 이스라엘을 멸망시킬 수밖에 없었다.

■ 되새김 >>>

1. 타인이 잘한 것이나 실수를 내가 타산지석의 교훈으로 삼으면 더욱 성장할 수 있다.

2. 이스라엘 제2대 왕부터 제6대 왕 오므리까지 한결같이 여로보암의 길을 벗어나지 못했다.

3. 성경은 왕의 평가 기준을 정치적인 능력보다 하나님 보시기에 정직하게 행하는 것에 기준을 두었다.

24

북왕국 이스라엘 제7대 왕 아합 (왕상 16:29-17:1)

■ 핵심 내용

³⁰ 오므리의 아들 아합이 … ³¹ 느밧의 아들 여로보암의 죄를 따라 행하는 것을 오히려 가볍게 여기며 시돈 사람의 왕 엣바알의 딸 이세벨을 아내로 삼고 가서 바알을 섬겨 예배하고(16:30-31).

■ 장소: 북왕국 사마리아
■ 인물: 아합(남왕국 왕 아사 통치 38년에 등극), 이세벨

1. 죄에 무감각한 시대

1999년에 미국 콜로라도 리틀턴의 컬럼바인고등학교에서 트렌치코트 마피아(TRench Coat Mafia) 소속의 두 학생이 있었다. 그들은 자신들을 놀렸던 친구들에게 총을 난사하여 열세 명의 꽃다운 학생들이 희생되었다. 더 놀라운 것은 그들은 총에 맞은 친구들이 피를 흘리면서 죽어 가는데도 아

무릎지도 않은 것처럼 웃고 있었다.[1] 죄악에 무감각하다 보니 사람을 죽여 놓고도 죄의식을 느끼지 못했다. 북왕국 이스라엘의 왕 중에서 가장 죄에 무감각한 왕은 아합이었다. 아합왕은 하나님을 두려워하지 않았다. 그래서 죄를 지어도 대수롭지 않게 여겼다. 성경은 이런 아합에 대해 "오므리의 아들 아합이 그 전의 모든 사람보다 여호와 보시기에 악을 더욱 행하였다"(16:30)고 했다.

이스라엘이 남북 왕조로 나누어진 이후 북왕국은 58년 동안 일곱 명의 왕이 다스렸다. 그들은 한결같이 하나님 보시기에 악한 왕이었다. 그들 중 한 사람도 우상 숭배의 길에서 돌이키지 않았다.

제1대 여로보암은 "벧엘과 단에 금송아지 우상을 세운 후에 백성들에게 그 우상이 애굽에서 너희를 인도하여 낸 신이라고 하면서 섬기"(왕상 12:27-28)라고 했다.

제2대 나답은 "저가 여호와 보시기에 악을 행하되 그 아비의 길로 행하며, 그가 이스라엘을 범하게 한 그 죄중에 행한지라"(15:25-26).

제3대 왕 "바아사가 하나님 보시기에 악을 행하되 여로보암의 길로 행하며, 그가 이스라엘을 범하게 한 그 죄중에 행하였더라"(15:32-34).

제4대 왕 "엘라가 디르사에 있어 궁내 대신 아르사의 집에서 마시고 취할 때에"(16:8-9).

제5대 왕 시므리에 대해서는 "이는 저가 여호와 보시기에 악을 행하여 범죄함을 인함이라, 저가 여로보암의 길로 행하며, 그가 이스라엘로 죄를 범하게 한 그 죄 중에 행하였더라"(16:19-20).

---

[1] 황형택, 『위기관리 전사 엘리야』(두란노, 2001년). 16.

제6대 왕 오므리에 대해서는 "여호와 보시기에 악을 행하되 그 전의 모든 사람보다 더욱 악하게 행하였다"(16:25).

제7대 왕 아합은 이런 선왕들보다 더욱 여호와 보시기에 악을 행했다. 그래서 열왕기 저자는 아합은 오히려 여로보암의 죄를 따라 행하는 것을 가볍게 여겼다(16:31)고 했다.

2. 북왕국 제7대 왕 아합(16:29-34)

아합에 대한 지면이 많다(16:29-22:40): 아합(אַחְאָב, 아버지의 형제. B.C. 874-853년)은 유다 아사 38년에 등극하여 22년 동안 통치했다. 저자가 열왕기에서 솔로몬 다음으로 아합에 대해 지면을 많이 할애한 것은 여로보암보다 더 우상 숭배를 많이 했기 때문이다.

아합이 죄에 무감각하게 된 것(16:29-34): "느밧의 아들 여로보암의 죄를 따라 행하는 것을 오히려 가볍게 여겼기 때문이라"(31절). 하나님을 두려워하지 않은 아합은 양심이 무디어져서 죄를 지어도 죄로 인식하지 않았다. 오늘날 동성애를 죄로 여기지 않고 그의 성적 취향이라고 생각하는 것과 같다. 그러니 이 시대도 아합의 때와 같다고 할 수 있다. 악한 시대에 죄에 대해 양심의 가책을 받고 회개하는 것이 참으로 복된 것이다. 왜? 성령이 그 속에 역사하시기 때문이다.

그림 11 바알과 아세라 상[2]

아합이 죄에 무감각하게 된 또 다른 이유(16:29-43): "시돈 사람의 왕 엣바알의 딸 이세벨을 아내로 삼고 가서 바알을 섬겨 예배하였기" 때문이다(31절). 이세벨의 아버지 엣바알(תְאֶבַּעַל, 바알과 함께, 바알의 사랑과 보호를 받는다)은 열렬한 바알 숭배자였다.

이세벨(אִיזֶבֶל, 순진한 처녀, 유럽에서 아그네스[Agnes]로 부름)은 아버지의 영향으로 바알과 아세라를 이스라엘 전역에 보급시키기 위해 사마리아에 바알 신전을 지었다(32-33절). 사마리아에 바알 신당이 세워진 것은 오늘날 예배당을 헐어 버리고, 그곳에 이교도 사원을 짓는 것과 같다. 예수 믿는 사람의 입장에서 예배당이 우상 숭배의 본부가 되는 것만큼 가슴 아픈 일도 없을 것이다. 저자는 그 아픈 마음을 "그는 그 이전의 이스라엘의 모든 왕보다 심히

---

2 https://392766.exbible.net/3441

이스라엘 하나님 여호와를 노하시게 하였다"는 말로 표현했다.

아합은 하나님이 재건을 금하신 여리고를 재건하려고 했다(34절). 여리고(יְרִיחוֹ, 종려나무의 성, 향기나는 장소)는 이스라엘이 가나안에 입성할 때 처음으로 정복한 성이다(수 6장), 요단강 근처라 물이 풍부했고 경치가 좋았다. 또 종려나무 성읍답게 종려나무 열매인 대추를 많이 수확했다. 여호수아가 그곳을 정복한 후 온전히 하나님께 바친다는 의미에서 "누구든지 여리고 성을 건축하는 자는 여호와 앞에서 저주를 받아서 성의 기초를 쌓을 때, 맏아들이 죽을 것이고, 성문을 세울 때는 막내아들이 죽을 것이라고 했다"(수 6:26).

여호수아 이후 그 어떤 왕도 이 말씀이 두려워 여리고를 재건하지 않았으나 아합은 별장을 짓기 위해 벧엘 사람 히엘에게 여리고를 재건하라고 했다. "히엘이 여리고 터의 기초를 쌓을 때에 맏아들 아비람이 죽고, 성문을 세울 때에 막내 아들 스굽이 죽었으나"(34절), 그런데도 아합은 여리고 재건을 중단하지 않았다. 아합은 바알과 아세라를 이스라엘을 국교로 삼기 위해 하나님의 사람들을 많이 죽였다. 그렇다고 하나님은 침묵만 지키고 계셨던 것이 아니다.

어느 시대든지 하나님의 말씀을 버리면 죄와 우상과 미신이 판을 친다. 기차가 철로가 끊어진 곳을 모르고 계속 달려갈 때 우리는 필사적으로 기차를 멈추려고 할 것이다. 하나님은 아합이 말씀을 버리고, 바알과 아세라를 국교로 삼자, 그를 돌이키기 위해 말씀의 사람 엘리야를 보내셨다.

3. 디셉사람 엘리야(17:1)

무명의 사람을 쓰시는 하나님(17:1): 이세벨의 본 이름 '아비제벨'(Jezebel)이 '나의 아버지 바알은 고귀하다'라는 뜻이라면, '엘리야'(אֵלִיָּה)는 "여호와는 하나님이시다"라는 뜻이다. 두 사람은 서로 다른 신을 섬기고 있었기에 만날 때마다 참신을 두고 영적 싸움을 할 수밖에 없었다.

엘리야는 요단강 동편 갓 지파 '길르앗 지역 디셉'이라는 동네 출신이다. 길르앗은 '증거의 돌무더기'란 뜻으로 엘리야는 돌이 많은 산악 지대 디셉에서 출생했다. 이스라엘 사람들은 우리처럼 성(姓)이 없어서 어떤 사람을 소개할 때 그의 이름 앞에 아버지의 이름을 붙이거나, 출생했던 지역의 이름을 붙였다. 예를 들면, 눈의 아들 여호수아와 여분네의 아들 갈렙은 이름 앞에 부친의 이름을 붙인 것이다. 반면에 드고아의 목자 아모스, 나사렛 예수, 막달라 마리아는 그들이 살았던 지명을 붙인 것이다.

엘리야가 디셉 사람이라고 한 것은 그의 집안을 내세울 만한 것이 없었다는 것을 보여 준다. 하나님은 무명의 사람 엘리야를 세워 이스라엘 최고 권력자 아합과 영적 싸움을 하게 하셨다.

하나님께서 엘리야를 지명하신 이유: 그가 "만군의 하나님 여호와에 대한 열심히 유별하였기 때문이다"(왕상 19:10, 14). 엘리야는 악한 시대에 하나님의 말씀대로 살겠다는 열정과 함께 하나님이 모세에게 준 율법을 지키려고 노력했다. 그 열정이 이스라엘이 우상 숭배와 영적 간음을 행하는 것을 방관할 수 없어서 혜성처럼 나타났다.

부흥의 때에는 수많은 성도가 하나님을 신뢰하고 섬기기가 쉽다. 그러나 부흥이 없거나 믿음을 저버리는 배교자의 때에 홀로 우뚝 서서 신앙을 사수하기는 쉽지 않다. 엘리야의 출현은 마치 일제강점기 때 신사참배를 거부하고 감옥에 갇혔던 성도들이라고 생각하면 된다. 하나님을 모르는 일본 판사가 그들을 재판하면서 '바보'라고 했다. 일본 신사에 절을 하면 감옥에 갇혀 고생할 필요가 없는데, 뭐 신사에 절을 한다고 죽는 것도 아닌데도, 목숨 걸고 절을 하지 않았기에 바보로 본 것이다.

 나와 가족, 그리고 직장 동료들로부터 홀로 하나님을 섬긴다고 비난과 조롱 그리고 비웃음을 받을 수 있다. 그리할지라도 낙심하지 말자. 끝까지 하나님을 의지한다면 하나님이 그를 들어 위대한 사역을 하는 도구로 사용하실 것이다.

■ 되새김 >>>

1. 아합은 막장 드라마처럼 그 이전의 모든 왕보다 더욱 여호와 보시기에 악을 행했다.
2. 아합이 타락하게 된 것은 우상 숭배자 이세벨과 결혼했기 때문이다.
3. 하나님은 악한 시대를 회복시키기 위해 하나님에 대한 열정이 있는 엘리야를 사용하셨다.

25

엘리야와 아합의 만남(왕상 17:1-7)

■ 핵심 내용

² 여호와의 말씀이 엘리야에게 임하여 이르시되 ³ 너는 여기서 떠나 동쪽으로 가서 요단 앞 그릿 시냇가에 숨고(2-3절).

■ 장소: 북왕국의 사마리아 → 그릿 시냇가
■ 인물: 시돈의 사르밧, 아합, 남왕국 왕 아사

1. 순종은 하나님이 원하시는 것

존 비비어가 쓴 『영적 무기력 깨기』라는 책에서 그가 미식축구 카우보이스와 필라델피아 이글스가 플레이오프 진출을 위해 한판 붙는 경기를 TV를 통해 본 경험을 말하고 있다.

두 팀이 마지막 쿼터 종료 8분을 남겨 놓고 내가 좋아하는 카우보이스가 4점 뒤지고 있었다. 그때 카우보이스의 스타 쿼터백이 팀원들을 진두지휘하면서 골대를 향해 질주하자 나는 환호성을 질렀다. 그런데 갑자기 마음속에서 "기도하라, 기도하라!"라는 음성이 성령의 음성이 들렸다. 그것이 하던 일을 멈추고 기도하라는 성령의 음성인 것을 알았지만 당장 순종하지 않고, "주님, 8분밖에 남지 않았습니다. 이 경기가 끝나면 곧바로 기도할게요…." 그러나 기도하라는 성령의 촉구하심이 계속되었다. 나는 그 느낌이 사라지기를 바라면서 "주님, 이 경기만 끝나면 5시간 동안 기도할게요. 이제 겨우 6분밖에 남지 않았어요." 그때 카우보이스가 공을 잡아 필드를 가로질러 곧 결정적인 터치다운을 성공시킬 찰나였다. 그런데 기도하라는 성령의 촉구하심은 더욱 강해졌다. 나는 결정적인 순간을 놓치고 싶지 않아서 "주님, 이 경기만 끝나면 종일 기도하겠습니다. 원하신다면 밤이라도 새울게요."

결국, 카우보이스가 이겼고, 나는 하나님께 약속한 대로 TV를 끄고 무릎을 꿇었다. 그런데 더 이상 기도하라는 성령의 촉구하심이 없었다. 이왕 무릎을 꿇었으니 기도하자는 마음으로 기도하다 보니 내 입에서 무미건조한 말들이 나왔다. 그 이유를 깨닫기까지는 오랜 시간이 걸리지 않았다. 나는 하나님의 명령보다 경기를 선택했다. 경기를 '핑계'로 하나님의 요청을 거절했다. 나는 카펫에 머리를 대고 기도했다.

"주님, 남들이 하나님과 카우보이스 중에서 무엇이 더 중요하냐고 물으면 저는 하나님이라고 대답할 겁니다. 그러나 방금 주님이 저를 필요로 하시는데 저는 끝내 당신보다 미식축구 경기를 선택했습니다. 주님, 용서하여 주십시오."

그 즉시 마음속에서 이런 음성이 들려왔다.

"아들아! 나는 다섯 시간 기도하는 제사를 원하지 않는다. 내가 원하는 것은 순종이다!"[1]

---

1 https://bible-developer.tistory.com/1884에서 인용.

우리가 어떤 상황에서도 하나님께 순종하는 것은 쉽지 않다. 그런데 엘리야는 하나님의 말씀에 전적으로 순종했다. 하나님은 이런 엘리야를 가장 악한 시대에 거룩한 영적 전사로 사용하셨다.

2. 내 말이 없으면(1절)

엘리야의 선포(1절): '엘리야'는 '여호와는 하나님'이라는 뜻이다. 그 당시 아합왕이 바알과 아세라를 이스라엘 국교로 삼기 위해 하나님의 사람들을 배척했다. 그러니 엘리야의 이름 자체가 그 시대의 비웃음과 조롱거리가 되었다. 그럼에도 엘리야는 "여호와는 하나님이시다"라는 믿음의 고백으로 아합에게 선포했다. "내가 섬기는 이스라엘의 하나님 여호와께서 살아계심을 두고 맹세하노니 내 말이 없으면 수 년 동안 비도 이슬도 있지 아니하리라"(1절).

엘리야의 신앙고백(1절): 1절의 짧은 내용 속에는 엘리야의 신앙고백이 다 들어 있다고 해도 과언이 아니다.

첫째, 엘리야는 아합이 바알과 아세라를 섬긴다면 자신은 하나님을 섬긴다는 차원에서 "내가 섬기는 이스라엘 하나님"이라고 했다. 우상 숭배를 하는 왕 앞에서 자신이 하나님을 섬기고 있다는 말을 한 것은 평소에 신실하게 하나님을 섬겼기 때문에 가능한 것이다.

둘째, "하나님을 이스라엘의 하나님이라"고 했다. 이스라엘의 하나님은 이스라엘 열조와 언약을 맺으신 분이다. 하나님께서 아브라함에게 할례언약을 통해 "나는 너의 하나님이 되고, 너와 너의 후손은 나의 백성이 될 것이다"(창 17:7-10)라는 말씀을 하셨다. 이 약속 때문에 이스라엘은 하나님의 선민이 되었고, 애굽의 노예 생활에서 구출되었다. 그리고 시내산에서 율법을 받았고, 가나안을 선물로 받았다. 엘리야는 아합이 이런 하나님을 당연히 섬겨야 하는데도, 하나님과 그의 말씀을 버린 것을 지적했다.

셋째, "여호와의 살아 계심을 두고 맹세한다"고 했다. 바알 숭배자들은 당연히 바알과 아세라의 이름으로 맹세하지만 엘리야에게 참신은 하나님 한분밖에 없으니 하나님의 이름으로 맹세한다고 했다.

넷째, "내 말이 없으면 수 년 동안 비도 이슬도 있지 아니하리라." 여기 "내 말"은 엘리야의 말이 아니라, 하나님의 말씀이다. 하나님께서 엘리야에게 말씀을 주셨다. 엘리야는 그 말씀을 가지고 하나님이 살아 계신 증거를 드러냈다. "수 년 동안 비도 이슬도 있지 아니하리라" 이것은 하나님이 비를 내려 주시는가 아니면 바알과 아세라가 비를 내려 주는가를 분명히 보라는 것이다.

엘리야 메시지의 핵심 화두(話頭): 엘리야는 아합과 이스라엘 백성들에게 '여호와 하나님이 참신인가 아니면 바알과 아세라가 참신인가? 하늘에서 비를 하나님이 내려 주시는가 아니면 바알이 내려 주는가?'를 분명히 보라고 했다.

바알은 농사와 관계된 풍요의 신이요, 아세라는 다산의 신이다. 농사를 짓는 사람의 입장에서는 풍요 신과 다산의 신 모두 필요하다. 그 당시 사람들은 하늘에 있는 바알과 아세라가 부부관계를 해야 비가 온다고 생각했다. 그래서 두 신이 부부관계를 잘 하도록 지상에 바알과 아세라 신당을 만들어 놓고 남녀가 음란한 짓을 했다. 여기에 자극을 받은 바알과 아세라 신이 부부관계를 하여 적절하게 비를 내려 준다는 잘못된 신관을 가지고 있었다.

이것이 그 당시 가나안에 두루 퍼진 음란한 문화였다. 이것 때문에 하나님은 가나안에 입성하는 이스라엘 백성에게 가나안의 일곱 족속을 모두 쫓아내라고 했다. 그러나 이스라엘은 가나안 족속들에게 농사짓는 법을 배우다 보니 그들을 쫓아내지 않고, 오히려 바알과 아세라를 섬겼다. 이런 우상들이 단절되지 않고 아합이 통치할 때까지 이어져 왔던 것이다.

3. 그릿 시냇가에 숨고(2-7절)

말씀을 가진 엘리야가 사라지면(2-3절): 아합왕은 하나님의 말씀을 버렸고 엘리야는 그 말씀을 순종했다. 하나님은 말씀을 가진 엘리야가 숨어 버리면 이스라엘에 비와 이슬이 내리지 않는 것을 보여 주시기 위해 하나님은 엘리야에게 요단 앞 그릿 시냇가로 숨으라고 하셨다(3절).

그릿(רכית, 분리 단절) 시냇가는 요단 동편 여리고 근처에 있는 시내 혹은 골짜기이다. 엘리야가 그릿 시냇가로 간 것은 하나님의 말씀이 이스라엘에서 단절된다는 뜻이다. 하나님의 말씀은 곧 생명이다. 그래서 하나님의 말씀이 단절된 이스라엘은 3년 6개월 동안 비와 이슬이 내리지 않아서 모든 것이 죽어 가는 죽음의 땅이 될 것이다.

신명기 11:16-17은 이스라엘이 우상을 섬길 때 임할 저주를 이렇게 선포했다. "¹⁶ 너희는 스스로 삼가라 두렵건대 마음에 미혹하여 돌이켜 다른 신들을 섬기며 그것에게 절하므로 ¹⁷ 여호와께서 너희에게 진노하사 하늘을 닫아 비를 내리지 아니하여 땅이 소산을 내지 않게 하시므로 너희가 여호와께서 주신 아름다운 땅에서 속히 멸망할까 하노라"(신 11:16-17).

말씀을 가진 엘리야가 이스라엘을 떠나면 3년 6개월 동안의 가뭄으로 죽음의 땅이 될 것이다. 그러나 하나님의 말씀을 가진 엘리야가 다시 나타나면 하늘에서 비와 이슬이 내려 죽어 가는 것들이 되살아날 것이다. 지금도 하나님은 말씀을 통해 우리의 영육을 회복시키신다(왕상 18:1 참조).

왜 많은 새 중에서 까마귀일까?(4-7절; 레 11:39): "… 까마귀들이 아침에도 떡과 고기를, 저녁에도 떡과 고기를 가져왔고 그가 시냇물을 마셨으나 7 땅에 비가 내리지 아니하므로 얼마 후에 그 시내가 마르니라"(6-7절). 레위기 11장에는 이스라엘 백성들이 먹을 수 있는 정한 새와 먹지 말아야 할 부정한 새가 나온다. 그 부정한 새 중에 까마귀가 포함된다. 까마귀는 시체를 먹고사는 가증한 새로 이스라엘 백성이 접촉만 해도 부정한 것으로 여겼다. "너희가 먹을 만한 짐승이 죽은 때에 그 주검을 만지는 자는 저녁까지 부정할 것이며"(레 11:39).

하나님께서 부정한 까마귀를 통해 엘리야에게 먹을 것을 공급하신 이유가 무엇인가? 하나님의 형상대로 지음을 받고, 하나님 언약의 백성이었던 아합과 이스라엘이 하나님의 말씀을 버림으로 이스라엘에 가뭄이라는 저주가 임했다. 그러나 하나님이 평소 부정하게 여기셨던 까마귀도 하나님의 말씀에 순종하니까 쓰임을 받는다는 것을 보여 주기 위해서이다. 까마귀의 출현은 하나님의 말씀을 버린 아합과 이스라엘에 대한 심판의 메시지이다. 동시에 누구든지 하나님의 말씀에 순종하는 사람은 주의 일에 귀하게 쓰임 받을 수 있다는 것을 보여 준다.

지금도 제2의, 제3의 까마귀가 있다: 필자는 교회를 개척하지 않았다. 그러나 모든 것이 개척교회처럼 열악한 교회에 담임으로 부임하다 보니 교회를 개척한 것이나 다름이 없었다. 이것 때문에 교회 개척이 얼마나 힘든지를, 그리고 개척교회 목회자 가족들의 애환을 누구보다도 잘 안다. 수중에 생활비가 다 떨어졌을 때 어느 누가 현금 5만 원을 주면 50만 원을 받은 것처럼 기뻐했다. 그래서 가끔 개척교회를 하는 후배들에게 "엘리야 시대에 하나님께서 까마귀를 통해서 역사하셨다면 우리는 부산 사람이니까 하나님께서 부산갈매기를 통해 역사하실 것이다"라는 말을 자주 했다. 지금도 하나님은 제2의 까마귀, 제3의 까마귀를 통해, 힘든 교회와 어려운 성도를 돕고 계신다. 동시에 가끔씩 하나님이 나를 제2의 까마귀로 사용하시고, 어떤 때는 제2의 까마귀로부터 도움을 받게 하신다.

작년부터 개척교회를 하는 후배가 어려움을 호소하여 우리 교회에서 같이 금요기도회를 하면서 기도했다. 이렇게 기도했더니 올해 5월 말에 개척 설립 예배를 드렸는데, 준비할 것이 너무 많았다. 교회 앰프가 필요하다고 해서, 우리 교회에서 사용했던 앰프를 주었더니, 타 교회 앰프 전문가가 수리하여 새 앰프를 산 것이나 다름없었다. 또 설립 예배 때 성도들이 앉을 의자가 부족하다고 해서 우리 교회 식당에서 의자 서른 개를 갖다 주었다.

또 그날 많은 경비가 들어갈 것을 예상하여 우리 교회가 후원하는 돈을 미리 주었다. 나 외에도 많은 성도가 설립 예배를 드릴 수 있도록 도왔다. 설립 예배 때 후배는 "처음 시작할 때는 너무 막막했는데, 주변에 계신 분들이 도와주셔서 모든 것이 순조롭게 풀렸습니다. 하나님의 은혜에 감사합니다"라는 말과 함께 감사의 눈물을 흘렸다. 지금도 하나님은 힘든 나를 돕기 위해 제2의, 제3의 까마귀를 보내신다. 그 하나님을 믿고 힘써 구하도록 하자.

■ 되새김 >>>

1. 엘리야는 하나님의 말씀을 버리는 시대에 말씀대로 살기 위해 하나님의 말씀을 붙잡았다.
2. 아합이 하나님의 말씀을 버리자 말씀이 사라진 이스라엘에 3년 6개월 동안 가뭄이 들었다.
3. 하나님께서 오늘날도 제2의, 제3의 까마귀를 통해 힘든 성도를 돕고 계신다.

26

엘리야와 사르밧 과부(왕상 17:8-24)

■ 핵심 내용

여인이 엘리야에게 이르되 내가 이제야 당신은 하나님의 사람이시요 당신의 입에 있는 여호와의 말씀이 진실한 줄 아노라 하니라(24절).

■ 장소: 그릿 시냇가 → 시돈의 사르밧
■ 인물: 엘리야, 사르밧 과부 아합, 아사(남왕국)

1. 자살하러 가다가 만난 천사

　서울 하나로교회 유정옥 사모님은 '소중한 사람들'이란 법인을 통해 노숙자들에게 숙소와 음식을 제공하고 있다. 30년 전 남편의 사업 실패로 심한 탈진과 빚쟁이들에게 시달렸다. 설상가상으로 남편과 시댁의 핍박으로 신앙생활 하는 것이 힘들어지자 자살하려고 어느 택시를 탔다. 기사에게 "요금을 두배로 주겠다고 하면서 청평 댐으로 가 달라"고 했다. 한참 청평을 향해 달리던 기사가 이렇게 말했다. "사모님, 창평댐에 자살하러 가시는 거죠. 이 근처에 기도원이 있는데 지금 오후 예배를 드리고 있을 겁니다. 그곳에서 예배드리고 나서 죽으면 어떨까요?"

유 사모는 자살하려는 것이 발각되어 화가 났으나 아무런 대꾸도 못 했다. 무언가에 이끌리듯 기도원 예배실로 갔다. 목사가 열정적으로 설교했으나 귀에 들어오지 않았다. 눈을 뜨고 멍하니 한 곳을 응시하고 있었는데 어떤 사람이 맨발로 서 있는 것이 보였다. 얼굴은 보이지 않았으나 등이 수많은 채찍에 맞아 찢어지고 검붉은 피가 엉겨 붙어 있었다. 그것을 차마 볼 수 없어서 본인도 모르게 "주님, 왜요? 왜 그렇게 맞으셨나요?"라고 외쳤으나 아무런 응답이 없었다. 예수님이 자신의 죄 때문에 채찍을 맞았다는 생각에 이런 고백을 했다. "주님, 잘못했어요. 다시는 힘들다 하지 않겠어요. 다시는 죽고 싶다고 말하지 않을게요. 주님이 저를 죄에서 구원하여 주신 은혜를 잊지 않을게요."

목이 쉬고 땀과 눈물이 뒤범벅되었으나 예수 그리스도를 새롭게 만났다. 택시 기사에게 기도원에 데려다주어 감사하다는 인사를 하기 위해 밖으로 나갔다. 사모님을 본 택시 기사는 환한 미소로 손을 흔들면서 요금도 받지 않고 가버렸다. 그 택시 기사의 이름과 차 번호는 모른다. 그러나 그날 주님께서 자신을 살리기 위해 보내 주신 천사였다는 것만 기억난다고 했다.[1]

하나님이 정금처럼 사용하셨던 사람들에게 있어서 한 가지 공통점이 있다. 그것은 극심한 고난을 통해 하나님을 새롭게 만났다는 것이다. 본문에 나오는 사르밧 과부도 그 체험자 중의 하나였다.

---

[1] https://cafe.daum.net/koreaholynews/i9Ld/270?q=%EC%9C%A0%EC%A0%95%EC%98%A5%20%EC%82%AC%EB%AA%A8%20%EA%B0%84%EC%A6%9D&re=1

2. 사르밧 과부에게로 가라(8-16절)

시돈은 바알 숭배의 본산지(8-9절): 하나님이 엘리야에게 그릿 시냇가를 떠나 시돈(צִידוֹן, Sidon, 낚시하다, 물고기가 풍부한 데서 유래)의 사르밧으로 가라고 하셨다(8절). 시돈은 고대 페니키아의 번창했던 상업 도시로 두로와 함께 지중해 연안에서 가장 큰 항구 도시였다.

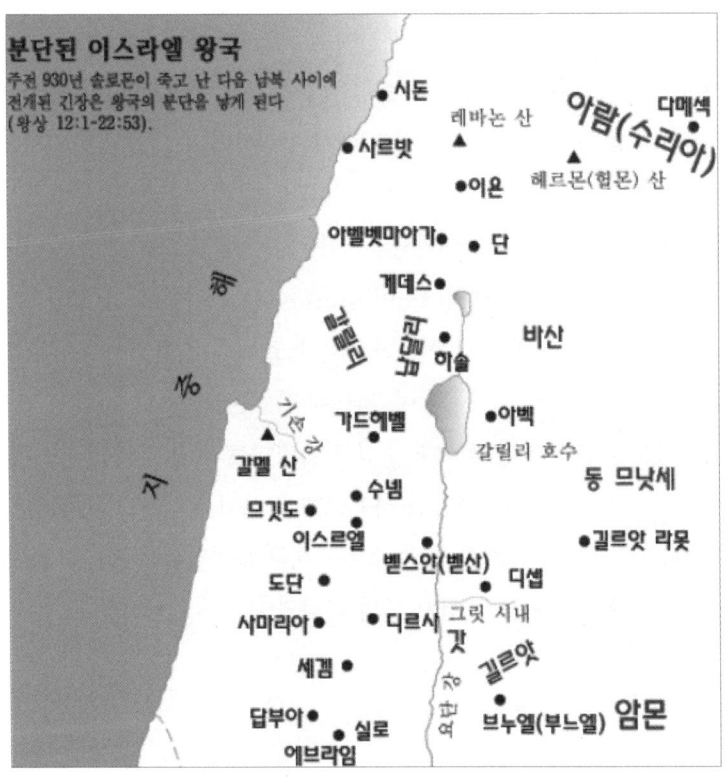

그림 12 엘리야가 시돈 땅 사르밧으로 가다

사르밧(צָרְפַת, Zarephatha, 정련소, 연단, 단련시키다)은 그릿 시냇가에서 약 160 킬로미터 떨어졌고, 두로와 시돈 사이에 있는 지중해 연안의 작은 마을이다.

신약 시대의 지명은 '사렙다'로(눅 4:26), 이스라엘에 바알 숭배를 공식적으로 끌어들였던 이세벨의 출생지이다. 아합과 이세벨이 엘리야를 찾기 위해 혈안일 때 하나님은 엘리야를 바알 숭배의 본산지에 숨도록 하셨다.

사르밧으로 보낸 이유: 하나님이 엘리야를 사르밧으로 보낸 이유를 세 가지로 정리할 수 있다.

첫째, 시돈의 신인 바알과 아세라가 결코 비를 내리게 하지 못한다는 것을 보여 주기 위해서이다. 사르밧은 시돈에서 13킬로미터밖에 떨어져 있지 않았기 때문에 바알 숭배지의 본산지라 해도 과언이 아니다. 엘리야가 아합 왕에게 비와 이슬이 내리지 않겠다고 선포했는데 그 영향이 사르밧까지 미쳤다. 사르밧은 이스라엘 못지않게 가뭄에 시달렸다. 바알 숭배자들이 비를 내려 달라고 수없이 빌었으나, 바알의 응답이 없었다. 왜? 그는 죽은 신이요, 사람이 만든 우상이기 때문이다.

둘째, 하나님은 바알 숭배의 본산지에서 하나님을 믿고 있던 사르밧 과부에게 먹을 것을 공급해 주시기 위해서이다. 그때 과부는 마지막 남은 밀가루로 빵을 만들어 먹고 아들과 함께 굶어 죽으려고 했다(12절).

가뭄이 장기간 지속하면 농사를 지을 수가 없어서 먹을 것이 부족하다. 과부와 고아는 먹을 것을 구할 수가 없어서 굶주리는 것이 다반사였다. 하나님은 우상 숭배의 본산지에서 하나님을 믿는 사르밧 과부를 살리기 위해 엘리야를 보내셨다. 엘리야는 하나님이 부잣집이 아닌 과부에게 가라고 해서 크게 실망했을 것이다. 그러나 하나님은 과부를 통해서도 얼마든지 먹을 것을 공급해 주시는 것을 믿었기에 하나님의 말씀에 순종했다.

하나님은 부자가 아닌 평범한 사람을 통해 어려운 사람을 돕게 하신다. 나에게 도움을 주었던 사람 중에 부자보다 평범한 사람들이 더 많았을 것이다. 하

하나님은 이런 사람을 통해 교회를 세우시고, 불우한 이웃을 돕게 하신다. 그러니 나의 능력을 과소평가하지 말고 다른 사람을 도울 수 있을 때까지 힘껏 돕자.

셋째, 하나님은 사르밧 과부처럼 어려운 일을 만났거나, 고통 중에 있는 성도를 결코, 외면하지 않으시는 것을 보여 주시기 위해서이다. 엘리야는 사르밧 과부에게 자신에게 빵을 만들어 주면 사르밧에 비가 내리는 날까지 그녀의 집에 밀가루와 올리브 기름이 떨어지지 않을 것이라고 했다. 보통 사람 같으면 엘리야의 말을 믿지 않았을 것이다. 그러나 과부는 순종했고 그 결과 "여호와께서 엘리야를 통하여 하신 말씀같이 통의 가루가 떨어지지 않고, 올리브 기름병에 기름이 없어지지 않았다"(16절).

이것은 하나님의 선민이라고 자부했던 이스라엘 백성과 아합이 하나님의 말씀을 버림으로 저주를 받아 가뭄에 시달렸다. 그러나 구원 밖에 있었던 이방 여인이 하나님의 말씀을 가진 엘리야에게 순종하자 하나님이 그녀에게 먹을 것을 공급해 주셨다. 이것은 시대를 떠나 누구든지 하나님의 말씀을 버리면 저주를 받고, 말씀에 순종하면 은혜와 복을 받는다는 것을 보여 준다. 그래서 예수님은 유대인들이 자신을 거부하는 것을 사르밧 과부의 예를 들어 말씀하셨다. "²⁵ 내가 참으로 너희에게 이르노니 엘리야 시대에 하늘이 삼 년 육 개월간 닫히어 온 땅에 큰 흉년이 들었을 때에 이스라엘에 많은 과부가 있었으되 ²⁶ 엘리야가 그 중 한 사람에게도 보내심을 받지 않고 오직 시돈 땅에 있는 사렙다의 한 과부에게 뿐이었으며"(눅 4:25-26).

하나님은 지금도 나를 통해 어려운 사람을 돕게 하신다. 동시에 내가 어려울 때 사르밧 과부처럼 도움을 받게 하신다. 그러니 어떤 환경, 어떤 위기와 상황 속에서도 하나님을 신실하게 믿자. 그 신실한 믿음이 하나님이 궁핍함을 채워 주시는 것을 체험할 것이다.

3. 죽은 사르밧 과부의 아들을 살리다(17-24절)

과부의 아들이 죽다(17-18절): 하나님께서 과부에게 엘리야를 통해 먹을 것을 공급해 주신 것은 성도들이 하나님의 은혜를 받고 '할렐루야!'로 찬송하는 것과 같다. 그런데 과부의 아들이 갑자기 중한 병에 걸려 죽었기에 그 슬픔과 충격이 컸다. 이것은 할렐루야 찬송 뒤에 오는 시험, 즉 죽음의 그림자가 찾아온 것이다. 누구든지 기적을 체험했으면 곧 위기가 찾아온다. 최정상에 서면 산 아래로 내려가는 일만 남은 것처럼 인생사(人生史)는 '화(禍)와 복(福)'이 교차하여 일어난다.

아들의 죽음 앞에 과부가 한 일(17-18절): 사르밧 과부는 엘리야를 원망하면서 "여인이 엘리야에게 이르되 하나님의 사람이여 당신이 나와 더불어 무슨 상관이 있기로 내 죄를 생각나게 하고 또 내 아들을 죽게 하려고 내게 오셨나이까"(18절)라고 말했다. 이것을 통해 과부의 믿음이 그렇게 성숙하지 못한 것을 알 수 있다. 좋은 일이 있을 때는 하나님을 찬양하고 힘들면 하나님을 원망하는 전형적인 기복 신앙이었다.

엘리야가 과부의 아들을 살리다(19-24절): 엘리야는 과부의 원망에 대꾸를 하지 않고, 아이를 살리기 위해 여호와께 부르짖었다. "[20] 여호와께 부르짖어 이르되 내 하나님 여호와여 주께서 또 내가 우거하는 집 과부에게 재앙을 내리사 그 아들이 죽게 하셨나이까 하고 [21] 그 아이 위에 몸을 세 번 펴서 엎드리고 여호와께 부르짖어 이르되 내 하나님 여호와여 원하건대 이 아이의 혼으로 그의 몸에 돌아오게 하옵소서 하니"(20-21절). 여호와께서 엘리야의 기도를 들으시고, 아이의 혼이 몸으로 돌아오게 하셨다(22절). 그 때 과부는 이런 고백을 했다. "여인이 엘리야에게 이르되 내가 이제야 당신은 하나님의 사람이시요 당신의 입에 있는 여호와의 말씀이 진실한 줄 아노라 하니라"(24절).

고통이 주는 은총: "고난 당한 것이 내게 유익이라 이로 말미암아 내가 주의 율례들을 배우게 되었나이다"(시 119:71)라고 했다. 고난 자체를 좋아하는 사람은 한 사람도 없다. 어느 날 예고도 없이 찾아온 고난이 내 삶과 가족들의 삶까지 송두리째 흔들어 버린다. 그러니 고난을 피하려고 하는 것이다. 그런데 이런 고난이 내 인생을 역전시켜 오히려 풍성하게 한다. 이것 때문에 어떤 분은 "고난은 위장된 하나님의 복"이라고 했다.

사르밧 과부는 죽은 아들이 다시 살아나는 것을 통해, 엘리야가 진정으로 하나님의 사람이요, 엘리야의 입술에서 나오는 말이 하나님의 말씀인 것을 알았다. 그 하나님이 자신의 생사화복을 주관하시는 참하나님으로 시돈의 신인 바알과 아세라와는 차원이 다른 신인 것을 알게 되었다. 욥처럼 귀로 듣는 신앙에서 눈으로 주를 보는 신앙을 갖게 된 것이다(욥 42:5).

■ 되새김 >>>

1. 고난은 하나님을 더욱 깊이 만나게 하여 하나님에 대한 믿음의 고백을 하게 한다.
2. 하나님이 엘리야를 사르밧 과부에게 보낸 것은 하나님을 믿는 그녀를 버리지 않으신다는 것을 보여 준다.
3. 하나님은 믿음의 성숙을 위해 채찍이라는 시험과 당근이라는 복을 적절하게 사용하신다.

27

여호와를 경외했던 오바댜(왕상 18:1-15)

■ 핵심 내용

이세벨이 여호와의 선지자들을 멸할 때에 오바댜가 선지자 백 명을 가지고 오십 명씩 굴에 숨기고 떡과 물을 먹였더라(4절).

■ 장소: 사르밧 → 이스라엘의 사마리아
■ 인물: 오바댜, 엘리야, 아합 여호사밧(남왕국)

1. 숨은 일꾼을 예비하는 하나님

사도 바울은 구원의 대서사시인 로마서를 마감하면서 16장에서 자신의 선교 여정을 도왔던 서른세 명의 동역자에게 문안 인사를 했다. 서른세 명의 동역자 중에 스물네 명은 로마 교회 성도이고 나머지 아홉 명은 고린도 교회 성도이다. 그중에는 남자도 있었고, 여자의 이름이 아홉 명이나 등장하는 것으로 보아 여자도 있었다. 젊은이가 있었는가 하면 나이 많은 사람과 독신자가 있었다. 그리고 부부의 이름이 나오는 것으로 보아 부부도 있었다. 또 신분이 높은 귀족과 사업가와 공무원 그리고 노예와 많이 배운 사람과 그렇지 못한 사람이 있었다. 그런데 이들은 한결같은 교회의 소중한 일꾼들이었다.

바울은 이들에게 아주 재미있는 별명 하나씩을 붙였는데, "뵈뵈를 가리켜, 나의 보호자, 브리스가와 아굴라는 나의 동역자, 에베네도는 아시아에서 처음 익은 열매, 그 외 사람에게는 나와 함께 갇힌 자, 내 사랑하는 자, 주 안에서 많이 수고한 자"라고 했다. 이 별명들은 그들이 어떻게 주님의 몸된 교회를 섬겼는가를 보여 준다.

오늘날 교회 안에도 충성스러운 일꾼들이 많다. 어떤 분은 몸으로 봉사하고, 어떤 분은 지식으로, 혹은 찬양과 물질로 봉사한다. 또 교회 재정을 관리하고 차량 운행과 교사로, 혹은 구역장과 기관장으로 봉사하고 있다. 다들 열심히 봉사하다 보면 본인도 모르는 사이에 별명이 하나씩 붙는다. 어떤 분은 참 경건했던 분, 뜨겁게 기도했던 분, 성도를 뜨겁게 사랑했던 분, 말씀대로 살았던 분, 우리 교회 전도 왕, 바나바와 같이 어려운 사람을 많이 도왔던 분이다. 이들은 담임목사처럼 일선에 나서지는 않으나 담임목사 이상으로 교회 일을 많이 했던 숨은 일꾼들이었다.

열왕기상 18장은 아합의 우상 숭배로 혼탁했던 시대에 하나님을 위해 일을 했던 오바댜를 소개하고 있다. 그는 엘리야처럼 일선에 나서지는 않았으나, 엘리야 이상으로 큰 일을 했다.

2. 오바댜는 어떤 사람인가?(1-15절)

엘리야가 이스라엘로 돌아오다(1절): '여호와는 하나님이시다'라는 뜻을 가진 엘리야는 하나님의 말씀을 가진 사람이다. 엘리야가 이스라엘을 떠나자 3년 6개월 동안 비와 이슬이 내리지 않았다(1절). 때가 되자 하나님은 엘리야에게 이스라엘로 가서 아합을 만나라고 했다. 그러면 지면에 비를 내려 주신다고 했다. 말씀의 사람 엘리야가 떠나면 비가 오지 않고, 돌아오면 비가 오는 것은 하나님의 말씀을 가진 자가 세상을 움직이는 것을 보여 준다.

고대에는 천재나 홍수 그리고 가뭄은 왕의 부덕으로 발생했다고 생각했다. 장기간의 가뭄으로 이스라엘의 민심이 흉흉하자 위기를 느낀 아합은 오바댜와 함께 물의 근원을 찾기 위해 여러 곳을 다녔다(5절). 이쯤 되면 아합이 바알 숭배를 포기하고 하나님께로 돌아와야 하는데 여전히 회개하지 않았다. 그가 사악한 왕인 것은 그의 잘못된 종교 정책으로 이스라엘이 죽음의 땅이 되었는데도, 기아에 시달리는 백성들을 생각하지 않고 그가 돌보는 짐승을 살리는 것을 우선으로 둔 것이다. "아합이 오바댜에게 이르되 이 땅의 모든 물 근원과 모든 내로 가자 혹시 풀을 얻으리라 그리하면 말과 노새를 살리리니 짐승을 다 잃지 않게 되리라 하고"(5절).

하나님이 아합을 왕으로 세운 것은 하나님의 대리자로 백성들을 사랑하고, 백성들이 하나님 말씀대로 살도록 환경을 조성하기 위함이다. 그런데 아합은 이런 왕의 직분을 망각하고 자신의 안일(安逸)만 생각하는 독재자였다.

북한의 김정은이 집권한 후 53번의 핵 실험과 미사일을 쏘았다. 이것으로 약 4조 원의 돈이 허비되었다고 한다. 그 돈이면 북한 주민들이 먹을 수 있는 식량을 충분히 공급할 수 있는데도 김정은은 식량 공급보다 무기 개발을 우선으로 했다. 북한 주민들은 기아에 굶주려 목숨을 걸고 탈출을 하는데, 김씨 일가는 각종 고급 외국제를 사용하면서 호화롭게 살고 있다.

작년 11월에 쿠바 북한대사관 참사로 있다가 귀순한 라일규 씨는 북한 외교관은 "김정은 일가를 위해 외화벌이를 하는 넥타이를 맨 꽃제비"라고 했다. 그가 「문화일보」와의 인터뷰에서 문재인 정권 때 "대한민국에 귀순하여 온 탈북자들이 그렇게 북한에 가지 않겠다고 몸부림을 치는데도, 그들을 남북군사 분계선까지 데리고 가서 북으로 가라고 밀어내는 장면을 보면서 가슴이 아팠다"고 했다. 그는 문재인 씨가 "북한에 의해 철저히 속았다"고 했다.[1]

하나님을 경외하는 사람 오바댜(2-15절): '오바댜'(עֹבַדְיָה, Obadiah)는 '여호와를 섬기다'라는 뜻이다. 오바댜의 히브리어 어원은 아바드(עָבַד, serve, 섬기다)에서 유래되었다. 그래서 오바댜는 구약에서 자주 등장하는 이름이다(대상 3:21; 7:3; 8:38; 9:16; 대하 17:7; 34:12; 스 8:9). 본문에 나오는 오바댜 외에 오바댜서를 쓴 오바댜 선지자는 '에돔의 멸망에 관해 예언'했다.

오바댜 때의 영적 분위기(13절): 13절은 오바댜 때의 영적 분위기를 이렇게 말한다. 이세벨이 여호와의 선지자들을 죽일 때에 이런 분위기이다 보니 당연히 아합과 이세벨은 엘리야를 죽이려고 했다. 그래서 아합이 오바댜가 엘리야를 만난 것을 알면 오바댜 자신을 죽일 것을 염려하여 "이르되 내가 무슨 죄를 범하였기에 당신이 당신의 종을 아합의 손에 넘겨 죽이게 하려 하시나이까"(9절)라고 말했다.

아합과 이세벨은 바알과 아세라를 이스라엘 국교로 삼기 위해 하나님을 섬기는 선지자들을 죽였다. 아합이 통치하는 시대는 영적으로 암울해서, 마치 북한의 지하교회처럼 숨어서 예수님을 찾는 것과 같다. 북한 지하교회 성도들은 북한 당국에 예수 믿는 것이 발각되면 즉시 죽임을 당하거나 강제노동소로 끌려갔다. 그런데도 믿음을 포기하지 않고 주님을 섬기고 있으니 정말 살아 있는 믿음을 소유한 것이다.

---

1 「문화일보」 2024. 7. 25에서 인용.

오바댜는 하나님도 잘 섬겼고, 아합도 잘 섬겼다(3, 12절): 오바댜는 아합이 수많은 하나님의 선지자를 죽일 때, 아합의 왕궁 살림(his palace administrator)을 맡아 관리하고 있었다. 이스라엘의 기근으로 식량이 부족해지자 아합은 애굽에서 식량을 수입했다. 오바댜는 식량을 수입하고, 식량을 분배하는 책임자였다. 오바댜는 하나님을 잘 섬겼으나 우상 숭배자 아합이 오바댜를 믿고 모든 것을 맡길 정도였던 것을 보면 그가 사람도 잘 섬겼음을 보여 준다.

오늘날 같으면 성도들이 교회도 잘 섬기면서, 직장에서 성실하게 일을 하여 불신 사장이 모든 것을 믿고 맡길 정도가 된 것이다. 서로 생각하는 가치관과 종교가 같으면 그만큼 대화하기가 쉽지만, 서로 극과 극이 다른 신을 섬겼기 때문에 아합과 대화가 쉽지 않았다. 그런데도 오바댜는 우상 숭배자 왕 곁에 있으면서도 시대의 조류와 타협하지 않았던 그의 신앙을 본받아야 한다.

오바댜가 한 일(4절): "이세벨이 여호와의 선지자들을 멸할 때에"(4절) "이세벨이 여호와의 선지자를 죽일 때에"(11절). 오바댜는 하나님을 가장 배척하는 시대에 살고 있었다. 그러나 그는 목숨을 걸고 주의 종들을 살리는 데 최선을 다했다. "선지자 백 명을 오십 명씩 굴에 숨기고 떡과 물을 먹을 것을 공급했다"(13절). 이것은 오바댜 혼자 한 것이 아니다. 그와 같이 하나님을 섬기면서 도와주는 사람들이 있었기 때문에 가능했다. 그들은 엘리야처럼 일선에 나서지는 않았으나 자신들의 사명을 묵묵히 감당하고 있었다. 하나님은 시대마다 이런 성도들을 예비해 두시고, 하나님의 구원 역사, 즉 성령의 역사가 계속 이어 가게 하신다.

하나님은 아주 기이한 방법으로 일을 하신다: 오바댜가 아합의 양식을 가지고 하나님의 선지자 백 명을 먹인 것은 애굽 왕 바로가 그의 궁전에서 모세를 먹이고 양육한 것과 같다고 할 수 있다(출 2장). 애굽 왕 바로는 이스라엘 민족을 말살하기 위해 남자아이가 태어나면 무조건 죽이라고 했다. 갓 태어난 남자아이들이 죽어 가는 와중에도 하나님은 나일강에 있는 모세를 바로의 공주가 발견하여 그녀의 양아들이 되도록 역사하셨다. 그때부터 모세는 어머니의 젖을 먹으면서 그가 이스라엘 사람인 것과 하나님의 언약 백성이라는 정체성을 배웠다.

애굽 왕 바로는 장차 자신을 대항하여 싸울 이스라엘 지도자 모세를 그의 궁전에서 그의 돈과 양식, 그리고 각종 교육 시설로 지도자 수업을 받게 했다. 나중에 모세가 바로를 물리치고 이스라엘 백성들을 구출했으니 하나님이 하시는 일은 사람의 상상을 뛰어넘는다는 것을 보여 준다.

3. 오바댜가 선지자들을 숨겨둔 이유(3, 12절)

여호와를 지극히 경외했기 때문이다: "이 오바댜는 여호와를 지극히 경외하는 자라"(Obadiah was a devout believer in the Lord, 3절). "당신의 종은 어려서부터 여호와를 경외하는 자라"(12절). 여기 '경외'(蓉畎)는 '두려워하다, 존경하다'라는 뜻이다. 오바댜는 오늘날 모태 신앙자처럼 어렸을 때부터 하나님을 섬겼다.

전쟁이 나면 전쟁터에서 싸우는 군인과 후방에서 군인들이 싸울 수 있는 물자를 공급하는 사람 모두가 중요하다. 엘리야는 아합과 대면하여 싸우는 전사라면 오바댜는 배후에서 엘리야의 사역을 돕는 전사였다. 그 시대는 엘리야와 오바댜 모두 핍박을 받았다. 특히 오바댜는 아합이 엘리야에 대한 반감이 너무 커서 그가 엘리야를 만난 것을 알면 자기를 죽일 것이라고 했다(10절). 오바댜는 아합의 친바알 정책을 온전히 따라갔으면 돈과 출세가 보장되었다. 그러나 그는 아합 궁전에 있는 금은보화와 권력을 본 것이 아니라, 살아 계신 하나님을 만났고, 하나님의 나라를 위해서 살았다. 여기에 대해 히브리서 11:6 말씀이다. "믿음이 없이는 하나님을 기쁘시게 하지 못하나니 하나님께 나아가는 자는 반드시 그가 계신 것과 또한 그가 자기를 찾는 자들에게 상 주시는 이심을 믿어야 할지니라"(히 11:6).

오바댜가 바알 문명과 타협을 하지 않았던 것처럼 오늘날 우리는 교회 안으로 여과없이 침투하는 세속 문화와 싸워야 한다.

■ 되새김 >>>

1. 오바댜는 아합의 식량으로 하나님의 선지자 백 명을 숨겨 놓고 먹을 것을 제공했다.
2. 오바댜가 여호와를 경외했기 때문에 목숨 걸고 하나님의 선지자 백 명을 먹였다.
3. 하나님은 주의 복음이 전해지는 곳마다 오바댜와 같은 숨은 일꾼을 예비해 두셨다.

28

여호와와 바알 중에 누가 참신인가?(왕상 18:16-29)

■ 핵심 내용

그들이 받은 송아지를 가져다가 잡고 아침부터 낮까지 바알의 이름을 불러 이르되 바알이여 우리에게 응답하소서 하나 아무 소리도 없고 아무 응답하는 자도 없으므로 그들이 그 쌓은 제단 주위에서 뛰놀더라(26절).

■ 장소: 사마리아 → 갈멜산
■ 인물: 아합, 엘리야, 바알과 아세라 선지자, 백성들

1. 차마 하나님이 없다고 말하기 전에

미국 최초의 선교사였던 아도니람 저드슨(Adoniram Judson)은 브라운대학교를 3년 만에 수석으로 졸업했던 수재였다. 그러나 무신론 친구 제이콥 애임스의 꾐에 빠져 어릴 때부터 소중하게 간직했던 신앙을 저버렸다. 저드슨은 한때 유랑 극단에 들어가 방랑자처럼 생활하다가 뭔가 마음에 다가오는 괴로움을 견디다 못해 여행을 하게 되었다. 어느 여인숙에서 하룻밤을 묵게 되었는데 옆방에서 어떤 사람이 죽어 가고 있었다. 저드슨은

밤새도록 죽어 가는 남자의 끔찍한 앓는 소리를 들으면서 "만일 성경이 옳다면, 저 죽어 가는 남자가 천국이나 지옥에 가게 될 것인데, 과연 어디로 가게 될까?" 하고 질문했다.

다음 날 아침에 저드슨은 밤에 죽어 가는 사람이 그의 믿음을 송두리째 앗아 갔던 무신론자 친구 제이콥 애임스였다는 것을 알고 큰 충격을 받았다. 이것을 계기로 저드슨은 삶의 방향을 바꾸기로 결심하고 앤도버신학교에 입학했다. 곧 예수 그리스도를 구주로 영접한 후 주님을 위해 생을 바치기로 결심하고 버마(미얀마) 선교사로 갔다. 저드슨은 버마어를 배워 버마어 사전을 만든 후 신구약 성경 전체를 번역했다. 처음 버마로 갔을 때 그 지역에 단 한 명의 그리스도인도 없었으나 지금은 백오십만 명의 성도가 모이는 곳으로 변화되었다. 하나님은 저드슨을 변화시켜 사람이 상상하지도 못하는 큰 일을 행하셨다.[1]

창조주 하나님을 얄팍한 인간의 지식으로 부인하는 것은 참으로 어리석은 것이다. 그래서 엘리야는 갈멜산에서 아합과 이스라엘 백성들에게 '하나님이 참신인가 바알이 참신인가를 두고' 대결을 벌여 참신이 결정되면 그 신을 확실히 믿으라고 했다.

2. 하나님과 바알 중에 누가 참신인가?(16-24절)

누구에게 가뭄에 대한 책임이 있는가(16-20절): 아합왕이 3년 6개월 만에 엘리야를 만났을 때 처음으로 이런 말을 했다. "이스라엘을 괴롭게 하는 자여 너냐"(Is that you, you troubler of Israel?, 17절). 아합의 태도는 전형적으로 자

---

1 라원기, 『기독교를 알아야 인생의 답이 보인다』 (예영커뮤니케이션. 2008), 44-45에서 인용.

신의 잘못을 타인에게 떠넘기려고 하는 타락한 인간의 모습이다. 아담이 선악과를 따 먹은 후 그 책임을 아내에게 전가했고, 하와는 그 책임을 뱀에게 전가했다. 아담의 후손들 모두 자신의 잘못을 인정하기보다, 잘못을 감추거나, 타인에게 전가하려고 한다.

엘리야는 이스라엘을 괴롭게 한 사람은 하나님을 버리고 바알을 섬겼던 아합이라고 했다(18절). 한편, "이스라엘을 괴롭게 하는 자"는 여호수아가 아간에게 했던 말이다. 아간은 여리고를 정복할 때 그 성안에 있는 물건을 손대지 말라는 하나님의 명령을 어김으로 이스라엘에 하나님 진노가 임했다. 하나님에 의해 아간의 죄가 밝혀졌을 때 여호수아는 아간에게 "네가 어찌하여 우리를 괴롭게 하였느냐 여호와께서 오늘 너를 괴롭게 하시리라"(수 7:25-26)라고 말했다.

엘리야도 아합의 범죄로 가뭄이 왔다는 것을 분명히 인식시켰다. 그 죄에 대한 책임을 공적으로 다루기 위해 아합에게 백성들과 바알 선지자를 갈멜산으로 소집할 것을 제안했다. "그런즉 사람을 보내 온 이스라엘과 이세벨의 상에서 먹는 바알의 선지자 사백오십 명과 아세라의 선지자 사백 명을 갈멜산으로 모아 내게로 나아오게 하소서"(19절).

왜 갈멜산인가?(19-20절): 갈멜(כַּרְמֶל, Karmel, 언덕, 밭, 공원)은 현재 하이파(Haifa) 항구 남쪽에 있다. 서북단은 지중해로 돌출한 갑(岬)을 이루고, 동남단은 사마리아 산지와 연결된다. 북쪽에는 악고 평야, 남쪽에는 샤론 평야를 사이에 두고 북쪽 기슭에는 기손강이 흐른다. 원래 이곳에 여호와의 제단이 있었으나 아합이 헐어 버리고 바알과 아세라를 섬기는 제단을 만들었다.

양다리를 걸치지 말라(21절): 엘리야는 갈멜산에 모인 백성들에게 "너희가 언제까지 양다리를 걸치려고 하느냐, 여호와와 바알 중에 누가 참하나님인가를 선택하라"(21절)고 했다. 그러나 백성들이 쉽게 선택을 못 하고 머뭇거렸다. 왜? 농사와 풍요를 주는 바알을 버리자니 두렵고 여호와를 버리자니 찝찝했기 때문이다. 불신자를 전도하면 자신이 믿는 종교를 버리면 우환질고가 올 것이 두려워 예수님을 믿지 않으려고 한다. 그 당시 갈멜산에 있었던 사람들은 하나님과 바알 사이를 왔다 갔다 하는 혼합 신앙을 가지고 있었다.

오늘날도 혼합주의 사상의 영향으로 예수님도 좋고, 부처도 좋아서 누구를 믿어도 구원을 받는다고 주장하는 사람들이 있다. 하나님은 이런 성도에게 예수님과 세상 중에서 어느 하나를 분명하게 선택할 것을 요구하신다.

원래 이스라엘은 아브라함의 후손으로 하나님 언약의 백성이다. 하나님은 이스라엘을 세상을 향한 제사장 나라가 되도록 하기 위해 부르셨고 출애굽하게 하셨다. "⁵ 세계가 다 내게 속하였나니 너희가 내 말을 잘 듣고 내 언약을 지키면 너희는 모든 민족 중에서 내 소유가 되겠고 ⁶ 너희가 내게 대하여 제사장 나라가 되며 거룩한 백성이 되리라 너는 이 말을 이스라엘 자손에게 전할지니라"(출 19:5-6).

이스라엘은 제사장 나라에 대한 특권 때문에 다른 민족보다 먼저 율법을 받았다. 여호수아가 가나안을 정복한 후 땅을 분배할 때 레위인을 열두 지파로 분산시켜 율법을 가르치게 했다. 그런데 레위인은 율법 교육을 소홀히 했고, 백성들이 율법을 배우는 것을 등한시했다. 그 결과 여로보암이 금송아지 우상을 세웠고, 하나님이 정한 절기를 마음대로 바꾸었다. 또 아무나 제사장으로 세워 금송아지 우상을 숭배하게 했다.

여로보암이 하나님의 말씀을 버린 결과 그의 장남이 죽고 각종 우환질고가 임하는 것을 보았다. 아합은 이런 이스라엘 역사를 알고 있었다. 그는 하나님의 말씀을 버리면 온갖 재앙이 온다는 것과 그 재앙으로 3년 6개월 동안 가뭄이 왔다는 것을 알았다. 그런데도 우상 숭배한 죄를 인정하지 않았고 회개하지도 않았다.

왜 불 대결을 제안했을까?(22-24절): 구약에서 '불'(אֵשׁ, fire)은 하나님이 임재를 상징하는 표시이다. 모세는 불타는 떨기나무에서 하나님을 만났고, 하나님이 불기둥으로 출애굽한 이스라엘 백성을 보호하셨다. 동시에 바알 숭배자들은 바알을 폭풍과 번개의 신으로 생각했다. 그래서 큰비가 내릴 때 천둥과 벼락이 치는 것은 바알이 하늘에서 불을 내려 준다고 생각한 것이다.

마지막으로 불은 하나님이 성도의 제사를 온전히 받으셨다는 표시였다. 번제단 위에 둔 제물을 불에 태워 드렸다. 이렇게 하나님과 바알을 섬기는 자들이 자신이 믿는 신이 불을 내려 준다고 생각했기에 엘리야는 어느 신이 불을 내려 주는지 확인하자고 했다. 양쪽의 번제단 위에 번제물을 올려놓고 자기가 믿는 신에게 불을 내려 달라고 요청하자고 했다.[2] "너희는 너희 신의 이름을 부르라 나는 여호와의 이름을 부르리니 이에 불로 응답하는 신 그가 하나님이니라 백성이 다 대답하되 그 말이 옳도다 하니라"(24절).

---

2 존 월튼 외 3인, 『IVP 성경배경주석: 신구약 합본』, 541에서 인용.

2. 숫자 많다고 불이 내려 오는 것이 아니다(25-28절)

1대 850명의 대결(19, 25절): 엘리야는 혼자서 바알과 아세라 선지자 팔백오십 명을 상대해야 했다. 아합과 그의 신하들, 또 바알과 아세라를 숭배하는 자들까지 합하면 엘리야 혼자 수천 명과 대결을 벌이는 것이다. 숫자적으로 절대로 불리했으나 엘리야는 말씀을 믿고 있었다. 이런 믿음을 사울의 아들 요나단이 가지고 있었기에 "여호와의 구원은 사람이 많고 적음에 달리지 아니하였느니라"(삼상 14:6)라고 말했다.

오늘날 우리는 사람의 숫자와 돈의 액수에 아주 민감하다. 다다익선(多多益善)으로 숫자와 금품이 많은 것을 좋아한다. 이것 모두 잘못된 것은 아니지만, 꼭 숫자와 액수가 적다고 주님의 일을 못하는 것은 아니다. 적은 것으로 얼마든지 충족케 하시는 하나님을 믿는다면 숫자와 액수에 관계없이 주님의 일을 할 수 있다.

바알 숭배자들의 외침(25-29절): 바알 숭배자들이 먼저 바알에게 불을 내려 달라고 요청하기 위해 다음과 같은 일을 했다.

① 돌로 번제단을 만들었다.
② 송아지를 잡아 그곳에 두었다.
③ 바알과 아세라 신의 이름을 부르면서 불을 내려 달라고 호소했다.
④ 아침부터 낮까지 바알의 이름을 불렀으나 응답이 없었다.
⑤ 엘리야가 그들을 조롱하면서 "큰 소리로 부르라 그는 신인즉 묵상하고 있는지 혹은 그가 잠깐 나갔는지 혹은 그가 길을 행하는지 혹은 그가 잠이 들어서 깨워야 할 것인지 하매"(27절).

⑥ 초조해진 바알 숭배자들은 칼과 창으로 몸에 상처를 내어 피가 흐르도록 한 후 저녁때까지 광란에 가까운 춤을 추었다. 그러나 결코 하늘에서 불이 내려오지 않았다. 왜? 바알과 아세라는 바로 가짜 신이었기 때문이다.

열왕기 저자는 정오까지 불이 내리지 않은 것을 26절에서 "아무 소리도 없고, 아무 응답하는 자도 없으므로", 저녁때까지 내리지 않은 것을 "아무 소리도 없고 응답하는 자나 돌아보는 자가 아무도 없더라"(29절)로 요약했다. 이것은 바알과 아세라는 인간이 만든 우상에 불과하다는 것이다.

시편 115:4-8은 그 우상에 대해 이렇게 말했다. "⁴ 그들의 우상들은 은과 금이요 사람이 손으로 만든 것이라 ⁵ 입이 있어도 말하지 못하며 눈이 있어도 보지 못하며 ⁶ 귀가 있어도 듣지 못하며 코가 있어도 냄새 맡지 못하며 ⁷ 손이 있어도 만지지 못하며 발이 있어도 걷지 못하며 목구멍이 있어도 작은 소리조차 내지 못하느니라 ⁸ 우상들을 만드는 자들과 그것을 의지하는 자들이 다 그와 같으리로다"(시 115:4-8).

이것 때문에 시편 기자는 "이스라엘아 여호와를 의지하라 그는 너희의 도움이시요 너희의 방패시로다"(9절)라고 말했다.

최근에 필자의 교회에 오랫동안 불교를 믿다가 주님을 인격적으로 만났던 한 여성도가 이런 말을 했다. 그동안 생명 없는 부처를 지극정성으로 섬긴 것이 억울해서 더 주님을 잘 믿겠다고 했다. 우리가 모두 매일 이런 결단을 한다면 더욱 주님을 잘 섬기지 않겠는가.

■ 되새김 >>>

1. 신이 없다고 말하기 전에 "정말 신이 살아 계실까?"라는 질문으로 하나님을 찾아야 한다.

2. 엘리야는 하나님이 그와 함께 계심을 믿었기에 1:850의 대결에도 위축되지 않았다.

3. 바알은 사람이 만든 우상이기에 아무리 불을 내려 달라고 외쳐도 하늘에서 불을 내리게 하지 못했다.

29

참신이신 하나님께로 돌아가자(왕상 18:30-40)

■ 핵심 내용

37 여호와여 내게 응답하옵소서 내게 응답하옵소서 이 백성에게 주 여호와는 하나님이신 것과 주는 그들의 마음을 되돌이키심을 알게 하옵소서 하매 38 이에 여호와의 불이 내려서 번제물과 나무와 돌과 흙을 태우고 또 도랑의 물을 핥은지라(37-38절).

■ 장소: 갈멜산
■ 인물: 남왕국 유다 제4대 여호사밧(B.C. 872-848년)

1. 원점으로 돌아가자

1980년대는 일본 반도체의 르네상스 시대라고 해도 과언이 아니다. 반도체를 만들어 놓으면 고가에 팔렸다. 그때 일본 구마모토현에 반도체 공장이 있었다. 이 공장의 반도체 불량률이 유독 다른 공장보다 많았다. 전 사원이 사활을 걸고 불량률을 줄이기 위해 생산 설비 전체를 점검했으나 매일 비슷한 양의 불량품이 나왔다. 어느 라인에서 불량품이 나오는지 알지 못해 모두가 답답해했다.

그러던 어느 날 교대 근무를 위해 출근하던 여공이 반도체 공장 근처에 있는 철로에서 화물열차가 지나가는 건널목에 서 있었다. 그날따라 유난히 긴 화물 차량이 지나가다 보니 평소에 느끼지 못했던 열차 진동이 몸으로 느껴졌다. 그녀는 이 진동이 민감한 반도체 설비에 영향을 줄 수 있다는 생각에 조장에게 보고했다. 조장은 즉시 공장장에게 보고했고, 공장장은 열차 선로와 반도체 공장 사이에 1미터 깊이의 구덩이를 판 후 물을 채워 열차가 지나갈 진동을 흡수하게 했다. 그랬더니 불량률이 뚝 떨어졌고, 정상적으로 반도체를 생산할 수 있게 되었다.

험한 세상을 살아가다 보면 잘 되는 일이 순식간에 무너질 때가 있다. 그때 재기하려면 다시 원점으로 돌아가야 한다. 원점에서 왜 실패했는지 원인을 분석해야 한다. 이것을 믿음 생활에 적용하면 영적 침체에 빠졌을 때 다시 하나님께로 돌아가야 한다. 간절히 하나님을 찾고 말씀을 들으면서 영적으로 회복할 수 있는 길을 찾아야 한다. 엘리야가 바알 숭배자들과의 대결에서 강조한 것은 "우상을 버리고 다시 하나님께로 돌아가자! 그러면 하나님께서 비와 이슬을 내려 주신다"는 것이다.

2. 엘리야의 기도(30-37절)

여호와의 제단을 수축하되(30-35절): 엘리야는 하나님께 불을 달라고 기도하기 전에 먼저 '여호와의 제단을 수축'했다. 수축(repair)은 제단을 새로 만드는 것이 아니라, 원래 있었던 것을 복원하는 것이다. 원래 갈멜산에 여호와의 제단이 있었는데, 아합이 여호와의 제단을 허물어 버렸다. 엘리야가 이것을 다시 수축한 것은 북왕국을 여호와 중심으로 재건하겠다는 상징적인 의미이다. 이스라엘은 야곱으로부터 열두 지파가 시작되었다. 그래서 "야곱의 아들들의 지파의 수효를 따라 엘리야가 돌 열두 개를 취하니 이 야곱은 옛적에 여호와의 말씀이 임하여 이르시기를 네 이름을 이스라엘이라 하리라 하신 자더라"(31절). 열두 지파의 수대로 열두 돌로 제단을 쌓고, 야곱을 이스라엘이라 칭한 것은 이스라엘이 하나님의 언약 백성이기 때문이다. 비록 하나님의 징계로 이스라엘이 남북으로 분열되었으나(왕상 12:15), 여전히 이스라엘은 하나님의 언약 백성이었다. 그래서 각종 우상을 버리고 여호와께로 돌아가야 했다.

바른 믿음은 결국 믿음의 기본으로 돌아가는 것이다. 성도에게 있어 믿음의 기초는 예수 그리스도이다. 성경이 예수 그리스도를 가르치고 있기에 성도들은 성경에 나와 있는 예수님을 구주로 믿고 주님의 뜻대로 살아야 한다. 교회는 새로운 것을 가르치는 것이 아니라 성경을 가르쳐서 성도들이 예수님을 인격적으로 만나도록 하는 곳이다. 또 바른 믿음은 세속주의에 의해 무너졌던 믿음의 전통을 복원하는 것이다.

예수님의 제자로서 당연히 예수님처럼 살아야 하는 제자도를 복원하고, 식어 버린 믿음의 열정과 맡은 사명을 다시 회복하는 것이다. 우리가 너무 쉽게 세상과 타협하면서 버렸던 믿음의 전통들이 많다. 그것을 잘 복원하여 다음 세대에게 물려주자.

엘리야는 이스라엘이 하나님의 언약 백성인 것을 강조하기 위해 열두 돌로 제단을 쌓았다. 그 제단에다 나무를 놓고 그 위에 송아지 각을 떠서 놓은 후 번제단 주위에 도랑을 만들었다. 그리고 세 번 물을 부어 물이 번제단 주위를 흘러가게 했다. 물은 불과 상극이라 물에 젖은 나무와 번제물은 잘 타지 않는다. 그런데도 물을 부은 것은 하나님이 내려 주시는 불의 위력이 강력해서 그것들을 얼마든지 태울 수 있었기 때문이다. 야고보서 5:17에 "엘리야는 우리와 성정이 같은 사람이라"고 했다. 그도 우리와 같은 사람으로 두려움과 힘든 일에 지치기도 했다.

그런데도 확신에 찬 것은 하나님의 말씀에 순종하는 훈련을 했기 때문이다. 하나님이 처음 사무엘을 불렀을 때 사무엘은 하나님의 음성을 분별하지 못했다. 그러나 계속 음성을 듣는 가운데 하나님의 음성을 분별할 수 있었다. 우리도 말씀을 믿고 거듭 순종하는 훈련을 한다면 엘리야와 같은 확신에 찬 믿음을 가질 수 있다.

엘리야의 기도(36-37절): 바알과 아세라 선지자의 기도는 광란에 가까운 부르짖음이었다(28-29절 참조). 그러나 엘리야의 기도는 그들과 차원이 다른 하나님 중심의 기도였다. 엘리야의 기도를 세 가지로 정리할 수 있다. 하나는 백성들이 여호와가 하나님인 것을 알게 해 달라는 것이다. "아브라함과 이삭과 이스라엘의 하나님 여호와여 주께서 이스라엘 중에서 하나님이신 것과"(36절) 그다음 엘리야가 하나님의 종으로 주의 말씀대로 행하는 것을 알게 해 달라는 것이다. "내가 주의 종인 것과 내가 주의 말씀대로 이 모든 일을 행하는 것을 오늘 알게 하옵소서"(36절).

갈멜산에 모인 사람들이 이것만 바로 알면 즉시 바알과 아세라를 버리고 하나님께로 돌아올 수 있다. 그러면 참신이신 하나님이 그들이 그토록 기다렸던 비와 이슬을 내려 주시기에 여호와가 참신 하나님이신 것을 알게 해 달라고 했다.

신앙생활을 하는 데 있어서 '하나님을 바로 아는 것만큼 중요한 것이 없다.' 사람들이 하나님을 믿지 않는 것은 하나님을 모르기 때문이다. 또 미신적으로 하나님을 믿는 것도 하나님을 알지 못하게 한다. 말씀의 깊이를 체험하지 못하는 것도, 이단에 빠지는 것도 교회생활에서 은혜받지 못하는 것도 결국 하나님을 알지 못하기 때문이다. 하나님을 바로 알면 어떤 환경에서도 은혜가 넘치는 생활을 할 수 있다. 그러니 엘리야가 했던 기도를 우리가 해야 한다. 마지막으로 엘리야는 불을 내려 달라고 했다. "여호와여 내게 응답하옵소서 내게 응답하옵소서 이 백성에게 주 여호와는 하나님이신 것과 주는 그들의 마음을 되돌이키심을 알게 하옵소서 하매"(37절).

3. 기도 후에 일어난 일들(38-40절)

하늘에서 불이 내려 오다(38절): "이에 여호와의 불이 내려서" 저자가 "여호와의 불(אֵשׁ, fire)"이라고 한 것은 번개처럼 자연적으로 발생한 불이 아니라 기도에 대한 응답으로 내려온 불이기 때문이다. "번제물과 나무와 돌과 흙을 태우고" 여호와의 불이 나무와 번제물만 태운 것이 아니라, 제단을 둘렀던 열두 돌까지 태웠다. "도랑의 물을 핥았다"는 것은 강력한 화력으로 인해 도랑을 흠뻑 적신 물이 다 증발했다는 활유법(活喩法)이다.

불을 본 백성들의 반응(39절): "모든 백성이 보고 엎드려 말하되 여호와 그는 하나님이시로다 여호와 그는 하나님이시로다 하니." 하나님의 능력을 체험한 사람이라면 누구를 막론하고 '여호와가 참신이신 것'을 고백하게 되어 있다. "여호와 그는 하나님이시로다"를 두 번 언급한 것은 백성들의 감탄과 충격이 얼마나 컸던가를 보여 준다. 하나님이 참신인 것을 알고 나니 바알과 아세라를 버렸다. 하나님께서 엘리야의 기도에 불로 응답하신 것은 그가 하나님과 함께했기 때문이다. 그래서 엘리야의 생애에는 "여호와의 말씀이 엘리야에게 임하매"라는 표현이 많이 나온다. 그러니 하나님의 강력한 권능을 덧입을 수 있었다. 두 번째 엘리야는 혹독한 환경에서도 불평하지 않았다.

죄의 제거(40절): 백성들이 여호와에 대한 신앙고백을 하면서 회개했으나 정작 가장 먼저 회개해야 할 사람은 아합왕이었다. 그러나 아합은 전혀 회개하지 않았다. 사람들은 엘리야의 명령에 따라 바알과 아세라를 선지자 팔백오십 명이 기손 시냇가에서 죽임으로 죄를 제거했다.

성도들이 성령을 체험한 후에는 반드시 죄를 제거해야 한다. 죄가 있으면 하나님의 능력이 임하지 않는다. 우리의 교회가 부흥하기 위해서는 한 사람 한 사람이 죄를 철저히 제거하면서 하나님의 거룩을 추구해야 한다.

그림 13 갈멜산의 엘리야 동상

회개는 나로부터 시작해야 한다: 평양 대부흥은 1907년 1월 2일-15일까지 장대현교회에서 개강된 '평안남도 동계 남성사경회'가 계기가 되었다. 14일 저녁에 이길함 목사의 인도로 시작된 기도회가 15일 새벽 2시까지 육백 명이 남아 철야기도를 했다. 그때 길선주 장로가 1906년 세상을 떠난 친구가 임종 당시 자신의 재산을 정리해 달라고 맡긴 100달러의 거금을 횡령했다고 고백했다. 그 뒤를 이어 청일전쟁 당시 자신의 아이를 죽인 여성, 불치병에 걸려 아파하는 아내에게 매일 술만 마시며 저주를 퍼부었던 남성, 첩을 두 명이나 두고 가정을 외면했던 남성, 선교사의 돈을 14전이나 훔친 여성 등이 죄를 고백했다. 그날 많은 성도가 자신의 죄를 고백함

으로 그 회개가 평양 대부흥으로 이어졌다.[1]

■ 되새김 >>>

1. 엘리야가 하나님 언약의 백성인 것을 강조하기 위해 열두 돌로 제단을 수축했다.
2. 엘리야는 백성들이 "여호와가 하나님인 것을 알게 하소서"라는 기도를 했다.
3. 갈멜산에서 영적 전쟁의 승리와 죄를 제거한 것이 내 삶의 현장에서 계속 일어나야 한다.

[1] https://namu.wiki/w/1907%EB%85%84%20%ED%8F%89%EC%96%91%20%EB%8C%80%EB%B6%80%ED%9D%A5

30

큰비 소리가 있나이다 (왕상 18:41-46)

■ 핵심 내용

조금 후에 구름과 바람이 일어나서 하늘이 캄캄해지며 큰비가 내리는지라 아합이 마차를 타고 이스르엘로 가니(45절).

■ 장소: 갈멜산 → 이스르엘
■ 인물: 엘리야, 아합 여호사밧(남왕국)

1. 이 정도면 아합이 회개할 만도 한데

갈멜산 영적 대결의 핵심은 "하나님과 바알과 아세라 중에 어느 신이 참 신인가?" 하는 것이다. 참신인 증거는 하늘에서 불과 비를 내려 주시는 것이다. 갈멜산에 모였던 사람들은 하나님께서 엘리야의 기도를 들으시고 불을 내려 주시는 것을 목격했다 그 광경을 본 백성들이 무릎을 꿇고 "여호와 그는 하나님이시다"라는 고백을 반복해서 했다(39절). 그런데 정작 회개하고 하나님께로 돌아와야 할 아합은 전혀 회개하지 않았다. 이것을 통해 그의 마음이 얼마나 완악했는가를 알 수 있다.

회개(悔改): '죄와 잘못을 뉘우치면서 마음을 고쳐먹는 것'을 말한다. 하나님께서 회개를 요구하시는 것은 우리가 흠 없는 하나님의 자녀로 살아가도록 하기 위함이다. 어느 부모가 사랑하는 아들, 딸들이 죄악의 시궁창에 빠져 살기를 원하겠는가. 하나님은 부모 이상으로 우리를 사랑하시기에 죄 없이 성결하게 살기를 원하신다. 그래서 회개는 하나님을 기쁘시게 하지만, 동시에 회개의 유익은 회개하는 당사자가 받는다.

　회개하면 성령이 그 속에서 역사하신다. 그래서 예수님이 구주이신 것이 믿어지고, 죄를 지었을 때 양심의 가책을 느끼는 것은 복 중의 복이다. 이것 때문에 다윗은 시편 32:1-2에서 "[1] 허물의 사함을 받고 자신의 죄가 가려진 자는 복이 있도다 [2] 마음에 간사함이 없고 여호와께 정죄를 당하지 아니하는 자는 복이 있도다"(시 32:1-2)라고 말했다.

2. 큰비 소리가 있나이다(41-43절)

　이스라엘은 3년 6개월 동안의 긴 가뭄으로 인해 죽음의 땅이 되었다. 온 대지가 목말라서 큰비를 기다리고 있었다. 지금처럼 수리 시설이 잘되어 있어도 몇 개월만 비가 오지 않으면 식수난과 가뭄으로 농작물이 말라 죽는다. 그 당시는 이런 수리 시설이 전혀 되어 있지 않았기에 가뭄으로 굶어 죽는 사람들이 많았다. 그래서 엘리야는 기손 골짜기에서 바알 선지자를 다 멸한 후 다시 갈멜산으로 올라와 곧바로 하나님께 큰비를 내려 달라고 기도했다.

　엘리야는 하나님의 약속에 근거하여 기도했다(1, 41절): 엘리야는 "아합에게 큰비 소리가 있나이다"라고 말했다(41절). 평소에 비가 자주 내렸으면 이런 말을 하기가 쉽다. 그러나 3년 6개월 동안 전혀 비와 이슬이 내리지 않았기에 큰비가 내린다고 하면 아무도 믿지 않을 것이다. 그런데도 큰비에 대해 말한 것은 하나님이 지면에 비를 내려 주신다고 말씀하셨기 때문이다(18:1). 하나님이 비를 내려 주신다고 했기에 엘리야는 그 말씀을 믿고 비를 내려 달라고 기도했다. 이처럼 성도는 하나님이 말씀하신 것을 믿고 기도하면 하나님의 응답을 체험할 수 있다.

미국의 케먼즈 윌슨이라는 사람은 목재소에서 근무했다. 어느 날 출근했더니 책상 위에 해고 통지서가 있었다. 갑자기 해고 통보를 받자 목재소와 직장 상사에 대해 복수심이 끓어 올랐다. 그는 해고의 충격으로 여러 달을 방황하면서 가진 돈을 탕진했다. 그가 무기력에 빠진 상태에서 아내에게 말했다. "내가 모든 노력을 다 해 보았으나 되는 일이 하나도 없었소. 이제 자살을 하고 싶소 ···." 그때 아내가 말했다. "정말 당신이 모든 노력을 다 해 보았다고 생각하세요, 당신은 지금 처한 상황을 두고 진지하게 기도한 적이 없잖아요!" 아내의 말을 듣고 보니 정말 진지하게 기도한 적이 없었다. 그는 아내와 함께 간절히 기도했더니 우선 사람에 대한 미움과 분노가 사라졌다. 집을 담보로 건축업을 했더니 건축업이 잘 되었다.

어느 날 그는 하나님께 이렇게 기도했다.

"제가 건축 일을 하기 위해 여기저기를 다닐 때 서민들이 하룻밤 지내기에 값이 저렴한 호텔이 없었습니다. 값이 저렴하면서도 좋은 서비스를 제공하는 호텔을 짓고 싶습니다."

하나님이 그의 기도에 응답하셨고, 그는 호텔을 하나둘씩 지어 가맹점 식으로 운영했다. 그 호텔이 바로 홀리데이인(Holydayinn)으로 케먼즈 윌슨이 창업주이다. 그는 호텔을 하나님 중심으로 운영하기 위해, 카지노와 포

르로 잡지를 넣지 않았다.[1]

험한 세상을 살아가다 보면 수많은 문제를 만난다. 하나님은 그런 문제를 해결하기 위해 기도라는 방법을 주셨다. 우리는 항상 개개인이 처한 상황과 형편에 맞는 말씀을 선택한 후 그 말씀을 붙잡고 기도해야 한다.

엘리야는 겸손하게 기도했다(42절): "엘리야가 갈멜산 꼭대기로 올라가서 땅에 꿇어 엎드려 그의 얼굴을 무릎 사이에 넣고." 이것은 눈에 보이는 것보다 오직 하나님을 의지하겠다는 자세로 간절히 기도한 것이다. 이 기도는 자신이 아무것도 할 수 없는 자임을 인정해야만 할 수 있다. 이것 때문에 야고보는 "엘리야가 다시 기도한즉 하늘이 비를 주고"라고 말했다(약 5:18). 그런데 정작 이런 자세로 간절히 기도해야 할 사람은 엘리야가 아니라 아합왕이다. 그의 우상 숭배 때문에 가뭄이 일어났기 때문에 철저히 회개하면서 바르게 살겠다고 결단해야 했다. 그러나 아합은 회개 대신 먹고 마시러 갔다. 왜? 그에게 하나님의 말씀이 없었기 때문이다.

우리가 사는 세상은 각종 문제를 예수 믿는 사람보다 불신자들이 더 많이 일으킨다. 그런데도 회개의 기도를 성도들이 많이 한다. 그 이유는 하나님의 말씀을 먼저 받은 성도들은 세상이 하나님의 뜻대로 움직이기를 바라기 때문이다.

하나님께서 아브라함에게 소돔과 고모라를 멸망시킨다고 했을 때, 심판의 당사자들은 회개하지 않았다. 그들에게 다가오는 심판을 모른 채 죄를 짓는 데 바빴다. 그러나 아브라함은 소돔과 고무라의 멸망이 자신과 관계없는 일이었지만 먼저 심판의 말씀을 들었기에 그 성을 향해 중보기도를 했다. 비록 소돔과 고모라는 아브라함이 제시한 의인 열 명이 없어서

---

1 황형택, 『위기 관리 戰士 엘리야』 (두란노. 2001), 190에서 인용.

불 심판을 받았으나, 그래도 롯과 두 딸은 불 심판을 피할 수 있었다. 창세기 19:29은 롯의 구출에 대해 "하나님이 그 지역의 성을 멸하실 때 곧 롯이 거주하는 성을 엎으실 때에 하나님이 아브라함을 생각하사 롯을 그 엎으시는 중에서 내보내셨더라."

엘리야는 끈기 있게 또 구체적으로 기도했다(43절): 엘리야가 기도하자 곧바로 비가 온 것이 아니다. "그의 사환에게 이르되 올라가 바다쪽을 바라보라 그가 올라가 바라보고 말하되 아무것도 없나이다 이르되 일곱 번까지 다시 가라"(43절). 엘리야는 그의 종에게 "일곱 번까지 다시 가라"(he said. Seven times Elijah said, Go back)고 했다. 이것은 한 번 기도해서 응답이 없다고 해서 포기하지 말고, 응답이 있을 때까지 계속 기도하라는 뜻이다.

"일곱 번째 이르러서는 그가 말하되 바다에서 사람의 손만 한 작은 구름이 일어나나이다 이르되 올라가 아합에게 말하기를 비에 막히지 아니하도록 마차를 갖추고 내려가소서 하라 하니라"(왕상 18:44). 일곱 번째에 겨우 "손만 한 작은 구름"이 보였다. 손만 한 작은 구름이지만 이것으로 충분했다. 하나님은 손만 한 작은 구름으로 큰 비구름을 만드셔서 엄청난 양의 비를 내리게 하실 수가 있었기 때문이다.

시편 기자는 이런 하나님에 대해 이렇게 기도했다. 시편 130:5-6에서 "나 곧 내 영혼은 여호와를 기다리며, 나는 주의 말씀을 바라는도다. 파숫군이 아침을 기다림보다 내 영혼이 주를 더 기다리나니 참으로 파수꾼의 아침을 기다림보다 더하도다"(시 130:5-6). 추운 겨울 새벽에 보초를 서는 병사는 졸리는 눈을 비비면서 찬란한 태양이 떠오르는 아침을 기다린다. 아침이 되면 보초를 서지 않고 따뜻한 방에서 잠을 잘 수가 있다. 그래서 시인은 파수꾼이 간절한 마음으로 아침을 기다리는 것처럼 하나님의 은혜를 사모한다고 했다. 우리가 매사에 이런 식으로 하나님의 은혜를 사모한다면 하

하나님이 은혜를 주실 것이다.

3. 엘리야가 기도한 결과(44-46절)

큰비가 내리는지라(44-45절): "조금 후에 구름과 바람이 일어나서 하늘이 캄캄해지며 큰비가 내리는지라 아합이 마차를 타고 이스르엘로 가니"(45절). 3년 6개월 동안의 가뭄으로 고통받았던 사람들이 큰비가 내리자 환호성을 지르면서 기뻐했다. 모두가 춤을 추면서 빗물을 받아 먹기도 하고, 빗물로 땀을 씻고, 빗물이 밭으로 흘러가도록 고랑을 만들었다.

그림 14 아합과 엘리야가 이스르엘로 가다

여호와의 능력이 엘리야에게 임하다: "여호와의 능력이 엘리야에게 임하매 그가 허리를 동이고 이스르엘로 들어가는 곳까지 아합 앞에서 달려갔더라"(46절). 이스르엘(יִזְרְעֶאל, 하나님이 씨를 뿌리신다)은 잇사갈 지파에게 속한 땅으로 갈멜산에서 동남쪽으로, 위치했다. 그곳에 아합의 별궁이 있었다(왕상 21:1). 인간적으로 생각하면 아무리 빨리 달려도 사람이 마차를 타고 가는 아합을 앞지르지 못한다. 그런데도 엘리야는 여호와 능력에 힘입어 마차를 타고 가는 아합보다 먼저 이스르엘에 도착했다. 이것은 기도의 사람 엘리야 앞에 아합이 믿는 바알신이 얼마나 무능한가를 뼈저리게 느낄 수 있다.

우리 중에 믿음이 있으나 기도가 없는 성도가 있다. 하나님을 믿고 살지만, 기도하지 않으면서 산다. 하나님을 믿으면서도 자신의 생각과 계획만 따진다. 기도는 언제나 최후 수단으로 어떻게 할 수 없을 때 기도한다. 그것도 다행한 일이지만 먼저 응답받기를 기대한다면 많은 성도에게 기도하는 것이 우선되어야 한다.

■ 되새김 >>>

1. 아합은 하나님의 살아 계신 증거를 목격했는데도 회개하지 않았다.
2. 엘리야는 하나님의 약속을 붙잡고 간절히 끈기 있게 그리고 구체적으로 기도했다.
3. 아합은 하나님이 참신이신 것을 하늘에서 불과 비가 내리는 것을 통해 체험했다.

31

엘리야의 탈진과 탄식 (왕상 19:1-14)

■ 핵심 내용

그가 대답하되 내가 만군의 하나님 여호와께 열심이 유별하오니 이는 이스라엘 자손이 주의 언약을 버리고 주의 제단을 헐며 칼로 주의 선지자들을 죽였음이오며 오직 나만 남았거늘 그들이 내 생명을 찾아 빼앗으려 하나이다(14절).

■ 장소: 갈멜산 → 브엘세바 → 광야 → 호렙산
■ 인물: 엘리야

1. 엘리야의 극과 극의 모습

열왕기상 18장과 19장에 나오는 엘리야의 모습은 너무나 대조적이다. 마치 하늘에서 땅으로 추락하는 것과 같다. 18장에서 엘리야는 위대한 전사요, 하나님의 손에 붙잡힌 능력의 사람이었다. 그의 기도로 하늘에서 불이 내려와 번제물을 태웠고, 또 기도하자 큰비가 내려 3년 6개월 동안의 가뭄을 종식시켰다. 또 바알과 아세라 선지자 팔백오십 명을 단호하게 처단할 정도로 단호한 영적 전사했다. 그런데 19장에는 이런 엘리야의 모습을 찾아볼 수가 없다.

　엘리야는 아합의 아내 이세벨이 그를 죽인다고 했을 때, 살기 위해 광야로 도망갔다. 그는 광야 로뎀나무 아래에 앉자 하나님께 자신은 무능하니 죽여 달라고 했다. 이런 엘리야의 모습은 마치 천국에 있던 사람이 지옥으로 떨어지는 것과 같다. 이렇게 엘리야가 약해진 이유는 무엇일까? 사실 따지고 보면 엘리야의 대조적인 모습을 우리도 반복하고 있다. 엘리야처럼 믿음의 최정상에서 성령 충만의 기쁨을 누리다가도 한없이 추락하는 날개처럼 깊은 영적 침체에 빠진다. 우리는 하루에도 수없이 갈멜산과 로뎀나무 아래로 왔다 갔다를 반복한다.

　엘리야의 대조적 모습은 우리가 아무리 하나님의 큰 능력을 체험해도 곧 바로 큰 시험에 들 수 있다는 것을 보여 준다. 예수님의 제자들은 주님께서 '보리떡 다섯 개와 물고기 두 마리'로 남자만 오천 명을 먹이고, 12광주리 남기는 것'을 보았다(막6:30-44). 이런 극적 체험을 했던 제자들이 얼마 후에는 갈릴리 호수 한가운데서 맞바람을 만나 죽을 고생을 하였다. "[47] 저물매 배는 바다 가운데 있고 예수께서는 홀로 뭍에 계시다가 [48] 바람이 거스르므로 제자들이 힘겹게 노 젓는 것을 보시고"(막 6:47-48). 죄가 넘치는 곳에 하나님의 은혜도 넘치지만, 하나님의 은혜가 임한 곳에는 마귀의 시험도 많다. 이것 때문에 사도 바울은 "그런즉 선 줄로 생각하는 자는 넘어질까 조심하라"(고전 10:12)고 했다.

2. 엘리야가 영적 침체에 빠진 이유(1-5절)

세상이 달리진 것이 하나도 없었기 때문(1-2절): 이세벨은 엘리야가 행한 일을 통해 여호와 하나님이 살아 계신 참신이신 것을 알게 되었다. 그리고 엘리야가 여호와의 종인 것과 하나님이 엘리야를 통해 이스라엘을 하나님 중심으로 회복시키는 것을 알았다. 그런데도 회개하기는커녕 더 완악해졌다. 왜? 그녀는 철저하게 페니키아 신인 바알 숭배자였고, 바알 숭배를 이스라엘 왕국으로 끌어드린 장본인이었기 때문이다.

그래서 사신을 보내 바알 선지자들을 죽였던 엘리야를 죽이려고 최후통첩을 했다. "내일 이맘때에는 반드시 네 생명을 저 사람들 중 한 사람의 생명과 같게 하겠다. 그렇게 하지 아니하면 신들이 내게 자신에게 벌을 내리는 것이 마땅하다"(2절). 이 말을 들은 엘리야는 '나 혼자 목숨 걸고 하나님이 살아 계신다고 외친들 세상이 변하지 않는데 계속 사역하는 것이 무슨 소용이 있겠는가'라는 생각을 했다.

세례 요한도 이런 마음을 가지고 있었다. 그는 하나님의 아들이신 예수님이 오심으로 세상이 천지개벽하듯이 확 달라질 것을 기대했다. 그러나 여전히 달라지지 않은 것에 실망했다. 로마제국의 폭정과 살인, 부패한 유대 종교 지도자의 부조리로 인해 백성들의 등골이 휘어졌다. 또 갈릴리 분봉 왕 헤롯 안디파스(Antipas)가 그의 동생 빌립의 아내를 빼앗아 아내로 삼는 것을 보고 부도덕한 왕을 책망했다. 부도덕한 왕은 뉘우치기는커녕 세례 요한을 감옥에 가두었다. 그러자 삶의 회의를 느낀 세례 요한은 제자를 예수님에게 보내 "정말 당신은 하나님의 아들 메시아가 맞습니까? 메시아가 왔는데도 왜 세상이 변하지 않습니까?"라는 질문을 했다.

우리가 사는 세상도 온갖 죄악과 부조리가 판을 치고 있다. 매주 예배를 잘 드리고 있는 성도들이 악인에게 피해를 보는데도 악인들은 여전히 형통하다. '이런 현실 앞에 정말 하나님이 살아 계시는가? 정말 하나님이 선하게 인도하실까?'라는 의구심이 들 때가 있다. 하나님이 온 세상을 통치하고 계시지만, 워낙 조용하게 통치하시다 보니 우리 눈에는 주님의 통치보다 악인들의 횡포가 먼저 보일 뿐이다. 악인들도 주님의 통치 아래 있다. 그런데도 주님이 그들의 죄를 즉시 심판하지 않으신 것은 한 사람이라도 더 회개하고 주님께로 돌아오기를 원하시기 때문이다. 이런 주님의 마음을 알고서 언제나 주님의 주권을 인정하고, 주님의 뜻대로 살아가려고 노력해야 한다.

사람의 말을 들었기 때문이다(1-5절): 열왕기상 17-18장에서 "여호와의 말씀이 엘리야에게 임하여"라는 말이 반복적으로 나온다(17:2, 8; 18:1). 18장에서 엘리야가 하나님의 말씀을 듣고 순종했을 때 엄청난 이적이 일어났다.

그런데 19장 초반부에는 엘리야가 하나님의 말씀을 들었다는 말이 나오지 않는다. 오히려 이세벨이 그를 죽인다는 말을 듣고서 두려워 광야로 도망갔다. 말씀을 붙잡았을 때는 불의 사자가 되었으나, 사람의 말을 들었을 때는 겁에 질려 도망갔다. "자기 자신은 광야로 들어가 하룻길쯤 가서 한 로뎀나무 아래에 앉아서 자기가 죽기를 원하여 이르되 여호와여 넉넉하오니 지금 내 생명을 거두시옵소서 나는 내 조상들보다 낫지 못하니이다 하고"(4절).

그림 15 사막에 자라는 로뎀나무

로뎀나무(רֹתֶם, broom tree)는 사막의 메마른 골짜기나 바닥에서 흔히 볼 수 있는 콩과 식물로 흰 꽃이나 연보라색 꽃을 피우는데 대개 1-2미터까지 자란다. 오늘날 아랍인들은 이 나무를 '금작화'(genista Monoserma)로 부른다. 로뎀나무는 광야의 바람과 햇볕을 막아 주어 대상(隊商)이 쉴 수 있는 그늘을 제공하고 사막 거주민에게 땔감을 제공했다.

우리도 사람의 말을 듣고 낙심한다: 엘리야만 사람의 말을 듣고 낙심하는 것이 아니라, 우리도 소망 없는 사람의 말을 듣고 낙심한다. 그러니 불신앙의 말은 듣지 않는 것이 좋다. 이것 때문에 사도 바울은 성령 충만한 삶을 살기 위해 "무릇 더러운 말은 너희 입 밖에도 내지 말고 오직 덕을 세우는 데 소용되는 대로 선한 말을 하여 듣는 자들에게 은혜를 끼치게 하라"(엡 4:29)고 했다.

엘리야 혼자 영적 싸움을 한다고 생각했다(10, 14절): 엘리야는 하나님께 "이스라엘 자손이 주의 언약을 버리고, 주의 제단을 헐고 칼로 주님의 선지자들을 죽여서 오직 자기 혼자 남았는데, 이제 자기 생명까지도 빼앗으려 합니다"(10절). "오직 나만 남았거늘 그들이 내 생명을 찾아 빼앗으려 합니다"(14절)라는 고백을 했다. 얼마나 힘들고 외로웠으면 이런 고백을 했을까?

그러나 지금 엘리야 혼자 영적 싸움을 하는 것이 아니다. 오바댜는 바알 숭배의 본산지에서 목숨을 내놓고 하나님의 선지자 백 명을 먹이고 있었다. 또 하나님은 이스라엘에 "바알에게 무릎 꿇지 않았던 신실한 성도 칠천 명을 예비해 두셨다"(18절). '바알에게 무릎을 꿇지 않았다는 것'은 항복하지 않았거나 바알을 신으로 인정하지 않았다는 것이다. 하나님은 엘리야에게 "이렇게 믿음의 사람들이 많은데 왜 너 혼자 영적 싸움을 한다고 생각하느냐? 결코, 너 혼자가 아니다"라고 말씀하셨다.

가끔 외롭고 지칠 때 나 혼자라는 생각이 든다. 그때마다 나만 힘든 것이 아니라 모든 사람이 다 힘들게 살고 있다는 것을 기억해야 한다. 하나님은 힘든 나를 고아처럼 내버려 두지 않으신다. 나를 돕기 위해 수많은 도움의 손길을 사용하셨고, 그분들의 도움과 중보기도 때문에 고난을 극복하고 여기까지 올 수 있었다.

3. 하나님께서 엘리야를 회복시키시다(5-8절)

하나님께서 천사를 보내셨다(5-7절): 하나님은 깊은 영적침체에 빠진 엘리야를 회복시키기 위해 천사를 보내셨다. "로뎀나무 아래에 누워 자더니 천사가 그를 어루만지며 그에게 이르되 일어나서 먹으라 하는지라"(5절). 엘리야는 너무 지쳐서 자기에게 먹을 것을 주는 사람이 누구인지 확인도 하지 않은 채 깊은 잠에 빠졌다. 그 천사가 다시 와서 엘리야를 어루만지면서 먹을 것을 주었다.

하나님은 엘리야가 하나님의 말씀에 순종할 때도, 이세벨의 말을 듣고 광야로 도망갔을 때도 여전히 그와 함께하셨다. 그 하나님께서 천사를 보내어 나를 돕고 계신다. 그 천사는 꼭 영적 존재가 아니라 주변에서 힘든 나를 돕는 사람이 하나님이 보낸 천사가 될 수 있다. 엘리야를 회복시킨 하나님이 바로 내가 믿는 하나님이시다. 지금도 하나님은 우리를 회복시키기 위해 다양한 손길을 사용하신다. 그러니 영적 안테나를 하나님께 집중시켜 보자. 그러면 하나님이 나를 돕기 위해 보낸 천사가 누구인지를 알게 될 것이다.

엘리야가 호렙산으로 가다(9-14절): 호렙(חֹרֵב, 황폐한 지역)산의 다른 이름은 시내산(진흙 투성이의 산)이다. 하나님이 엘리야를 호렙산으로 보내신 것은 호렙산은 이스라엘 백성들이 하나님의 율법을 받았던 산이기 때문이다. 예수님이 변화산에서 모세와 엘리야와 대화를 나누실 때 모세는 율법의 대표로 엘리야는 선지자의 대표로 참여했다. 주님께서 구약의 두 대표와 자신이 십자가에서 죽으실 것을 의논하셨다. 모세는 호렙산 떨기나무에서 여호와를 만났다(출 3장).

또 모세는 출애굽한 이스라엘 백성들을 이끌고 시내산으로 와서 하나님의 율법을 받았다. 하나님이 엘리야를 호렙산으로 보낸 것은 엘리야도 모세처럼 하나님의 일을 하는 사명자인 것을 확인시키기 위해서이다. 엘리야가 모세의 율법으로 이스라엘을 회복시켜야 하는 사명자임을 다시 인식시켜 주셨다. 아합과 이스라엘은 하나님이 모세에게 준 율법을 버리고 각종 우상을 숭배했기에 타락했다. 엘리야는 그 율법으로 타락한 이스라엘을 반드시 회복시켜야 했다.

■ 되새김 >>>

1. 열왕기 18장과 19장에 나오는 엘리야의 모습은 극과 극의 대조를 보이고 있다. 이런 모습을 우리가 반복하고 있다.
2. 엘리야가 로뎀나무 아래에서 죽기를 구한 것은 이세벨이 죽인다는 말을 들었기 때문이다.
3. 하나님은 호렙산에서 엘리야에게 모세의 율법을 지킬 사명자임을 재확인시켰다.

33

엘리야의 탈진 회복과 또 다른 사명 (왕상 19:9-18)

■ 핵심 내용

15 여호와께서 그에게 이르시되 너는 네 길을 돌이켜 광야를 통하여 다메섹에 가서 이르거든 하사엘에게 기름을 부어 아람의 왕이 되게 하고 16 너는 또 님시의 아들 예후에게 기름을 부어 이스라엘의 왕이 되게 하고 또 아벨므홀라 사밧의 아들 엘리사에게 기름을 부어 너를 대신하여 선지자가 되게 하라(15-16절).

■ 장소: 호렙산
■ 인물: 엘리야, 하사엘, 예후, 엘리사

1. 탈진의 원인과 치료법

지난 5일에 유 모 전 교육부 장관의 남편이 휴대 전화로 '가족들을 잘 부탁한다'는 유서를 남기고 극단적인 선택을 했다. 부인이 교육부 장관까지 했는데 왜 남편이 극단적인 선택을 했을까? 사업 실패로 엄청난 부채를 감당할 수 없었기 때문이다. 남편은 2022년부터 최근까지 고양시에서 아들과 함께 푸드코트(면적이 2,396제곱미터로 한꺼번에 700명이 식사할 수 있는 대형 음식점)를 운영했다. 그런데 이것이 잘 되지 않아 극심한 부채와 생활고에 시달렸다고 한다. 필자는 이 기사를 읽으면서 유 씨의 남편이 하나님을 알았다고 한다면 극단적 선택으로 갔을까를 생각했다. 유 씨의 남편은 사는 것이 힘들어 극단적 선택을 했다면 사역에 지친 엘리야는 자신의 탈진(脫盡)을 하나님께 기도하면서 극복했다.

영어로 탈진은 '불이 다 타져 꺼졌다'라는 의미로 '번아웃'(Burn out)이라한다. 불이 타고 나면 꺼지는 일만 남은 것처럼 탈진은 몸의 기운이 다 빠져나가 육체와 정신적으로 고갈된 것을 말한다. 이때가 되면 일과 돈, 명예와 가족 그리고, 사람도 귀찮다. 혼자 있고 싶거나, 현실에서 도피하려고 한다. 탈진은 일을 열심히 하여 과로를 할 때 온다. 이런 과로는 하나님의 일을 열심히 할 때도 마찬가지이다. 하나님의 일은 마귀와 영적 싸움을 하는 것이기에 쉽게 에너지를 고갈시킨다. 엘리야도 하나님의 일을 열심히 하다 고갈되어 탈진했다.

2. 엘리야가 탈진에서 회복되다(9-18절)

기도는 탈진을 회복하는 특효약(4절): 엘리야와 유 씨 남편 모두 탈진했으나 탈진을 극복하는 방법이 달랐다. 유씨의 남편은 탈진에서 벗어나기 위해 극단적인 선택을 했다면 엘리야는 기도로 탈진을 회복했다. "… 한 로뎀나무 아래에 앉아서 자기가 죽기를 원하여 이르되 여호와여 넉넉하오니 지금 내 생명을 거두시옵소서 나는 내 조상들보다 낫지 못하니이다 하고"(4절).

하나님은 낙심했던 엘리야의 기도를 들으시고, 믿음 없다고 책망하지 않으셨다. 5-7절을 보면, 두 번이나 천사를 보내 지쳐 있는 엘리야를 어루

만져 주셨다. 천사가 어루만진 것은 그동안 처절하게 영적 싸움을 하느라 긴장되었던 근육을 풀어 혈액순환이 잘되도록 한 것이다. 그다음 먹을 것을 주었고, 충분한 잠을 통해 기력이 회복되게 하셨다.

하나님께서 탈진했던 엘리야를 회복시키기 위해 천사를 보내셨다. 그 하나님께서 지금도 나를 돕기 위해 천사를 보내신다. 히브리서 2:14은 "모든 천사들은 섬기는 영으로서 구원 받는 상속자들을 위하여 섬기라고 보내심이 아니냐"는 말로 천사는 구원받은 하나님의 백성을 섬기는 존재임을 말한다. 천사는 하나님의 백성들을 섬기기 위해 지음을 받았다. 사도행전 12장을 보면 베드로가 헤롯 아그립바에 의해 감옥에 갇혔을 때, 하나님께서 천사를 보내어 베드로를 감옥에서 구출하셨다.

지금도 하나님은 성도들을 돕기 위해 다양하게 천사를 보내신다. 이 천사를 꼭 영적 존재로만 보지 말고 지금 내 곁에서 나를 돕기 위해 붙여 준 사람도 천사이다. 성령은 삶에 지친 나를 회복시키기 위해 다양하게 천사를 보내셨다. 그러니 힘들 때 나를 돕는 사람의 도움을 외면하지 말고 받아야 한다.

엘리야가 호렙산에서 하나님을 독대하다(9-14절): 하나님은 호렙산에서 두 번이나 엘리야에게 "네가 어찌하여 여기 있느냐"는 질문을 하셨다(9, 13절), 그때마다 엘리야가 하나님께 했던 말을 "오직 나만 남았거늘"로 요약할 수 있다. "내가 만군의 하나님 여호와께 열심이 유별하오니 이는 이스라엘 자손이 주의 언약을 버리고 주의 제단을 헐며 칼로 주의 선지자들을 죽였음이오며 오직 나만 남았거늘 그들이 내 생명을 찾아 빼앗으려 하나이다"(10, 14절).

이것은 "하나님, 오직 저만 남았는데 어떻게 아합과 영적 싸움을 할 수 있겠습니까?"라는 탄식이다. 하나님은 엘리야와 함께하시는 증거로 '강한 바람과, 지진 그리고 불이 지나가는 징조'를 보여 주셨다(11-12절). 이런 징조가 있고난 후 "불 후에 세미한 소리가 있는지라"(12절). 지금도 사람들은 하나님이 강한 바람과 지진, 불과 같은 것으로 응답해 주기를 원하신다. 그러나 하나님은 이런 웅장한 것보다 세미한 음성으로 응답하실 때가 많다. 그러니 우리는 성경과 기도를 통해 또 설교와 주변 환경을 통해 세미한 음성으로 말씀하시는 하나님의 음성을 들어야 한다.

하나님이 엘리야에게 하신 말씀(15-18절): 하나님은 '오직 나만 남았다'고 하는 엘리야에게 두 가지 사명을 주셨다. 하나는 아람으로 가서 하사엘(חֲזָאֵל, 하나님이 보신다)을 아람 왕으로 세우라고 하셨다. 이것은 이방인의 왕까지도 하나님의 통치 아래에 있음을 보여 준다. 그리고 이스라엘로 가서 예후(יֵהוּא, 여호와는 그분이시다)를 이스라엘 왕으로 기름 붓고, 엘리사를 엘리야의 후계자로 세우라고 했다. 17절은 이렇게 하시는 이유를 "하사엘의 칼을 피하는 자를 예후가 죽일 것이요 예후의 칼을 피하는 자를 엘리사가 죽이리라." 하나님은 엘리야처럼 세 사람을 세워 아합을 심판하는 도구로 사용하시려고 했다. 그런데 엘리야가 기름 부은 사람은 엘리사 한 사람뿐이다. 하사엘과 예후는 엘리사가 기름 부었다.

우리가 주님의 일을 하다가 실패할 수도 있고 불행한 일을 만날 수 있다. 주님은 그 실패와 불행까지도 선으로 바꾸시어 합력하여 선을 이루신다. 그러니 주님의 일을 하다가 설령 실패했다고 해도 낙심할 필요가 없다.

짐 엘리엇 선교사(Jim Eliot 1927-1956)는 『전능자의 그늘』이라는 책을 썼다. 그는 "결코 잃어버릴 수 없는 것을 얻기 위해, 지킬 수 없는 것을 버리는 자는 절대 어리석은 자가 아니다"(He is no fool who gives what he cannot keep to gain that which he cannot los)라는 말을 하기도 했다. 짐 엘리엇은 시카코 명문의 휘튼대학교를 수석으로 졸업했던 인재였다. 그와 네 명의 동료가 남미 에콰도르 아마존 정글에서 사람을 죽이는 데 악명 높은 아우카족을 전도하기 위해 갔다. 그들은 아우카족의 땅을 밟기 전에 경비행기로, 자신들의 방문을 알리는 전단지를 뿌렸다.

그림 16 짐 엘리엇과 동료 선교사들

그 후 아우카족이 사는 곳으로 들어갔으나 타인의 출현을 강하게 거부하는 아우카족이 던진 창에 의해 다섯 명이 비참하게 살해되어 강가에 버려졌다. 그들의 손에 권총이 있었지만, 사용하지 않았다. 선교지에서 촉망받았던 인재들이 순교하자. 시카고의 한 신문이 "이 얼마나 불필요한 낭비(unnecessary waste)인가?"라는 제목으로 선교를 비판하는 기사를 썼다. 그때 짐 엘리엇의 아내 엘리자베스가 이런 말을 했다.

"불필요한 낭비라니요. 말씀을 삼가해 주십시오. 남편의 죽음은 낭비가 아니었습니다. 그는 전 생애를 복음을 위해 준비했고, 그 복음을 전하기 위해 살아왔던 사람입니다. 그는 하나님이 주신 자신의 책임을 수행하고 생의 목표를 달성하고 죽었던 행복한 사람입니다."

제2부 33. 엘리야의 탈진 회복과 또 다른 사명(왕상 19:9-18) 239

그림 17 짐 엘리엇　　　그림 18 엘리자베스와 그녀의 딸

　엘리자베스는 간호 훈련을 받고 1년 후에 남편을 죽였던 아우카족이 사는 곳으로 갔다. 아우카족은 남자만 죽이는 습관이 있어서 그녀와 동료들이 거주하도록 허락했다. 그녀는 5년 동안 그곳에서 그들을 지극정성으로 돌보면서 복음을 전했다. 5년 후 엘리자베스가 그곳을 떠나려고 하자 아우카족의 추장이 그녀에게 이런 질문을 했다. "도대체 당신은 누구입니까?" 그러자 엘리자베스는 "나는 당신들이 5년 전에 죽였던 그 남자의 아내입니다. 남편이 당신들을 향해 가지고 있던 그 사랑을 당신들에게 전하기 위해 제가 남편 대신 이곳으로 왔습니다"라고 답했다.
　수십 년이 지난 후 그곳에 수백 개의 교회가 세워졌다. 짐 엘리엇을 살해했던 마을에도 교회가 세워졌다. 그 교회 담임목사는 짐 엘리엇의 아들이었다. 아버지가 순교한 후 어린 아들이 엄마와 함께 아우카족이 사는 정글에 살면서 아우카족의 언어와 문화를 배웠다. 나중에 신학을 공부하여 목사가 되어, 아우카족이 사는 곳으로 왔다. 그를 통해 그곳에 수백 개의 교회가 생겼다. 더 놀라운 것은 짐 엘리엇과 그의 친구들을 죽인 사람들이 그 교회 장로와 교사가 되어 교회를 섬겼다는 것이다.

선교사 다섯 명을 창으로 찔러 죽인 에쿠아도르 산지의 아우카족 한 사람은 2000년에 암스테르담 어느 교회에서 '자기가 찔러 죽인 선교사(네이트 세인트) 아들의 전도로 예수님을 믿어 새사람이 되었다'는 간증을 했다. 그의 간증을 듣는 사람 모두가 감동을 받고 복음의 능력을 재확인했다고 한다. 하나님은 짐 엘리엇과 친구들의 순교를 결코 "불필요한 낭비"로 만들지 않으시고, 값비싼 향유 옥합처럼 아우카족을 선교하는 거룩한 씨앗이 되게 하셨다.[1]

우리가 하나님의 일을 열심히 해도 뚜렷한 결과가 나타나지 않을 수 있다. 오랫 동안 기도했는데 응답되지 않아 낙심할 수 있다. 그러나 하나님은 우리가 주님의 일을 위해 수고와 헌신했던 것을 기억하시고 때를 따라 돕는 은혜를 내려 주신다.

사도 바울은 제1, 2, 3차 선교 여행을 통해 이방 땅에 수많은 교회를 세웠다. 이 교회들이 그냥 세워지지 않고, 수많은 핍박 속에 세워졌다. 바울은 그의 고난을 통해서 교회가 세워지는 것을 체험하자 갈라디아서 6:9에서 "우리가 선을 행하되 낙심하지 말지니 포기하지 아니하면 때가 이르매 거두리라"(갈 6:9)고 말했다.

---

[1] https://sunnybangga.tistory.com/162

■ 되새김 >>>

1. 탈진은 불이 다 타서 불이 꺼지는 것으로, 과로로 육체와 정신적으로 고갈된 것을 말한다.
2. 하나님은 탈진한 엘리야를 호렙산으로 인도하여 새로운 사명을 주셨다.
3. 엘리야가 엘리사를 세운 것처럼 교회도 다음 세대를 세우는 데 진력해야 한다.

34

엘리야와 엘리사의 만남(왕상 19:19-21)

■ **핵심 내용**

엘리야가 거기서 떠나 사밧의 아들 엘리사를 만나니 그가 열두 겨릿소를 앞세우고 밭을 가는데 자기는 열두 째 겨릿소와 함께 있더라 엘리야가 그리로 건너가서 겉옷을 그의 위에 던졌더니(19절).

■ 장소: 호렙산 → 아벨므홀라(잇사갈 지파)
■ 인물: 엘리야, 엘리사(B.C. 850-800년)

1. 탈진과 영적 침체에서 회복되려면 …

어떤 사람이 며칠 동안 쉬지 않고 컴퓨터 게임을 하다가 죽었다는 신문 기사를 읽은 적이 있다. 그는 장시간 게임을 하면서 에너지가 고갈되어 탈진으로 죽었다. 우리 주변에는 사람의 에너지를 빼앗아 가는 것이 아주 많다. TV의 연속극과 휴대폰과 과잉 쇼핑 그리고 도박과 쾌락이 에너지를 빼앗아 간다. 에너지가 고갈되면 제일 먼저 지친다. 그다음 우울증과 짜증, 분노와 슬픔 속에 살게 된다. 그러다 심하면 극단적 선택을 하기에 탈진

방지를 위해 건전한 삶이 필요하다.

우리가 깊은 영적 침체나 탈진했을 때 회복하는 방법 중의 하나는 엘리야가 탈진을 회복했던 것이 좋은 모델이 될 수 있다. 엘리야는 이세벨이 죽인다고 했을 때, 살벌한 현장을 떠나 유다 광야로 갔다. 하나님은 천사를 보내어 탈진한 엘리야를 회복시키신 후 호렙산으로 보내셨다. 엘리야는 호렙산에서 하나님과 독대하면서 반복적으로 "이스라엘에서 아합과 영적 싸움을 하는 사람은 자기뿐"이라고 했다. 그때 하나님은 엘리야에게 이스라엘에 바알에게 무릎 꿇지 않은 사람 칠천 명이 있다고 하셨다. 동시에 아합을 치기 위해 '하사엘, 예후, 엘리사'를 기름 부으라고 하셨다.

19절은 세 사람을 임명할 사명 받은 엘리야가 "거기서 떠났다"는 말로 시작한다. 여기 "거기서"는 호렙산을 가리킨다. 호렙산은 엘리야가 탈진을 회복하고 새로운 사명을 받은 장소이다. 우리에게 있어서 호렙산은 어디일까? 예수 그리스도이시다. 또 교회와 잠시 하던 일을 멈추고 말씀을 읽거나 영적으로 재충전하는 장소이다.

2. 엘리사는 어떤 사람인가?(19-21절)

금수저인 엘리사(19절): 엘리사(אֱלִישָׁע)는 '하나님이 일으키신다. 하나님이 구원하신다'는 뜻이다. 엘리야는 '여호와는 나의 하나님이시다'로 하나님의 '율법'을 암시하는 이름이라면 엘리사는 '여호와는 나의 구세주'로 하나님의 '은총'을 의미하는 고백적 이름이다.

그는 잇사갈 지파 아벨므홀라성 사밧(שָׁפָט, 그가 재판했다)의 아들이었다(왕상 19:19-21). 아벨므홀라(אָבֵל מְחוֹלָה, 춤의 평원)는 요단강 서쪽에 있는 벧산 골짜기 남쪽 끝에 있다. 현재의 지명은 텔 아부 수스(Tell Abu Sus)로 야

비스강이 동쪽으로부터 흘러 요단강으로 들어가는 곳이다.[1]

엘리사는 북왕국 이스라엘의 아합 통치 후기부터(왕상 19:15) 요아스 때까지 사역을 했다(왕하 13:14-21). 그는 엘리야의 후계자로 구약에서 하나님의 이적을 가장 많이 일으켰다(왕상 19:16 이하; 왕하 1-13장). 엘리사가 이적을 많이 행한 것은 그 시대가 그만큼 악했음을 반증한다. 신약성경에는 누가복음 4:27에 엘리사의 이름이 딱 한 번 언급되었다. "또 선지자 엘리사 때에 이스라엘에 많은 문둥이가 있었으되 그 중에 한 사람도 깨끗함을 얻지 못하고 오직 수리아 사람 나아만 뿐이니라."

엘리야가 엘리사를 후계자로 지명했다(19절): "엘리사를 만나니 그가 열두 겨릿소를 앞세우고 밭을 가는데 자기는 열두째 겨릿소와 함께 있더라 엘리야가 그리로 건너가서 겉옷을 그의 위에 던졌더니."

열두 겨리소(twelve yoke of oxen)에서 한 겨리는 한 쌍의 소가 한 멍에를 나란히 메는 것을 말하기도 하고, 한 쌍의 소가 온종일 갈 만한 토지 단위를 의미하기도 한다. 전자인 경우, 엘리사가 스물네 마리의 소로 밭을 간 것이 된다. 본문에 언급되지 않았지만, 다른 일꾼들도 그와 함께 밭을 갈았을 것이다. 토지 단위의 한 겨리는 8분의 5에이커, 즉 약 2,520제곱미터를 말한다).[2]

이스라엘의 밭은 거친 박토(薄土)라 땅이 아주 단단했다. 그래서 소 두 마리가 한 조가 되어 멍에를 메고 쟁기를 끌었다. 본문에서 황소 스물네 마리를 강조한 것은 엘리사의 집안이 넉넉해서 먹고사는 데 지장이 없는 금수저인 것을 말하기 위해서이다.

---

1 존 월튼 외 3인, 『IVP 성경배경주석: 신구약 합본』, 545.
2 베들레헴 버전, "왕상 19:19", 『베들레헴 만나주석』을 참조.

엘리야가 겉옷을 벗어 엘리사에게 던졌다. 모든 겉옷이 다 그렇게 만들어진 것이 아니지만, 선지자의 독특한 겉옷은 짐승 가죽으로 만들어졌고 털이 많았을 것이다(슥 13:4). 고대 이스라엘 사람들은 선지자들이 입었던 가죽옷은 선지자의 표징으로 받아들였다. 엘리야가 자신의 겉옷을 벗어 엘리사에 던진 것은 엘리사를 후계자로 지명한다는 상징적 행위이다.

엘리야는 일개 농부에 불과한 엘리사를 그의 후계자로 세우기 위해 모든 능력을 포기할 각오가 되어 있었다. 이것은 누구든지 새 출발을 하려고 하면 자신의 특권이나 과거에 좋았던 것을 과감하게 버리는 결단이 필요하다는 것을 보여 준다. 과거의 화려함을 버리지 못하면 결코 앞으로 나갈 수 없다. 이런 의미에서 전 경기도 지사였고 다선의 국회의원을 했던 남경필 씨는 대단한 결단을 했다. 그가 경기도 지사로 재직할 때 아들이 마약을 복용하여 감옥에 갔다. 그런데 또 마약을 하여 아버지를 망신시켰다. 남경필 씨는 아들을 경찰에 고발한 후 감옥에서 마약을 끊게 했다.

그는 새벽마다 아들을 위해 기도하다가 하나님을 깊이 만났다. 그 만남이 계기가 되어 경기도 지사직에서 물러난 후 마약 퇴치 본부장을 맡았다. 기자가 그에게 '다시 정치할 생각이 없느냐'고 물었더니 더 이상 정치를 하지 않겠다고 했다. 그 대신 마약 퇴치 본부장으로 섬기면서 이 땅에 마약을 단절시키는 일을 하겠다고 했다. 하나님을 만나고 나니 세상을 사는 목적이 달라진 것이다.

엘리야의 부르심에 대한 엘리사의 반응(20절): "그가 소를 버리고 엘리야에게로 달려가서 이르되 청하건대 나를 내 부모와 입맞추게 하소서 그리한 후에 내가 당신을 따르리이다 엘리야가 그에게 이르되 돌아가라 내가 네게 어떻게 행하였느냐 하니라." 엘리사는 부유하게 사는 것을 만족하지 않고 엘리야의 부르심에 적극적으로 응했다. 그가 엘리야의 부르심에 응함으로 구약에서 하나님의 능력을 가장 많이 행했던 선지자가 되었다. 만약 주님께서 베드로를 사람 낚는 어부로 불렀을 때, 베드로가 먹고사는 문제에 얽매여 주님을 따르지 않았다면, 평범하게 살다가 죽었을 것이다. 그러나 주님을 따르기 위해 과감하게 배와 그물을 버린 것이 예수님의 수제자가 되었다.

엘리사가 엘리야의 부름에 응한 것은 그가 먹고사는 문제보다 하나님의 일 즉, 영적인 일에 관심이 많았음을 보여 준다. 엘리사도 아합왕의 친바알과 아세라 정책으로, 온 세상이 바알과 아세라 우상이 세워지는 것을 무척 가슴 아프게 생각했다.

이 시대에도 영적으로 둔한 사람은 먹고사는 데 지장이 없으면 만족한다. 그러나 영적으로 민감한 사람은 먹고사는 것보다 하나님의 영광에 대해 더 관심이 많다. 하나님은 후자와 같은 사람을 사용하시고, 그의 생계까지 책임져 주신다. 이것 때문에 주님은 "그런즉 너희는 먼저 그의 나라와 그의 의를 구하라 그리하면 이 모든 것을 너희에게 더하시리라"(마 6:33)는 말씀을 하셨다.

선지자가 되기로 한 엘리사의 결단(21절): "엘리사가 그를 떠나 돌아가서 한 겨릿소를 가져다가 잡고 소의 기구를 불살라 그 고기를 삶아 백성에게 주어 먹게 하고 일어나 엘리야를 따르며 수종 들었더라." 왜 엘리사가 소 두 마리를 잡아서 이웃들에게 주고, 밭을 가는 도구를 불살랐을까? 하나님의 부르심을 받은 이상 다시는 농부로 돌아가지 않겠다는 것이다. 누구든지 그리스도 안에서는 새로운 피조물이다. 새로운 피조물이 된 사람들은 다시는 죄를 짓는 생활로 돌아가지 말아야 한다.

3. 엘리사와 같은 결단을 할 때

오래전에 김삼성 선교사라는 분이 『당신도 영적 카라반이 되라』는 책을 썼다. 그는 경희대 법대를 졸업한 후 고시 준비를 했으나 영혼의 만족함과 삶의 목적을 찾지 못해 방황했다. 그때 주님을 만난 후 신학을 하게 되었다. 독일에서 박사학위를 취득한 후에 교계에서 인정받는 교수가 되고 싶어서 열심히 공부했다. 그런데 어느 수양회에서 "때가 되었으니 선교지로 가라"는 성령님의 음성을 들었다.

이때 그의 아내는 어려운 박사 과정을 마치고, 박사학위를 취득하여 한국에 귀국할 날을 기다리고 있었다. 그런데 남편이 카자흐스탄 선교사로 가겠다는 말을 들었을 때 큰 충격을 받고 가지 않겠다고 했다. 그때 김삼성 씨는 "하나님께서 당신 마음을 감동하게 해 주실 때까지 금식하겠소"라는 선포와 함께 금식했다. 금식한 지 며칠이 지나지 않아서 그의 아내가 말했다.

"당신 정말 섭섭해요, 당신과 한 몸인 나를 아내로 생각했다면 어떻게 나와 의논도 없이 당신 혼자 결정할 수 있어요? 나는 이 상처를 평생 잊을 수가 없어요. 그러나 당신의 결정이 주님의 부르심으로 알고 죽으면 죽으리라는 각오로 당신을 따르겠어요."

박사학위를 받았기에 한국으로 귀국하면 장래가 보장되는 교수직을 받을 수 있었다. 그러나 성령님의 음성을 더 우선으로 여기고, 하나님의 목적과 비전에 동참하기 위해 카자흐스탄으로 선교사로 갔다. 그 후 이슬람권의 카자흐스탄 알마티 은혜교회는 5천 명 이상 모였다. 김삼성 선교사는 중국 신장성에서 시작하여 터키와 아랍권을 거쳐 예루살렘을 종착하는 '비전 실크로드 수양회'라는 성지순례 코스를 만들었다. 지금까지 그 코스에 2만 명 이상 참석했으며, 매년 성지 순례자의 숫자가 늘어난다고 한다.

예수님께서 "손에 쟁기를 잡고 뒤를 돌아보는 자는 하나님의 나라에 합당하지 아니하니라"는 말씀을 하셨다. 손에 쟁기를 들고 밭을 가는 자의 유일한 목적은 곧은 고랑을 내는 것이다. 밭의 고랑을 내는 일을 하면서 다른 일에 신경 써서 뒤를 돌아본다면 고랑이 곧게 되지 않을 것이다. 마찬가지로, 예수님을 좇는 자의 궁극적 목적은 하나님의 나라를 전파하는 것이다. 지금도 주님은 하나님 나라를 확장할 일꾼을 부르신다. 주님의 부르심에 엘리사와 김삼성 선교사처럼 응하기만 하면 주님께서 귀하게 쓰실 것이다. 그러니 나는 주님의 부르심에 따라갈 준비가 되어 있는가?

■ 되새김 >>>

1. 엘리사는 '여호와는 나의 구세주'라는 뜻으로 그 이름에 맞는 삶을 살았다.
2. 엘리사는 금수저였으나 먹고사는 데 만족하지 않고 하나님의 일을 더 우선으로 생각했다.
3. 하나님께서 다양한 방법으로 사람을 부르신다. 그 부름심에 내가 반응을 보여야 한다.

34

엘리사가 사역할 때 영적 분위기(왕상 19:2, 10, 19-21)

■ 핵심 내용

그가 대답하되 내가 만군의 하나님 여호와께 열심이 유별하오니 이는 이스라엘 자손이 주의 언약을 버리고 주의 제단을 헐며 칼로 주의 선지자들을 죽였음이오며 오직 나만 남았거늘 그들이 내 생명을 찾아 빼앗으려 하나이다(10절).

■ 장소: 아벨므홀라, 엘리야
■ 인물: 엘리야, 엘리사(B.C. 850-800년), 아합

1. 그 시대의 영적 분위기(2, 10절)

영적으로 암울한 시대: 엘리사(אֱלִישָׁע)는 '하나님이 구원하신다, 하나님이 일으키신다'는 뜻이다. 엘리사가 선지자로 부름을 받았을 때 아합이 이스라엘을 통치하고 있었다. 그래서 영적으로 무척 암울하여 하나님을 제대로 섬기려고 하면 순교를 각오해야만 했다. 이런 분위기를 2절에서 찾을 수 있다. "이세벨이 사신을 엘리야에게 보내어 이르되 내가 내일 이맘때에는 반드시 네 생명을 저 사람들 중 한 사람의 생명과 같게 하리라 그렇게 하지 아니하

면 신들이 내게 벌 위에 벌을 내림이 마땅하니라 한지라." 그리고 엘리야가 하나님께서 했던 말에서 찾을 수 있다. "이는 이스라엘 자손이 주의 언약을 버리고 주의 제단을 헐며 칼로 주의 선지자들을 죽였음이오며 오직 나만 남았거늘 그들이 내 생명을 찾아 빼앗으려 하나이다"(10, 14절).

엘리사가 이런 시대에 선지자로 부름을 받았기에, 보통 사람 같으면 이 핑계, 저 핑계를 대면서 선지자 직분을 받지 않으려고 했을 것이다. 필자가 사는 영도 지역은 인구가 소멸하는 지역이다 보니, 부교역자를 초빙해도 잘 오지 않으려고 한다. 그 이유는 "어떤 교역자는 사례금이 적다고, 아파트 평수가 작다고, 혹은 교회 일이 너무 많고, 자녀 교육을 시키는 환경이 좋지 않아서, 또 담임목사로 나가는 데 지장이 많아서"라고 한다. 영도에서 예수 믿는다고 핍박이 있거나 사역 못 하는 것도 아닌데 자기 편한 길만 찾으려고 한다.

부자였던 엘리사가 편한 길만 찾으려고 했으면 결코 선지자의 부르심에 응하지 않았을 것이다. 그러나 우상 숭배로 타락하는 이스라엘을 말씀으로 바로 세워야겠다는 믿음의 열정이 있었다. 그 열정이 선지자의 부르심에 응하게 했기에 우리도 엘리사의 열정을 본받아야 한다.

2. 과연 아합이 가치 있는 일을 하고 있을까?(10절)

아합이 바알과 아세라를 이스라엘 국교로 삼기 위해, 하나님을 버리고 수많은 주님을 믿는 선지자들을 죽였다. 바알 숭배가 그렇게 할 만큼 가치가 있었을까? 전혀 그렇지 않다. 오히려 바알 숭배는 음란 문화를 확산시키고 도덕적으로 문란하게 한다. 그런데도 그 당시 사람들이 바알과 아세라를 섬긴 것은 두 신이 농사와 관련이 있기 때문이다. 바알은 풍년을 주는 남자 신이고, 아세라는 다산의 여신이다. 농사를 짓기 위해 자녀가 많아야 하고, 비가 적절하게 내려야 했다. 게다가 음란한 짓을 마음대로 할 수 있었기에 쾌락을 추구하는 차원에서 바알과 아세라를 많이 섬겼다.

가나안 사람들의 신관: 하늘에서 비가 오는 것은 바알과 아세라가 부부관계를 하기 때문이라고 생각했다. 그래서 비가 적절하게 내리는 것은 두 신이 부부관계를 잘 하는 것이고, 그렇지 않으면 부부관계를 하지 않는다는 것이다. 파종할 때 적절하게 비가 내려야 한다. 이것 때문에 지상에다 바알 신전을 지어 놓고, 매일 남녀가 음란한 짓을 하여 바알과 아세라를 자극했다. 여기에 자극을 받은 두 신이 부부관계를 하여 비를 내려 준다고 생각했다. 이것이 그들의 종교요, 생활화가 되다 보니 음란을 죄라고 생각하지 않았다. 그러니 가나안의 문화는 성적으로 타락할 수밖에 없었다.

엘리야와 엘리사는 이런 잘못된 신관을 바로잡기 위해 하나님이 하늘에서 비를 내려 주신다고 했다. 호세아도 우상 숭배로 영적 간음을 하는 자들에게 이렇게 호소했다. "여호와를 알자, 힘써 여호와를 알자, 그러면 여호와가 이른 비와 늦은 비를 내려 주신다"(호 6:3).

누가 주의 선지자들을 죽였는가?(10절): 수많은 믿음의 사람이 아합의 친바알 정책에 반대했다. 아합은 그들을 죽이거나 배척했다. 그런데 선지자를 죽였던 사람이 이방인이 아니다. 한때 하나님께 제사 드리면서 조상 대대로 하나님을 섬겼던 사람들이다. 그들이 아합 편에 서서 여호와의 신앙을 없애기 위해 주의 종들을 죽였다. 이런 현상이 그 당시만 아니라 지금도 계속 일어나고 있다.

동성연애는 죄다: 하나님의 창조 원리는 남녀가 결혼하여 가정을 이루는 일부일처제이다. 이렇게 해야 자녀가 태어나서 믿음의 대가 이어진다. 그런데 동성연애자를 옹호하는 자들은 이런 창조 원리를 무시한다. 지난 파리올림픽 개막식은 동성연애를 옹호하면서 노골적으로 기독교를 무시하고 조롱했다. 동성연애는 하나님의 창조 원리를 무시하는 것이기 때문에 하나님은 그 본보기로 소돔과 고모라에 불 심판을 내리셨다.

로마서 1:26-27에도 하나님이 동성연애자들을 부끄러운 욕심대로 내버려 두시어 때가 되면 심판하신다고 했다. 그러니 성도들은 동성연애자를 보호하는 포괄적 차별금지법은 하나님의 창조 원리에 반하는 악법이라고 주장해야 한다. 그런데 그렇게 하지 않는 것이 문제이다. 일부 성도가 성경을 왜곡하면서까지 동성연애자를 옹호하려고 한다.

포괄적 차별금지법을 반대하면 탈레반인가?: 얼마 전 국회에서 안창호 인권위원장 후보에게 한 민주당 국회의원이 "포괄적 차별금지법에 대해 어떻게 생각하느냐"고 물었다. 그때 기독교인이었던 안창호 후보는 "포괄적 차별금지법을 반대하고, 학교에서 진화론과 창조론을 동시에 가르쳐야 한다"고 했다. 그러자 민주당 김성회 의원이 "보수 기독교 탈레반주의자"라는 막말했다.

김성회 의원이 말하는 탈레반은 어떤 자들인가? 아프가니스탄의 회교 원리주의를 외치면서 어린이와 여성을 무참하게 살해하는 자들이다. 법과 인권은 안중에도 없이 살인을 마음대로 일삼는 테러리스트들이다. 나라를 망하게 하는 포괄적 차별금지법을 반대한다고 인권위원장 후보를 탈레반에다 비유한 것은 기독교를 모독하는 것이다. 한국기독교총연합회가 국회 앞에서 기자회견을 열고 김성회 의원은 한국 기독교를 모독한 말을 사과

하고 사퇴하라고 했다.[1] 그러자 김성회 의원은 자신의 발언을 사과한다고 하면서도 자신은 기독교인으로 동성애를 인정한다고 했다. 하나님이 금하신 것을 인정하지 않는 자가 어찌 거듭난 기독교인이란 말인가? 예수 믿는 척 흉내만 내고 있을 뿐이다.

3. 포괄적 차별금지법의 문제점

포괄적 차별금지법이 통과되면 동성연애가 죄라고 비판하지 못한다. 이것보다 더 큰 심각한 것은 내가 '남성, 여성'이라는 성(性)의 정체성을 마음대로 정할 수 있다는 것이다. 지금은 남자 혹은 여자로 태어난 성(sex)을 가지고 남성, 여성으로 나눈다.

그런데 포괄적 차별금지법은 태어날 때의 성 대신에 내 마음대로 성을 정할 수 있다. 이것을 영어로 '젠더'(Gender)라고 한다. 남성인 내가 여성으로 살고 싶으면 여성이라고 하면 된다. 그때부터 여성 화장실, 여성 목욕탕 등 여성들만 이용하는 곳을 마음대로 출입할 수 있다. 여성으로 살다가 싫증이 나면 또 남성으로 바꾸면 된다. 여성들도 이런 식으로 자기의 성을 마음대로 바꿀 수 있다. 포괄적 차별금지법이 통과된 서구권에서 '젠더' 문제로 성의 대혼란으로 사회 문제가 대두되었다. 그래서 노르웨이 같은 나라는 1년에 한 번 정도만 성을 바꾸도록 법을 제정했다.

포괄적 차별금지법을 만드는 의도: 창조주 하나님을 무시하고 깔보기 위해서이다. "하나님! 저도 하나님과 같은 신입니다. 그러니 제가 하는 일에 간

---

[1] 「크리스천투데이」 2024년 9월 25일 주간 4면에 기재된 〈핫이슈〉를 참조.

섭하지 마십시오." 사탄이 하와에게 선악과를 먹으라고 유혹할 때도 이와 비슷한 말을 했다. 포괄적 차별금지법의 이면에는 사탄이 하나님이 정해 놓은 창조 질서와 건전한 가정을 파괴하여 생육하고 번성하라는 하나님의 창조 명령을 막으려고 한다. 그러니 기독교인들은 어떤 일이 있어도 포괄적 차별금지법이 국회에서 통과되지 못하도록 막아야 한다.

포괄적 차별금지법이 통과된 서구권에서 동성연애를 죄라고 하면 처벌받는다. 이것보다 심각한 것은 하나님을 믿는다는 목사와 장로들이 총회에서 동성연애를 합법화하는 법을 통과시켰다. 동성연애자 결혼에 주례하고, 동성연애자가 목사가 되게 했다. 그러면서 포괄적 차별금지법을 반대하는 목사와 성도를 교권으로 탄압하여 목사직을 제명시켰다.[2] 각주에 있는 유튜브를 보면 총회와 목사들이 동성애를 반대하는 목사를 제명하여 더 이상 목회를 못 하도록 한 내용을 볼 수 있다. 이스라엘 백성들이 아합 편에 서서 하나님을 섬기는 선지자들을 죽였는데, 그런 일이 내용만 달라서 그렇지 지금도 일어나고 있다.

요한계시록에 예수님이 재림하실 때가 되면, 온갖 이단들이 판을 칠 것이고, 정부가 법으로 복음을 전하지 못하도록 막는다고 했다. 지금 이런 현상이 일어난다는 것은 예수님이 재림하실 때가 다 되었다는 것이다.

서구권 목사들의 당부: 포괄적 차별금지법이 통과된 나라의 목사들이 이구동성으로 하는 말이 한국 교회가 포괄적 차별금지법을 막지 못하면 미국과 유럽처럼 된다고 했다. 처음에는 포괄적 차별금지법을 잘 몰랐고, 관심이 없었다. 포괄적 차별금지법이 통과되어도 나만 신앙생활을 잘 하면 된다는 생각을 했다. 그런데 법의 통과로 사회 혼란이 일어나고, 복음 전

---

2 https://youtu.be/m-wYddOVE3c?si=RM-g7Kjnd86ohTVP.

파를 막으려는 악법인 것을 알았을 때는 더 이상 막을 수가 없었다고 했다. 그러니 한국 교회는 어떤 일이 있어도 이 법을 막아야 한다고 신신당부를 했다.

엘리사가 영적으로 암울한 시대에 선지자로 부름을 받았다. 이것 때문에 하나님께서 구약에서 이적을 가장 많이 일으키는 선지가 되게 했다. 이것은 엘리사가 그 시대의 악과 치열하게 싸웠음을 보여 준다. 우리도 엘리사와 같은 사명으로 이 시대의 악과 싸운다면 성령께서 강력한 은혜와 능력을 주시는 것을 체험할 것이다.

■ 되새김 >>>

1. 엘리사는 영적으로 암울한 시대를 하나님의 말씀으로 개혁시키려고 했다.
2. 아합 때처럼 지금도 포괄적 차별금지법을 반대하는 목사들을 목사와 교권이 탄압하고 있다.
3. 포괄적 차별금지법은 하나님의 창조 원리를 부정하고, 복음 전파를 막는 악법이다.

35

이스라엘과 아람과의 제1, 2차 전쟁(왕상 20:1-30)

■ **핵심 내용**

한 선지자가 이스라엘의 아합왕에게 나아가서 이르되 여호와의 말씀이 네가 이 큰 무리를 보느냐 내가 오늘 그들을 네 손에 넘기리니 너는 내가 여호와인 줄을 알리라 하셨나이다 (13절).

■ 장소: 아람(다메섹) → 사마리아 → 아벡
■ 인물: 아합, 벤하닷, 이스라엘 장로들

1. 아람과 이스라엘의 전쟁(1-12절)

아람 왕 벤하닷의 침입(1절): 아람의 역사를 살펴보면 '벤하닷'(בֶּן־הֲדַד, 하닷의 아들)의 이름으로 아람을 통치했던 왕이 서너 명인 것을 알 수 있다. 첫 번째 벤하닷은 유다 왕 아사의 요청으로 이스라엘 왕 바아사를 쳤던 벤하닷 1세를 가리킨다(왕상 15:20). 본문에 나오는 벤하닷은 그의 아들 벤하닷 2세이다. 열왕기하 8장을 보면 하사엘에 의해 죽임을 당했던 왕의 이름이 벤하닷이라고 했다(B.C. 842년). 하사엘이 아람의 왕이 된 후에도 왕의 칭

호를 바꾸지 않고 '벤하닷'을 그대로 사용했다.[1]

그 당시 아람은 32개국으로 나누어진 소규모의 도시국가였다. 그때 다메섹의 벤하닷이 주도권을 잡고 그들과 연합했다. 벤하닷은 북왕국을 굴복시켜 종주국으로 만들고자 사마리아를 포위했다(1절). 그때 아합은 북쪽으로는 시돈, 남쪽으로는 유다와 동맹을 맺은 상태였다. 벤하닷의 연합군이 사마리아를 포위함으로 이스라엘의 운명이 절체절명의 위기에 빠졌다.

벤하닷의 무리한 요구(2-12절): 벤하닷은 사신을 아합에게 보내 사마리아성에 있는 모든 은금과 아합과 고관들의 아내와 자녀들을 다 내어놓으라고 했다. 내일 신하들을 보내, 왕궁과 신하들의 집을 수색하여, 그가 요구하는 것을 다 가져가겠다고 했다(6절). 이것을 보면 벤하닷은 아합을 자기 마음대로 해도 되는 상대라고 여겼던 것 같다. 아합은 벤하닷이 요구한 공물과 평화로운 복종 관계는 들어주려고 했다. 그 당시 속국 관계가 되면 그 협약을 지키겠다는 보증으로 아합의 가족 중 몇 명을 볼모로 보냈다. 벤하닷은 아합이 매우 협조적인 것을 발견하고, 강탈권의 범위를 왕궁에서 발견되는 모든 값진 것으로 확대했다.

여기에 부담을 느낀 아합은 이스라엘의 장로들을 불러 대책을 의논했다. 여기 장로(זָקֵן)는 열 지파 공동체를 유지하는 대표자들로 오늘날로 보다면 도지사에 해당되는 직책이다. 장로들은 은금을 주되, 아내와 자녀들을 줄 수 없다면 거절하라고 했다(8절). 이 말을 들은 벤하닷은 아람 군의 무차별 공격과 살상으로 사마리아가 잿더미가 될 것이고, 아람 군의 숫자가 엄청나서 초토화된 사마리아성에 있는 모든 부스러기가 아람 군의 주먹 안에 다 채우지 못할 것이라고 했다(10절). 이것은 벤하닷이 아합과 이스라엘

---

[1] 존 월튼 외 3인, 『IVP 성경배경주석: 신구약 합본』, 546.

백성들에게 공포심을 심어 주기 위해 다소 과장되게 말한 것이다.

2. 여호와의 말씀이 임하시다(13-21절)

내가 여호와인줄 알리라(13절): "한 선지자가 이스라엘의 아합왕에게 나아가서 이르되 여호와의 말씀이 네가 이 큰 무리를 보느냐 내가 오늘 그들을 네 손에 넘기리니 너는 내가 여호와인 줄을 알리라 하셨나이다."

열왕기상 16:26-22:40까지 기록된 아합의 생애를 읽어 보면 하나님의 말씀이 아합에게 임할 때마다 아합은 말씀을 무시했다. 아합은 하나님이 참신이신 증거를 수없이 보고서도 회개하지 않았다. 그리고 친바알과 아세라 정책을 포기하지 않았다. 그런데도 하나님은 아합을 버리지 않으시고, 아람 왕의 손에서 이스라엘을 구원하시려고 했다. 13절은 그 이유를 아람 왕과 아합에게 "하나님이 여호와인 것을 가르쳐" 주시기 위해서라고 했다.

출애굽기 3:14에는 하나님께서 모세를 애굽으로 보내면서 친히 여호와(יהוה, 스스로 계시는 분)의 신명을 말씀하셨다. 여호와 하나님은 사람이 만든 각종 우상과는 달리 스스로 계시는 자존자(自存者)이시다. 하나님은 모세에게 애굽 왕 바로에게 자신이 섬기는 여호와께서 이스라엘 백성을 해방시켜 주라고 말씀하셨다. 그때 바로가 "여호와가 누구이기에 나에게 그런 명령을 하느냐"고 하면서 모세의 요청을 거절했다. 하나님은 바로에게 '여호와가 누구신가'를 보여 주시기 위해 열 가지 재앙으로 애굽의 신들을 심판하셨다.

여호와는 스스로 계시는 동시에, 이스라엘의 열조였던 아브라함과 이삭과 야곱과 언약을 맺으신 하나님이시다. 하나님은 아브라함과 할례 언약을 통해 이런 말씀을 하셨다. "나는 너와 너희 후손의 하나님이 되고, 너와 너희 후손은 나의 백성이 되게 할 것이라"(창 17:7-8). 이 할례 언약이 모세가 시내산에서 율법을 받음으로 더욱 견고해졌다. 비록 아합과 이스라엘이 하나님을 버리고 우상 숭배를 했으나 하나님은 아브라함과 맺은 할례 언약을 기억하사 교만한 아람 왕에게 '여호와의 존재에 대해 분명하게 가르쳐' 주시려고 했다.

하나님이 아합의 행위와 관계없이 아브라함과 맺은 언약을 지키시는 것처럼, 지금은 예수 그리스도 안에서 성도들과 맺은 약속을 지키신다. 만약 아합이 이번에도 하나님의 뜻을 거절하면 거절한 대가로 심판이 뒤따를 것이다.

우유부단한 아합(14-20절): 아합은 선지자에게서 하나님이 사마리아를 구원하신다는 말을 듣고는 "누구를 통하여 그렇게 하시리이까"라고 말했다(14절). 그는 아람 연합군을 물리치기 위해서는 애굽 군대와 같은 대군이 필요하다고 생각했다. 하나님의 선지자는 아합이 기대했던 애굽 군대 대신 "각 지방 고관의 아들들로 하여금 아람을 치겠다"(15절)고 했다. 하나님의 선지자가 고관의 아들을 모으니 이백삼십 명이었다. 그들과 함께 전쟁에 참여했던 백성의 숫자를 계수하니 칠천 명이었다. 칠천 명에 비해 아람 연합군은 보명만 십만 명이다(29절). 이런 대군과 싸워 이긴다면 그 승리는 하나님의 능력으로 이겼다는 것을 인정하게 될 것이다.

이스라엘의 군사들은 방심한 채로, 술에 취해 있는 아람 군을 급습했다. 그들은 사마리아성을 포위했으니 시간이 지나면 승리는 자신들의 것이 될 것으로 생각했다. 그 방심에 허를 찔려 그들은 패배했다. 제1차 아람과 이스라엘의 전쟁은 두 왕에게 "여호와가 누구인가"를 분명하게 체험할 수 있는 계기가 되었다.

3. 제2차 이스라엘과 아람의 전쟁(22-30절)

감사가 없는 시대: "최근 기아자동차 노동조합이 만 64세로 정년 연장을 추진하면서, 이와 별도로 각종 경조금을 요구했다. 직원 환갑 때는 축하금 100만 원을 지급하고, 직원 자녀 출생에 따른 경조금은 최대 2,000만 원으로 늘려야 한다는 2024년 단체협약 개정 요구안을 확정해 회사 측에 전달했다. 작년에 기아는 노조와 협의해서 자녀 출생 때 지급하는 경조금을 기존 100만 원에서 최대 500만 원으로 확대했다. 셋째 이상 아이를 낳으면 500만 원을 준다고 했는데 노조는 이것도 부족하여 첫째는 500만 원, 둘째 1,000만 원, 셋째 2,000만 원까지 늘려 줄 것을 요구했다. 이들이 평균 연봉을 '1억 2,700만 원' 이상 받는다"[2]고 한다.

기아자동차는 1996년에 부도가 났다. 모체 기업의 부도로 부품을 공급했던 수많은 협력 업체가 연달아 부도가 났다. 기아로 인해 나라 경제가 휘청거리는데도, 기아 회장이 사퇴하지 않으려고 해서 신속하게 기아 사태를 해결하지 못했다. 그 결과 국가 신용도가 급속하게 떨어졌고, 외환부족으로 한국은 IMF로부터 구제금융을 받았다. 전 국민이 희생을 감수하면서 엄청난 혈세를 부어 기아를 회생시켰다.

국민 혈세로 세워진 기아자동차가 요즘 와서 잘되니, 노조가 과거 기아 회생에 대한 보은은 생각지도 않고 자기들의 배만 채우고 있다. 기아 자동차는 사회적 기업인데 언제까지 귀족 노조의 배만 채워야 하겠는가? 이런 기아 노조의 모습은 하나님의 파격적 은혜를 받고서도 전혀 감사하지 않는 사람들의 모습이다.

---

[2] 「조선일보」 2024.06.12에서 인용.

아합은 하나님의 도우심으로 극적으로 승리했다면 제일 먼저 하나님께 감사드려야 했다. 그런데 성경 어느 곳을 찾아보아도 아합이 하나님께 감사했다는 말이 없다. 그런데도 하나님은 아합을 버리지 않으시고, 제2차 아람과의 전쟁까지 도와주셨다.

아람의 제2차 공격(22-25절): 아람 왕이 이스라엘과 전쟁 준비를 한창 할 때 하나님의 선지자가 아합에게 해가 바뀌면 아람이 다시 공격할 것이라고 했다(22절). 벤하닷 2세의 신하들은 제1차 전쟁의 패배를 분석하다가 "여호와는 산의 신이고, 아람의 신은 평지의 신이니 평지에서 싸우면 승산이 있다"(23절)고 했다. 아람의 신하들이 여호와를 산의 신으로 생각한 것은 이스라엘의 제단이 주로 산에 있었기 때문이다(출 19:18; 왕상 18:19, 38) 아람은 벤하닷을 중심으로 일사불란하게 움직일 수 있도록 지휘 체계를 개편했다. 그리고 10만 명 이상의 군사를 소집하여 평지에서 싸우려고 출정했다.

이스라엘은 작은 염소 떼와 같고(26-25절): "10만 명이 넘은 아람 연합군에 비해 이스라엘의 군사는 두 무리의 적은 염소 떼와 같았다"(27절). 이스라엘 군사 두 무리의 적은 염소 떼와 같다고 비유한 것은 본래 염소 무리에서 분리되어 한산하게 배회하는 작은 무리를 가리키는 회화적 표현이다. 아람 군을 연합군의 대군에 비교하면 이스라엘의 군사 숫자가 너무 적었다. 그러니 상대가 되지 않는 전쟁이 될 것이다.

다시 여호와의 말씀이 임하시다(26-30절): "그때에 하나님의 사람이 … 여호와의 말씀에 아람 사람이 말하기를 여호와는 산의 신이요 골짜기의 신은 아니라 하는도다 그러므로 내가 이 큰 군대를 다 네 손에 넘기리니 너희는 내가 여호와인 줄을 알리라 하셨나이다 하니라"(28절). 양 진영이 7일간 대치 상태로 있다가 전면전으로 확대했다. 그때 이스라엘 군이 아람 보병 10만 명을 죽였다. 아람 군은 사론의 평원에 있는 아벡(אֲפֵק, 강한 요새)으로 도망갔으나 하나님이 초자연적 방법으로 성읍을 무너뜨려 2만 7천 명이 죽게 했다. 하나님은 제1차 전쟁 때와 마찬가지로 제2차 전쟁도 벤하닷과 아합에게 "여호와가 어떤 분인가?"를 분명하게 보여 주었다.

■ 되새김 >>>

1. 사람은 힘이 있으면 힘 자랑을 하듯이 아람 왕 벤하닷이 이스라엘을 정복하려고 했다.
2. 하나님은 두 번이나 이스라엘을 아람과의 전쟁에서 승리하게 하셔서 여호와가 누구신지 보여 주셨다.
3. 아람 대군을 물리치신 여호와는 신약에서 말씀이 육신이 되어 우리 가운데 거하시는 예수 그리스도 성령을 가리킨다.

36

아합왕의 죽음에 대한 예언(왕상 20:31-43)

■ 핵심 내용

그가 왕께 아뢰되 여호와의 말씀이 내가 멸하기로 작정한 사람을 네 손으로 놓았은즉 네 목숨은 그의 목숨을 대신하고 네 백성은 그의 백성을 대신하리라 하셨나이다(42절).

■ 장소: 아벡 → 사마리아, 아벡 → 다메섹
■ 인물: 아합왕, 아람 왕

1. 배은망덕의 의미

우화 중에 한 나그네가 함정에 빠진 호랑이를 구해 준 이야기가 있다. 호랑이는 나그네에게 자신을 구해 주면 잡아 먹지 않겠다고 약속했다. 그런데 나그네가 구해 주자 태도를 돌변하여 나그네를 잡아먹으려고 했다. 나그네는 "너를 살려 준 은혜도 모르고 나를 잡아 먹으려고 하느냐?"고 따졌더니 호랑이는 배가 고파 어쩔 수가 없다고 했다. 나그네는 시간을 끌어 볼 생각으로 황소에게 "호랑이를 살려 준 나를 잡아먹는 것이 옳은지 아닌지를 물어보자"고 했다.

황소는 "당연히 호랑이가 사람을 잡아먹어야 한다"고 했다. "우리가 사람을 위해, 논밭을 갈아 주고, 무거운 짐을 날라 주는데, 사람들은 그 은혜도 모르고 실컷 부려 먹은 후 자신들을 잡아 먹는다"는 것이 그 이유였다.

나그네는 옆에 있는 소나무에게 물어보자고 했다. 소나무는 "우리가 사람들을 위해 시원한 그늘을 만들어 주고, 빗물을 빨아들여 홍수를 막아 주는데, 사람들은 그 은혜도 모르고, 우리를 베어 불 속에 넣는다"고 하면서 호랑이가 나그네를 잡아먹어야 한다고 했다.

호랑이가 좋아서 덩실덩실 춤을 출 때, 수풀 속에서 토끼 한 마리가 뛰쳐나왔다. 호랑이는 자랑하듯이 그동안 있었던 일을 말했다. 토끼는 이런 제안을 했다. "말만 듣고는 누가 옳은지 판단할 수 없으니 처음부터 상황을 재연해 보는 것이 좋겠습니다." 호랑이는 "내가 이렇게 함정에 빠져서 울부짖었다"고 하면서 함정 속으로 뛰어들었다. 그때 토끼는 나그네에게 "살려 준 은혜도 모르는 배은망덕한 호랑이는 함정에서 죽는 것이 마땅하니, 빨리 갈 길을 가라"고 했다.[1]

배은망덕(背恩忘德)은 '남에게 입은 은혜를 잊고 배반한다'라는 뜻이다. 이스라엘 왕 아합은 하나님의 은혜를 수없이 받았음에도 감사하기는커녕, 더 하나님의 뜻과 어긋난 행동을 했다. 본문은 그것 때문에 하나님께서 아합의 죽음을 선포하시는 것을 말한다.

---

1 이준연, 『엄마와 함께 읽는 이야기 365일』 (한국프뢰벨유아교육, 2003) : https://brunch.co.kr/@815/73

2. 아합이 벤하닷을 살려 주다(31-34절)

하나님께 묻지 않았던 아합(30-31절): 아람 왕 벤하닷과 패잔병들은 아벡(אֲפֵק, 강한 요새)으로 도망갔다. 하나님이 성벽이 무너지도록 해서 2만 7천 명이 죽었다. 벤하닷과 신하들은 골방에 숨어 살아남기 위해 여러 가지를 의논했다. 신하들은 이스라엘 왕들은 인자하니 항복하면 살려 줄 것이라고 했다. 그들은 굵은 베로 허리를 동이고 테두리를 머리에 쓰고 아합에게 나아갔다.

아합은 여호와께 묻지도 않고, 의기양양해서 "벤하닷이 아직 살아 있느냐 그는 내 형제이니라"(32절)라고 했다. 이것은 벤하닷과 화친 조약을 염두에 두고 한 말이다. 여기서 아합이 신중하지 못하고 기분에 따라 움직이는 것을 볼 수 있다. 벤하닷은 두 번이나 이스라엘에 쳐들어와 수많은 백성을 죽이고, 약탈하고, 포로로 잡아갔다. 아합에게 "너의 은금과 네 아내와 자녀까지 다 내어놓으라"고 협박했던 교만한 적국의 왕이다. 이런 그가 어찌 형제가 될 수 있단 말인가? 더구나 전쟁의 승리가 하나님의 도우심으로 된 마당에 어찌 이런 말을 할 수 있을까?

아합은 승리에 도취되어 벤하닷을 자기의 병거에 태우고, 승전 퍼레이드를 펼쳤다. 벤하닷은 감사의 표시로, 다메섹에 아합왕의 이름과 위업을 기념하는 도로를 건설하고, 이전에 아람이 빼앗아 갔던 이스라엘의 모든 성읍을 반환하겠다고 했다(34절). 이것은 아람 왕이 크게 인심을 쓰는 것 같지만, 실상은 전쟁에서 승리한 쪽이 다 차지하는 것들이다. 감언이설로 아합을 즐겁게 하여 위기를 벗어나려는 미봉책(彌縫策)에 불과하다. 만약 아람으로 되돌아가면 치욕을 되갚기 위해 다시 전쟁을 일으킬 것을 아합이 깨닫지 못했다.

아합의 행위가 주는 교훈: 어떤 일이 잘되었을 때 지나치게 나를 높이거나 칭찬하는 자를 조심해야 한다. 그들의 속셈은 나의 성공을 이용하여 한 몫을 챙기려고 하는 데 있다. 이것 때문에 잠언 12:6은 "악인의 말은 사람을 엿보아 피를 흘리자 하는 것이거니와 정직한 자의 입은 사람을 구원하느니라"라고 말한다. 타인의 말을 잘 분별하려면 매사에 하나님의 뜻을 묻는 것이 습관이 되어야 한다. 다윗은 크고 작은 일을 만났을 때 꼭 여호와께 물었다. 그 결과 하나님께서 다윗의 길을 인도하여 형통하게 하셨다. 우리도 하나님께 물어야 성령의 인도를 받을 수 있다. 마지막으로 일이 잘된 것이 하나님의 도우심으로 된 것을 인정하고 하나님께 영광을 돌려야 한다.

3. 한 선지자가 아합을 규탄하다(35-43절)

특별한 메시지를 전달하기 위한 퍼포먼스: 퍼포먼스(performance)는 '배우가 관중들에게 자신이 표현하고자 하는 관념이나 내용을 신체와 내용물을 통해 구체적으로 보여 주는 예술 행위'이다. 하나님은 자기 뜻을 알리실 때 주로 말씀하셨으나, 필요에 따라 선지자들이 특별한 퍼포먼스를 하도록 하셨다.

예레미야 13장을 보면 하나님은 예레미야에게 '베 띠'를 사서 그 띠를 허리에 띠고, 유브라데강으로 가서 그것을 바위틈에 감추라고 하셨다(렘 13:4). 그리고 다시 감추어 두었던 "띠를 찾아서 취하라"고 하셨다. 예레미야는 하나님의 말씀에 따라 유브라데강으로 가서 베 띠를 감추고, 감추어 둔 띠를 꺼내 보니 썩어서 쓸모없게 되었다. 이 썩은 베 띠가 상징하는 것이 무엇일까? 띠를 허리에 두른 것은 하나님과 유다 백성 간의 강한 유대감을 나타낸다(11절). 그러나 허리에 둘렀던 띠가 썩었다는 것은 유다와 예루살렘 거민들의 교만이 베 띠처럼 썩게 하겠다는 하나님의 의지적인 표현이다(9절).

10절은 교만한 유다 백성을 악한 백성이라 칭했고, 그들이 여호와 앞에 보인 교만한 모습이 썩은 베 띠와 같다는 것이다. 이런 행위는 유다 백성들이 여호와의 말씀을 거역하고, 다른 신들을 섬기면서 따라간 것을 말한다. 하나님은 예레미야의 썩은 베 띠 퍼포먼스를 통해 우상 숭배를 하는 유다 백성이 썩은 베 띠처럼 아무 쓸모가 없는 것을 강조하셨다. 그 결과는 유다의 멸망이었다.

제1차 퍼포먼스(35-37절): 한 선지자가 동료 선지자에게 하나님이 말씀하셨다고 하면서 자기를 치라고 했다. 그 친구는 아무 잘못 없는 친구를 칠 수 없어서 치지 않았다. 그러자 선지자는 친구에게 죽음을 선포했고 그 선포대로 사자에게 죽임을 당했다(36절). 선지자가 또 다른 친구에게 자신을 치라고 했을 때, 동료가 죽은 것을 보았던 친구가 상하도록 쳤다. 이 퍼포먼스는 하나님의 사소한 명령을 거절했던 선지자도 불순종으로 죽임을 당했다면 그보다 훨씬 악한 아합은 하나님께서 더 큰 징벌로 죽게 될 것이라는 메시지였다.

제2차 퍼포먼스(38-40절): 친구에게 얼굴을 맞은 선지자는 눈 주위에 입은 상처를 수건으로 가리고, 그곳을 지나가는 아합에게 이런 말을 했다. "종이 전장 가운데에 나갔더니 한 사람이 돌이켜 어떤 사람을 끌고 내게로 와서 말하기를 이 사람을 지키라 만일 그를 잃어 버리면 네 생명으로 그의 생명을 대신하거나 그렇지 아니하면 네가 은 한 달란트를 내어야 하리라 하였거늘"(39절). 여기 한 사람은 한 병사를 뜻하지만 실제로는 이스라엘의 대장이신 하나님을 상징한다. 어떤 사람은 전쟁에서 패배하여 포로가 되었던 벤하닷을 가리키고, 선지자 자신은 아합을 상징한다. 아합은 선지자의 행위가 자신을 염두에 두고 한 말인 것을 알지 못했다. 아합은 포로를 놓아준 것에 대한 벌금으로 노예 값의 백 배인 은 한 달란트를 내라고 했다. 은 한 달란트(은 34킬로그램)는 노동자가 평생 벌어도 벌 수 없는 큰 액수였다.[2]

아합의 죽음을 선포하다(41-43절): 아합은 하나님의 선지자가 자신을 빗대어 말하는 것도 모르고 "네가 스스로 결정하였으니 그대로 당해야 한다"고 했다(40절). 선지자는 아합이 하나님이 진멸(חֵרֶם, 하나님께 바쳐진 것, devoted thing)하기로 작정한 벤하닷을 놓아주었으니 그 벌을 아합이 받을 것이라고 했다. "그가 왕께 아뢰되 여호와의 말씀이 내가 멸하기로 작정한 사람을 네 손으로 놓았은즉 네 목숨은 그의 목숨을 대신하고 네 백성은 그의 백성을 대신하리라 하셨나이다"(42절). 이것을 히브리어로 '헤렘'(חֵרֶם, I had determined should die)이라고 한다.

헤렘의 원칙: 어떤 물건이나 짐승 그리고 밭과 사람을 전적으로 하나님께 드리기로 작정하면 사람들이 그것을 사용할 것을 우려하여 불로 사르거나 진멸해야 했다. 하나님께 드려야 할 것을, 드리기 전에 사람이 손을 대게 되면 손을 댄 사람이 여호와께 전적으로 바쳐진 것이 되어 그가 진멸 대상이 되었다. 이런 예를 이스라엘이 여리고를 정복하는 것에서 찾을 수 있다. 여리고는 이스라엘이 가나안에 입성하여 처음으로 정복한 성이다. 하나님은 여리고의 물건 전부를 하나님의 것이라고 하시면서 손을 대지 못하게 하셨다. 그런데 아간이 그 물건 얼마를 훔쳤다. 아간은 헤렘의 원칙에 따라 그와 가족과 가축까지 아골 골짜기에서 진멸당했다(수 7장).

---

[2] "무게", 『그랜드종합주석』 제1권 (제자원, 1991년), 92를 참조.

아합은 하나님이 벤하닷을 진멸할 대상으로 정한 것을 살려 주었다. 그러니 아합이 벤하닷을 대신하고, 이스라엘 백성은 벤하닷의 백성(아람)을 대신하여 진멸받아야 했다. 이것은 아합의 죽음과 이스라엘의 멸망을 의미한다. 선지자의 말에 아합은 크게 낙심했다. 이에 "이스라엘 왕이 근심하고 답답하여 그의 왕궁으로 돌아가려고 사마리아에 이르니라"(43절).

아합과 같은 실수를 되풀이 하지 않으려면: 먼저 말씀을 읽고 들으면서 하나님의 뜻을 찾아야 한다. 그다음 기도로 하나님의 뜻을 물어야 한다. 세 번째는 어떤 상황에서도 하나님을 하나님으로 인정해야 한다. 평소 아합은 하나님의 존재를 인정하지 않았기에 잘못된 행위에 대한 회개나 반성이 없었다. 누구나 하나님의 주권을 인정하면 매사에 하나님을 두려워한다. 그 두려움이 죄를 지었을 때 회개로 이어진다.

■ 되새김 >>>

1. 아합은 하나님께 묻지 않고 아람 왕 벤하닷과 그의 군사들을 풀어 주었다.
2. 하나님의 선지자는 하나님의 뜻을 전달하기 위해 상징적 행위인 퍼포먼스를 구사했다.
3. 아합은 하나님이 멸하시기로 작정한 벤하닷를 살려 줌으로 그가 대신하여 헤렘의 원칙에 따라 죽임을 당해야 했다.

37

하나님이 주신 기업(땅)을 지켜라(왕상 21:1-4)

■ 핵심 내용

나봇이 아합에게 말하되 내 조상의 유산을 왕에게 주기를 여호와께서 금하실지로다 하니 (3절).

■ 장소: 이스르엘 궁 → 나봇의 포도원
■ 인물: 아합, 나봇

1. 사형을 기다리면서 남긴 말

중국 츠찬성(四川城)의 조폭 회장 '류한'(1965-2015년 2월 9일)의 몰락은 인간 탐욕의 결과가 얼마나 허망한지를 보여 준다. 그는 약 7조 원의 재산으로 중국 부호 랭킹 148위에 올라 미국 경제전문지 「포보스」(Forbes)에도 실렸다. 그는 여러 번 정치와 경제계의 중요한 자리를 맡았고, 츠찬성에 본인 이름의 학교를 지어 주어 중국에서 가장 관대한 사업가로 이름을 알렸다.

그런데 그동안 그의 뒤를 봐주던 저우융캉(전 중국 정치국 상무위원)이 몰락하자 류한의 끔찍한 범죄가 백일하에 드러났다. 류한은 20년 동안 친동생과 함께 대규모 조직폭력배를 관리하면서 사업에 방해되는 인물을 거침없이 제거했다. 2013년에 아홉 명을 살해한 죄목으로 재판받을 때 류한은 "다시 한번 인생을 살 수 있다면 노점이나 작은 가게를 차려 가족을 돌보면서 살고 싶다"는 말로 선처를 구했으나 거절당했다. 그와 동생, 그리고 관련자 다섯 명은 사형선고를 받았고, 범죄로 축적했던 재산은 국가에 귀속되었다.

류한이 2015년 사형 받기 전에 했던 말이 세간에 화제[話題]가 되었다.

내 야망이 너무 컸다. 인생의 모든 게 잠깐인 것을, 그리 모질게 살지 않아도 되는 것을, 바람의 말에 귀를 기울이며, 그냥 흐르며 살아도 되는 것을! 악쓰고 소리 지르면서 악착같이 살지 않아도 되는 것을! 말 한마디에 참고 물 한모금을 건네 주면서 잘난 것만 재지 말고, 못난 것도 보듬으면서 거울 속에 비친 자신을 바라보듯이 서로 불쌍히 여기고, 미워하거나 원망하지 말고, 용서하면서 살 것을 그랬어. …

흐르는 물은 늘 그 자리에 있지 않다는 것을 왜 나만 모르고 살았을꼬! 아! 낙락장송은 아니더라도 잡목림 근처의 찔레나무가 되어 살아도 되었을 것을! 소나무 한 그루가 될 때 만족했어야 했는데, 얼마나 부귀영화를 누리겠다고 그동안 아등바등 살아왔단 말인가? 사랑도 예쁘게 익어야 한다는 것을! 덜 익은 사랑이 쓰고 아프다는 것을! 예쁜 맘으로 기다려야 한다는 것을 왜 젊은 날에 몰랐을까? 감나무의 홍시처럼 내 안에서 모르도록 익을 수 있었으면 좋았을 것을! 아프더라도 겨울 감나무 가지 끝에 남아 있다가 마지

막 지나가는 바람이 전하는 말이라도 들었으면 좋았을 것을!¹

아무리 막가파 인생을 살았어도 죽기 전에는 욕심을 버린다. 그러나 이스라엘 왕 아합은 자신에게 죽음의 그림자가 다가오는데도 허황된 욕심을 버리지 않았다.

2. 아합이 나봇의 포도원을 욕심내다(1-2절)

아합의 별궁: 이스르엘(יִזְרְעֶאלִי, 이스르엘 주민)은 경치가 아름답고 수려했다. 이곳은 사마리아에서 약 38킬로미터, 북쪽 에스드렐론 평원의 동쪽 끝에 있는 잇사갈 지파의 성읍이다. 이스라엘 수도 사마리아는 지대가 높아 외적의 방어는 좋았으나 겨울에는 춥고, 물이 부족했다. 그래서 아합은 이스르엘 평원에다 겨울을 지낼 수 있는 별궁을 만들었다. 이 별궁은 상아궁으로 부를 정도로 호화스러워 상아로 여러 가지 장식물과 조각품을 만들었다(왕상 22:39). 1990년대 초에 이스라엘 궁을 발굴했더니 직사각형의 궁터는 44,500제곱미터였고, 모퉁이마다 전망대가 있는 포대 성벽으로 둘러싸여 있었다.²

아합이 나봇의 포도원을 욕심내다(1-2절): 나봇(וְנָבוֹת, Naboth)은 '싹틈, 열매, 생산하다'라는 뜻으로 포도를 생산했던 그의 직업과 잘 어울리는 이름이다. 나봇의 포도원이 아합 별궁 근처에 있었다. 아합은 아람과의 전쟁에서

---

1 https://youtu.be/gTvOxAJpWH0?si=LbuYcWb0mMWYol3u에서 인용.
2 존 월튼 외 3인, 『IVP 성경배경주석: 신구약 합본』, 548.

많은 전리품을 차지하자 별궁 터를 확장하려고 했다. "아합이 나봇에게 말하여 이르되 네 포도원이 내 왕궁 곁에 가까이 있으니 내게 주어 채소 밭을 삼게 하라 내가 그 대신에 그보다 더 아름다운 포도원을 네게 줄 것이요 만일 네가 좋게 여기면 그 값을 돈으로 네게 주리라"(2절).

만약 우리가 열왕기상 20장을 신중하게 읽는다면 아합이 별궁터를 확장하기 위해 나봇의 포도원을 살 때가 아닌 것을 알 수 있다. 아합이 제2차 아람과의 전쟁에서 아람 왕 벤하닷과 군사들을 포로로 잡았다. 그들은 하나님이 멸절시키기로 했던 헤렘(חָרַם)의 대상이다. 그런데 아합이 벤하닷과 군사들을 풀어 주자 선지자가 벤하닷 대신 아합이, 아람 군사 대신 이스라엘이 헤렘의 대상이 되었다고 했다(왕상 20:42).

지금 아합의 상태는 철로가 끊어진 철길에 기차가 달리는 것과 같다. 기차에 탄 사람들도 기차가 철로가 끊어진 곳을 향해 달려가고 있다. 그런데도 기차를 멈추어 탈출하기보다는 기차가 철로가 끊어진 곳으로 가기 전에 기차 안에 있는 보물을 서로 차지하려고 싸우는 것과 같다.

하나님이 아합을 멸절시킨다고 했으니 아합은 살 궁리부터 해야 했다. 그런데도 별궁 터를 확장하려고 했으니 참으로 어리석다. 누구든지 영적으로 둔하면 아합처럼 행동한다. 그러니 우리는 성령의 역사에 민감해야 한다. 아합이 영적으로 둔한 것은 하나님께서 말씀하신 헤렘의 심판이 즉시 일어나지 않았기 때문이다. 만약 우리가 죄를 지을 때마다 하나님이 즉시 심판하신다면 늘 긴장할 것이다. 그러나 죄를 지어도 즉시 심판이 일어나지 않고, 예수 믿지 않으면 지옥에 간다고 외쳐도 당장 심판이 없기 때문에 사람들이 건성으로 듣는다.

설마가 사람 잡는다: 인생사는 설마! 설마! 하다가 엄청난 화를 입는 경우가 많다. 태평양 전쟁이 발발하기 전에 미국은 일본이 하와이의 진주만

을 공격할 것이라는 정보를 입수했다. 그 정보를 상부에 보고했으나 대부분 설마로 취급했다. 당시 미국과 일본의 국력은 계란으로 바위를 치는 것과 같았다. 일본 국력이 계란이라면 미국의 국력은 바위였다. 그래서 '설마 일본이 진주만을 공격하겠는가?'라는 설마를 외치다가 기습 공격을 받았다.

유다 말기 예레미야, 하박국, 스바냐 선지자가 수없이 유다의 우상 숭배와 바벨론을 통한 멸망을 외쳤으나 백성들은 설마를 반복하면서 귀담아 듣지 않았다.

설마 하나님이 택한 선민 유다 백성을 버리시겠는가?

설마 하나님이 이방인으로 하여금 예루살렘 성전을 파괴하는 것을 허락하시겠는가?

설마 하나님이 이방인들을 통해 선민 유다를 멸망시키겠는가?

설마 하나님이 이방인들이 그의 백성을 포로로 잡아가는 것을 허락하시겠는가?

이렇게 설마를 외치면 유다 멸망에 관한 선지자의 메시지에 귀를 기울이지 않았다. 그런데 제3차에 걸쳐 바벨론 포로가 된 후에야 '설마'를 버렸다. 그리고 예레미야 예언의 진정성을 인정하면서 그 예언에 귀를 기울였다.

민수기 23:19에서 이방인 주술가 발람이 하나님에 대해, 하나님의 성품에 대해 이런 고백을 했다. "하나님은 사람이 아니시니 거짓말을 하지 않으시고 인생이 아니시니 후회가 없으시도다. 어찌 그 말씀 하신 바를 행하지 않으시며 하신 말씀을 실행하지 않으시랴"(민 23:19). 하나님이 심판하신다고 하면 반드시 심판하신다. 그 말씀을 귀담아 듣고 잘못된 것을 고쳐야 한다.

3. 왜 나봇은 포도원을 팔지 않았을까?(3-4절)

땅은 하나님이 주신 기업(3절): 경제적인 논리로 보면 나봇이 포도원을 파는 것이 좋다. 아합이 권력을 이용하여 강제로 빼앗지 않고 후한 값을 쳐준다고 했다. 그렇지 않으면 더 좋은 포도원을 주겠다고 했기에 팔지 않을 이유가 없다. 그런데 나봇이 포도원을 팔지 않은 이유는 조상들이 유산으로 물려준 땅이기 때문이다. "나봇이 아합에게 말하되 내 조상의 유산을 왕에게 주기를 여호와께서 금하실지로다 하니"(3절).

"내 조상의 유산(נַחֲלָה)"은 조상으로부터 물려받은 땅인 동시에, 하나님이 이스라엘 백성들에게 선물로 주신 기업이다. 하나님은 출애굽한 이스라엘 백성들에게 가나안을 선물로 주겠다고 약속하셨다. 이스라엘은 가나안을 정복한 후 제비 뽑아 각 가정에 땅을 분배했다. 레위기 25:23-28은 하나님이 기업으로 주신 땅을 파는 것을 금했다. "²³ 토지를 영구히 팔지 말 것은 토지는 다 내 것임이니라 너희는 거류민이요 동거하는 자로서 나와 함께 있느니라 ²⁴ 너희 기업의 온 땅에서 그 토지 무르기를 허락할지니 ²⁵ 만일 네 형제가 가난하여 그의 기업 중에서 얼마를 팔았으면 그에게 가까운 기업 무를 자가 와서 그의 형제가 판 것을 무를 것이요 … ²⁸ 그러나 자기가 무를 힘이 없으면 그 판 것이 희년에 이르기까지 산 자의 손에 있다가 희년에 이르러 돌아올지니 그것이 곧 그의 기업으로 돌아갈 것이니라."

아합은 그의 욕심을 채우기 위해 하나님의 말씀을 무시했지만 나봇은 하나님이 주신 기업을 왕의 권력 앞에서도 지키려고 했다. 하나님의 대리자인 왕은 하나님의 말씀을 무시했지만 일개 평민에 불과했던 나봇이 하나님의 말씀을 지키려고 한 것을 주목해야 한다.

우리에게 있어서 나봇의 포도원: 하나님이 예수 그리스도를 통해 우리에게 구원이라는 선물을 주셨다. 이 구원은 예수 안에서 하나님의 백성이 되는 특권이다. 또 부모로부터 물려받은 믿음의 유산이고, 예수님의 이름으로 하나님께 예배드리고 예수 이름으로 기도하는 것이다. 동시에 주님을 찬양하면서 주님의 몸 된 교회를 섬기는 것이다. 동시에 하나님의 사업을 위해, 십일조와 각종 헌금을 드리는 것이다.

똑같이 예수 믿어도, 에서가 팥죽 한 그릇에 장자 명분을 판 것처럼 하나님이 주신 은혜와 특권을 가볍게 여기는 성도가 있다. 이런 성도는 예배와 기도, 교회생활을 하나의 취미로 생각한다. 이사야 선지자는 이런 사람들을 향하여 아파했던 하나님의 심정을 이렇게 말했다. "[11] 여호와께서 말씀하시되 너희의 무수한 제물이 내게 무엇이 유익하뇨 나는 숫양의 번제와 살진 짐승의 기름에 배불렀고 나는 수송아지나 어린 양이나 숫염소의 피를 기뻐하지 아니하노라 [12] 너희가 내 앞에 보이러 오니 이것을 누가 너희에게 요구하였느냐 내 마당만 밟을 뿐이니라라고 했다"(사 1:11-12).

많은 사람이 하나님이 주신 은혜와 복을 등한시할 때 나봇처럼 어떤 일이 있어도 하나님이 주신 선물들을 지키려고 하는 성도가 있다. 이들은 없는 시간을 쪼개 예배드리려고 하고, 기도를 쉬지 않으려고 한다. 아울러 하나님의 물질인 십일조를 구별해서 내고, 맡은 사명을 감당하려고 최선을 다한다.

하나님은 예수 안에 있는 우리에게 하나님을 섬기는 특혜를 많이 주셨다. 그런데 사탄은 틈만 나면 이것을 빼앗아 가려고 한다. 이것 때문에 "무릇 그리스도 예수 안에서 경건하게 살고자 하는 자는 박해를 받으리라"(딤후 3:12)고 한 말씀이 있다. 믿음으로 살 때 온갖 박해를 받을 수 있다. 그런데도 하나님이 주신 믿음의 기업을 잘 지켜야 한다.

■ 되새김 >>>

1. 아합은 자신에게 죽음이 선포되었는데도, 별궁을 확장하려고 했다.
2. 나봇은 하나님이 주신 유산을 지키기 위해 아합이 제시하는 달콤한 제안을 거부했다.
3. 하나님께서 나에게 주신 믿음의 유산이 무엇인지를 생각하고, 그것을 잘 지키자.

38

이세벨이 나봇을 모함하여 죽이다 (왕상 21:5-28)

■ 핵심 내용

이세벨이 나봇이 돌에 맞아 죽었다 함을 듣고 이세벨이 아합에게 이르되 일어나 그 이스르엘 사람 나봇이 돈으로 바꾸어 주기를 싫어하던 나봇의 포도원을 차지하소서 나봇이 살아 있지 아니하고 죽었나이다(15절).

■ 장소: 사마리아 → 이스르엘 나봇의 포도원
■ 인물: 아합, 나봇 이세벨, 엘리야

1 억울하게 피해를 본 사람들

 2024년 6월 30일 「조선일보」에 "살인 누명으로 18세부터 55세까지 37년간 억울하게 옥살이를 했던 미국의 한 남성이 시로부터 약 193억원의 배상금을 받게 됐다"는 기사가 있었다. 그는 탬파시에 사는 '듀보이스'로 살인 사건을 맡은 네 명의 경찰이 수사를 잘못했고, 치과 의사가 범인이 사람을 죽일 때 이빨로 시체를 물어 생긴 상처 부분의 치열이 듀보이스와 일치한다는 소견을 내었다. 그러나 37년이 지나서 다시 DNA 검사로 치열을 조사했더니 듀보이스의 것이 아님이 밝혀졌다. 듀보이스는 경찰과 치과 의사를 상대로 연방 법원에 소송을 제기하여 1400만 달러(약 193억 원)의 배상금을 받는 판결을 받았다. 그러나 그 막대한 배상금은 잘못된 수사로 살인자가 되어 억울하게 감옥 생활을 했던 그의 인생이 이미 다 파괴된 후였다.

본문은 이세벨의 음모로 나봇이 억울하게 죽임당하는 것을 말한다. 이세벨은 아합이 나봇의 포도원을 사지 못한 것을 가지고 근심하자 왕의 권력으로 얼마든지 나봇의 포도원을 빼앗을 수 있는데, 왜 빼앗지 못했느냐고 지적했다(7절).

2.나봇의 포도원을 빼앗기 위한 이세벨의 음모(5-16절)

이세벨은 악한 일에 동조자를 모집하다(5-8절): 이세벨은 아합에게 나봇의 포도원을 주겠다고 한 후 그이 동조자들에게 이런 내용의 편지를 썼다. "아합의 이름으로 편지들을 쓰고 그 인을 치고 봉하여 그의 성읍에서 나봇과 함께 사는 장로와 귀족들에게 보냈다"(8절). 그녀는 자신이 편지를 써 놓고 아합이 쓴 것처럼 하여 왕의 직인을 위조했다. 오늘날 남의 물건을 강탈하기 위해 직인을 위조하는 사람이 있다. 이세벨은 편지를 이스르엘 성읍에서 나봇과 함께 사는 장로와 귀족들에게 보내 그들을 공범으로 끌어들였다.

철저히 율법을 이용하는 이세벨(9-10절): 이세벨은 평소 하나님의 율법을 무시했으나 나봇을 죽이는 데는 율법을 이용했다. 이것을 보면 이세벨에게 율법을 가지고 악한 일을 하도록 조언하는 자들이 있었다는 것을 알 수 있다. "그 편지 사연에 이르기를 금식을 선포하고 나봇을 백성 가운데에 높이 앉힌 후에"(9절). 이스라엘은 국가적인 큰 고난이나 재앙이 임했을 때, 또 공동체에 숨겨진 악행과 죄에 대해 집단적으로 회개할 때 금식을 선포했다. 이세벨은 나봇을 죽이는 것을 엄청나게 큰 일이 일어난 것처럼 금식을 선포하게 했다.

"불량자 두 사람을 그의 앞에 마주 앉히고 그에게 대하여 증거하기를 네가 하나님과 왕을 저주하였다 하게 하고 곧 그를 끌고 나가서 돌로 쳐 죽이라 하였더라"(10절). 여기 불량자(בְּלִיַּעַל, 무가치함, 무익함, 소용없음)는 '사탄의 아들'이란 뜻으로 정직한 증인이 아니다. 하나님은 살인자를 재판할 때 두세 사람의 증언을 들어 보라고 하셨다(민 35:30; 신 27:5-6). 하나님이 살인자의 인권을 보호하는 차원에서 두세 증인을 세우라고 했으나 타락한 인간들은 하나님의 선한 뜻을 왜곡하여 자신의 악행을 합리화하는 데 이용했다.

거짓 증인을 제시한 나봇의 죄(10절): 두 증인이 고발한 내용은 나봇이 "하나님과 아합왕을 저주했다"는 것이다(10절). 나봇이 하나님이 주신 유산을 지키기 위해 포도원을 팔지 않았다. 그는 하나님의 말씀을 저버린 왕에게 하나님의 말씀을 지키면서 살아가는 것이 중요하다는 것을 가르쳐 주었는데도, 이세벨은 그것을 죄로 몰아갔다.

이세벨과 한 통속인 사람들(11-13절): "그의 성읍 사람 곧 그의 성읍에 사는 장로와 귀족들이 이세벨의 지시 곧 그가 자기들에게 보낸 편지에 쓴 대로 하여"(11절). 이세벨은 자기 지시를 따르는 장로와 귀족들을 나봇을 재판하는 데 세웠다. 유유상종(類類相從)이라는 말처럼 의인은 의인끼리, 악인은 악인끼리 뭉친다. 평소 그들은 아합에게 많은 혜택을 받았을 것이다.

"**12** 금식을 선포하고 나봇을 백성 가운데 높이 앉히매 **13** 때에 불량자 두 사람이 들어와 그의 앞에 앉고 백성 앞에서 나봇에게 대하여 증언을 하여 이르기를 나봇이 하나님과 왕을 저주하였다 하매 무리가 그를 성읍 밖으로 끌고 나가서 돌로 쳐 죽이고"(12-13절). 이세벨의 하수인들은 정해진 각본에 따라 출애굽기 22:28과 레위기 24:4-16에 "하나님과 그가 세운 지도자를 모독하는 자는 사형에 처한다는 규정"을 들어 나봇과 그의 가족 모두를 돌로 쳐 죽였다(왕하 9:26 참조). 그리고 포도원을 아합에게 귀속시켰다.

십계명을 통해 본 이세벨의 죄목(출 20장): 제3계명: "너는 네 하나님 여호와의 이름을 망령되게 부르지 말라"(7절). 이세벨은 의인 나봇을 죽이는 데 하나님의 이름과 율법을 이용했다. 제6계명은 "살인하지 말라"인데, 이세벨은 무고한 나봇과 가족을 죽이는 살인 죄를 저질렀다. 제8계명은 "도적질하지 말라"인데, 이세벨은 나봇의 가족을 죽이고 포도원을 빼앗았다. 제9계명은 "네 이웃에 대하여 거짓 증거하지 말라"인데, 이세벨은 거짓 증인을 동원하여 나봇을 모함했다. 제10계명은 "네 이웃 집의 것을 탐내지 말라"인데, 아합은 나봇의 포도원을 탐내어 결국은 나봇을 죽이고 빼앗았다. 그러니 하나님이 아합의 가문을 반드시 심판하셔야 했다.

2. 아합에 대한 하나님의 심판(17-28절)

여호와의 말씀이 엘리야에게 임하여(17-19절): 이세벨의 모함으로 나봇과 그의 가족이 억울하게 죽었는데도 사람들은 공권력이 무서워 공개적으로 비판하지 않았다. 그러나 불꽃 같은 눈으로 인간의 언행심사를 살피시는 하나님은 그것을 모른 체하지 않으셨다. 그래서 17절은 "여호와의 말씀이 디셉 사람 엘리야에게 임하여 이르시되." 다윗이 밧세바와 간음한 것을 은 폐하기 위해 우리야를 죽였을 때도 이와 비슷한 표현이 나온다. "다윗이 행한 그 일이 여호와 보시기에 악하였더라"(삼하 11:27). "여호와께서 나단을 다윗에게 보내시니 그가 다윗에게 가서 이르되 한 성읍에 두 사람이 있는데 한 사람은 부하고 한 사람은 가난하니 …"(삼하 12:1). 나단은 부자가 가난한 자의 양을 빼앗았다는 이야기를 하여 다윗을 분노케 했다. 그때 나단은 그 부자가 바로 다윗이라고 하면서 죄를 지적했다. 이처럼 우리에게 임하는 하나님의 말씀이 좋은 의미로 혹은 나쁜 의미로도 임한다는 것을 기억해야 한다.

아합에 대한 하나님의 심판: 하나님의 심판은 아합과 그의 가족들이 죽을 때 나봇의 죽음처럼 될 것이라고 했다. "너는 그에게 말하여 이르기를 여호와의 말씀이 네가 죽이고 또 빼앗았느냐고 하셨다 하고 또 그에게 이르기를 여호와의 말씀이 개들이 나봇의 피를 핥은 곳에서 개들이 네 피 곧 네 몸의 피도 핥으리라"(19절). "²³ 이세벨에게 대하여도 여호와께서 말씀하여 이르시되 개들이 이스르엘 성읍 곁에서 이세벨을 먹을지라 ²⁴ 아합에게 속한 자로서 성읍에서 죽은 자는 개들이 먹고 들에서 죽은 자는 공중의 새가 먹으리라고 하셨느니라 하니"(23-24절).

나봇과 그의 가족은 군중들이 던지는 돌에 맞아서 두개골이 깨어지고, 몸의 살점이 찢기면서 피가 사방으로 튀었다. 그 살점과 피를 개들이 핥아 먹었는데, 아합과 그의 가족들이 죽을 때도 이처럼 될 것이라고 했다. 심은 대로 거두시는 하나님은 악을 심는 자에게 악으로 갚아 주시려고 했다.

그다음 엘리야는 아합이 탐욕의 노예가 된 것을 지적했다. "네가 네 자신을 팔아 여호와 보시기에 악을 행하였다"(20절). 탐욕의 노예가 되어 양심을 팔아버린 것만큼 비극적인 것은 없다. 왜? 하나님의 형상대로 지음

받은 인간의 고귀함을 포기하고 탐욕의 노예가 되었기 때문이다.

마지막으로 엘리야는 하나님께서 여로보암의 집안을 멸하셨던 것처럼 아합 가문을 멸하시겠다고 했다. "²¹ 여호와의 말씀이 내가 재앙을 네게 내려 너를 쓸어 버리되 네게 속한 남자는 이스라엘 가운데에 매인 자나 놓인 자를 다 멸할 것이요 ²² 또 네 집이 느밧의 아들 여로보암의 집처럼 되게 하고 아히야의 아들 바아사의 집처럼 되게 하리니 이는 네가 나를 노하게 하고 이스라엘이 범죄하게 한 까닭이니라 하셨고 ²³ 이세벨에게 대하여도 여호와께서 말씀하여 이르시되 개들이 이스르엘 성읍 곁에서 이세벨을 먹을지라 ²⁴ 아합에게 속한 자로서 성읍에서 죽은 자는 개들이 먹고 들에서 죽은 자는 공중의 새가 먹으리라고 하셨느니라 하니"(21-24절).

엘리야는 자신의 말이 '여호와의 말씀'인 것을 강조하기 위해 두 번이나 "여호와의 말씀"이라고 했다. 전자는 아합을 심판할 때이고(21절) 후자는 이세벨을 심판할 때였다(23절). 여호와의 말씀대로 아합은 아람과의 전쟁에서 죽었다. 그의 가문의 심판은 아합의 두 번째 아들 여호람(요람)이 12년 동안 이스라엘을 통치했을 때 예후가 쿠데타를 일으켜서 요람을 죽인 후 시체를 나봇의 밭에 던지므로 성취되었다. "예후가 그의 장관 빗갈에게 이르되 그 시체를 가져다가 이스르엘 사람 나봇의 밭에 던지라 네가 기억하려니와 이전에 너와 내가 함께 타고 그의 아버지 아합을 좇았을 때에 여호와께서 이같이 그의 일을 예언하셨느니라"(왕하 9:25). 하나님의 말씀은 시간이 짧고 길고의 차이는 있으나 반드시 성취된다.

아합의 죄는 악한 아내에게 충동을 받은 것이다(25-26절): "²⁵ 예로부터 아합과 같이 그 자신을 팔아 여호와 앞에서 악을 행한 자가 없음은 그를 그의 아내 이세벨이 충동하였음이라 ²⁶ 그가 여호와께서 이스라엘 자손 앞에서 쫓아내신 아모리 사람의 모든 행함같이 우상에게 복종하여 심히 가증하게 행하였더라." 지금도 악한 아내는 남편과 가족을 죽이는 일을 하지만 어진 아내는 남편과 가족들을 살리는 일을 한다(잠언 31:10-12). 우리 주변에 아합처럼 악한 사람들의 충동에 넘어가 온갖 범죄를 저지르는 사람이 많다.

아합의 회개(27-28절): 아합은 엘리야의 말을 듣고 양심의 가책을 느낀 나머지 처음으로 회개했다. 하나님은 그 회개를 받으시고, 심판을 그의 아들 때로 미루셨다. 심판이 연기된 것이지 취소된 것은 아니다. 이것은 죄를 지은 죄값은 반드시 치러져야 함을 보여 준다.

■ 되새김 >>>

1. 하나님을 두려워하지 않고 온갖 악행을 행한 사람을 심판하기 위해 반드시 지옥이 있어야 한다.
2. 심은 대로 갚으시는 하나님은 아합과 이세벨의 피를 개들이 핥아 먹을 것이라고 했다.
3. 하나님은 아합의 회개로 심판을 미루셨지만, 아들 때에 반드시 심판하신다고 했다.

39

아합이 길르앗 라못을 탈환하려고 하다 (왕상 22:1-28)

■ 핵심 내용

여호와께서 말씀하시기를 누가 아합을 꾀어 그를 길르앗 라못에 올라가서 죽게 할꼬 하시니 하나는 이렇게 하겠다 하고 또 하나는 저렇게 하겠다 하였는데(20절).

■ 장소: 사마리아
■ 인물: 아합, 여호사밧, 400명의 거짓 선지자, 미가야

1. 그 당시의 국제 정세와 결혼 동맹

유다와 이스라엘과의 결혼 동맹: 이스라엘이 남북으로 분단된 후 제6대 오므리왕까지는 서로 원수처럼 지냈다. 그런데 주변 나라의 침략으로 안보의 위협이 있자, 유다 왕 여호사밧과 아합이 결혼 동맹을 맺었다. 이렇게 해서 여호사밧의 아들 여호람(요람)과 아합의 딸 아달랴가 결혼했다. 그 동맹으로 인해 여호사밧이 사마리아로 갔다.

아람, 이스라엘 군사 동맹(1절): 1절에 "아람과 이스라엘 사이에 3년 동안 전쟁을 하지 않았다"고 한 것은 앗수르가 아람과 이스라엘을 정복하기 위해 서진(西進)을 하고 있었기 때문이다. "앗수르 문헌을 보면 B.C. 853년에 서진하는 앗수르 군대를 대항하기 위해 열두 명의 왕이 연합하여 키르카르(Qarqar)에서 전투를 치렀다. 이 전투에 아합과 아람 왕 벤하닷이 참여했고, 아합은 병거 2천과 보명 1만 명을 보냈다. 앗수르 문헌에는 이 전투에서 앗수르가 승리했다고 했으나, 4년 정도 앗수르 군대가 서진을 하지 않은 것은 아합 - 벤하닷 연합군이 승리했기 때문이다. 이 두 나라가 앗수르에 대항하기 위해 군사 동맹을 맺다 보니 아람과 이스라엘 간에 3년 동안 전쟁이 없었다."[1]

아합은 하지 않아도 될 전쟁을 하고 있다(3절): 길르앗 라못(גִּלְעָד רָמוֹת, 고지의 라못)은 요단강 동편 갓 지파의 중심지로 일명 '라마'로도 불리워졌다(왕하 8:29; 대하 22:6). 이곳에 도피성이 있었고(신 4:43; 수 20:8; 대상 6:80) 솔로몬 때 열두 행정 구역 중 하나가 설치된 곳이다(왕상 4:13). 원래는 이스라엘 땅이었으나 아람 왕 벤하닷1세가 제6대 왕 오므리 때 빼앗아 갔다(왕상 20:24). 벤하닷 2세가 아합에게 포로가 되었을 때 이스라엘에 땅을 돌려준다고 약속했으나, 포로에서 풀려나자 돌려주지 않았다. 여기에 화가 난 아합이 그 땅을 되찾으려고 했다.

아합이 포로로 잡은 벤하닷을 하나님의 뜻에 따라 죽였다면 곧바로 길르앗 라못을 차지할 수 있었다. 그런데 승리에 들뜬 나머지 벤하닷과 그의 신하들을 풀어준 것이 화근이 되었다. 벤하닷은 와신상담(臥薪嘗膽)의 자세로 전쟁 패배의 치욕을 씻기 위해 치밀하게 준비했다. 이런 적군을 놓아준 것은

---

1 김지찬, 『여호와의 날개 아래 약속의 땅을 향하여』, 841.

하나님의 뜻을 묻지 않고 행할 때 큰 화를 초래할 수 있다는 교훈을 준다.

여호와의 말씀이 어떠하신지 물어보소서(4-5절): 아합은 여호사밧에게 유다 군사와 연합하여 길르앗 라못을 탈환하자고 했다. 한 나라를 다스리는 지도자가 내려야 하는 가장 힘들고 어려운 결정 중의 하나는 전쟁이다. 전쟁은 국민의 생명과 재산, 그리고 나라의 명운까지 걸어야 하는 엄청난 도박이다. 전쟁의 참상을 경험해 본 사람은 평화가 소중한 것임을 알고 함부로 전쟁에 뛰어들지 않는다. 그러나 우매한 군주는 백성의 희생을 무시하면서 나라를 전쟁 상황으로 몰아간다.

아합의 제안에 여호사밧은 5절에서 "청하건대 먼저 여호와의 말씀이 어떠하신지 물어보소서"라고 했다. 이 말에 아합이 강하게 밀어붙이지 못했다. 아합은 하나님을 자기 필요에 따라 마음대로 이용했다. 몰라서 이용한 것이 아니라, 하나님의 선지자들을 통해 하나님의 말씀을 수없이 들었음에도 불구하고 의도적으로 하나님을 무시했다. 창조주 하나님을 사람의 필요에 따라 이용하려는 것만큼 어리석은 것이 없다. 이런 어리석은 짓을 하지 않으려면 하나님의 주권을 인정하고 하나님의 뜻을 물어야 한다.

2. 거짓 선지자의 특징(6-12절)

사백 명의 거짓 선지자(6, 11-12절): 아합은 그의 녹을 먹고 있었던 거짓 선지자 사백 명에게 전쟁에 관해 예언하라고 했다. 그들은 한결같이 말했다. "왕이여 길르앗 라못으로 올라가소서 주께서 그 성읍을 왕의 손에 넘기시리이다"(6절). 이 말에 아합은 속이 시원했지만 여호사밧은 그렇지 못했다. 사백 명이 아합의 비유를 맞추기 위해 똑같이 말하는 것은 알았기 때문이다. 그래서 여호사밧은 또 다른 선지자를 찾자, 아합은 늘 자신의 뜻에 반대하는 미가야가 있다고 했다. 아합과 여호사밧이 미가야가 오기를 기다리는 동안 거짓 선지자 중의 하나였던 시드기야가 철로 만든 뿔을 가지고 사람을 죽이는 연기를 했다. 그는 아합이 아람 군대를 찔러 진멸할 것을 하나님이 말씀하셨다고 하자(11절) 거짓 선지자 모두가 그의 말에 동의했다. "왕이여 길르앗 라못으로 올라가 승리를 거두소서 여호와께서 그 성읍을 왕의 손에 넘기셨나이다"(12절).

거짓 선지자들이 여호와의 이름으로 예언했으나, 전혀 하나님과 상관이 없는 거짓 예언이었다. 아합은 갈멜산에서 거짓 선지자 팔백오십 명이 하나님의 사람 엘리야 혼자를 당해내지 못하는 것을 보았다. 그런데도 하나님을 하나님으로 인정하지 않고 거짓 선지자들을 동원하여 여호와의 이름으로 예언하게 했다. 그러니 어찌 하나님이 심판하시지 않겠는가. 자신의 목적을 정당화하기 위해 여호와의 이름을 망령되게 했기에 하나님의 심판은 당연하다.

3. 이믈라의 아들 미가야(7-28절)

미가야는 어떤 사람인가: 여호사밧이 또 다른 선지자를 찾았을 때 아합은 미가야(מִיכָיְהוּ, 누가 여호와와 같은가?)를 추천하면서 그는 "길한 것은 예언하지 않고 흉한 일만 예언하여 아합이 미워하는 사람"이라고 했다(8절). 이것을 통해 평소 미가야는 하나님의 뜻에 따라 아합에게 쓴소리를 많이 했음을 알 수 있다. 아합이 보낸 사신은 미가야를 데려오면서 다른 선지자들은 아합이 전쟁에 나가면 승리하는 길한 예언을 했으니 미가야도 그렇게 하라고 권했다. 그는 사서 고생하지 말라고 했으나, 미가야는 하나님의 말씀을 전하기 위해 고생할 각오가 되어 있었다(13절). 미가야는 아합에게 여호와의 살아 계심을 두고 맹세하면서 하나님이 그에게 말씀하신 것을 전하겠다고 했다(14절).

미가야의 예언을 종합하면 아합이 전쟁터에서 죽을 것이고 이스라엘이 패배할 것이다. "그가 이르되 내가 보니 온 이스라엘이 목자 없는 양같이 산에 흩어졌는데 여호와의 말씀이 이 무리에게 주인이 없으니 각각 평안히 자기의 집으로 돌아갈 것이니라 하셨나이다"(17절). 그러면서 미가야는 아합에게 아주 중요한 말을 했다. "미가야가 이르되 그런즉 왕은 여호와의 말씀을 들으소서 내가 보니 여호와께서 그의 보좌에 앉으셨고 하늘의 만군이 그의 좌우편에 모시고 서 있는데"(19절). 미가야는 아합에게 여호와의 말씀을 들으라고 했으나 아합은 듣지 않았다. 그래서 미가야는 아합에게 "이제 여호와께서 거짓말하는 영을 왕의 이 모든 선지자의 입에 넣으셨고 또 여호와께서 왕에 대하여 화를 말씀하셨나이다"(23절)라고 말했다.

미가야가 아합에게 흉한 예언을 했다. 그러자 거짓 선지자 시드기야가 미가야의 뺨을 때리면서 여호와께서 자신에게 그런 말씀을 하시지 않았는데 왜 너는 흉한 예언을 하느냐고 따졌다(24절). 아합은 전쟁터에서 돌아올 때까지 미가야를 감옥에 가두어 "고생의 떡과 고생의 물을 먹이라"(공동번역 '굶어 죽지 않을 정도'의 떡과 물로 번역)라고 했다(27절). 미가야는 왕이 평안히 돌아올 것 같으면 하나님이 자기에게 그렇게 말씀하시지 않았을 것이라고 하면서 사마리아 성문 앞 광장에 모여 있는 백성들이 자기가 한 말의 증인이 될 것이라고 했다.

참된 선지자는 하나님의 말씀 때문에 고난도 감수한다. 이렇게 함으로써 위대하신 하나님을 세상에 드러낼 수가 있다. 오늘날 가짜 목사와 가짜 선지자가 판을 치고 있다. 그러니 더욱 미가야와 같은 사람이 필요하다. 그 미가야가 바로 나 자신이고 내가 속한 교회이다.

신앙의 소신을 굽히지 않는 사람: 나희필 장군은 미가야처럼 소신을 굽히지 않았던 분이다. 어느 날 박정희 대통령은 장성급 만찬 자리에서 나희필 장군 부대의 모범적인 상황 보고를 받았다. 기분이 고무된 박 대통령은 나 장군에게 술을 가득 따라 주었다. 그런데 나 장군은 축하주를 들고 어찌해야 좋을지 몰라 깊은 고민에 빠졌다. 대통령은 나 장군이 술을 마실 때까지 술잔을 들고 있었다. 1분이 1시간처럼 길게 느껴졌고, 만찬장에 참석한 장성들 모두 나 장군이 빨리 술을 마시기를 바랬다. 그런데 나 장군은 "각하! 저는 술을 못합니다. 그러니 사이다로 한 잔 주십시오"라고 말했다. 박 대통령은 난감한 표정으로 나 장군을 유심히 쳐다보았고 그 순간을 지켜봤던 한 장군이 "마치 폭탄이 터지고 난 후 엄청난 정적 속에 잠긴 것과 같았다"고 회고했다.

대통령이 친히 술을 따라 내민 술잔을 딱 잘라 거절한 예가 있을까? 육군사관학교가 설립된 이래로 한 번도 없었다. 박 대통령의 굳은 표정을 본 국방부 장관이 순간 벌떡 일어나, "각하, 나 장군은 원래 술을 못합니다. 그 잔은 제가 대신 받겠습니다" 하고 잔을 뺏다시피 하여 단숨에 마셨다. 대통령의 체면 손상! 그 위기의 순간을 국방부 장관의 기지로 일단 넘어갔지만, 만찬장의 분위기는 이미 엎질러진 물이 되었다. 만찬이 끝났을 때 박 대통령은 의기소침해 있던 나 장군에게 다가가 "니가 진짜 기독교인이다"라는 한마디를 남기고 떠났다. 그 뒤부터 선후배들의 크고 작은 질책이 쏟아졌다. 한 선배는 "8년 만에 별 하나 더 달 수 있는 하늘이 준 기회를 미련한 짓으로 놓쳐 버렸다"고 했다.

관사로 돌아온 나 장군은 "과연 이런 신앙의 용기가 어디서 나왔을까? 내일 청와대에서 책벌이 떨어진다고 해도 괘념치 않겠다"고 결심했다. 다음날 군복을 벗을 각오로 책상 정리를 한 후 상부 명령을 기다리고 있었는데, 문책 대신 오히려 별을 하나 더 달고 소장으로 진급했다. 그리고 육군

본부 작전 참모 부장으로 영전되었다. 그곳에서 제3군 사령부 창설의 중요한 임무를 담당했다. 그때 나 장군은 "말씀대로 사는 성도에게 하나님이 이끄시는 것이 이런 것임"을 깨달았다고 한다.

내가 하나님을 존중히 여기면 하나님도 나를 존중히 여기신다. 반면에 내가 하나님을 멸시하면 하나님도 나를 경멸이 여기신다. 사무엘상은 이 말씀에 따라, 하나님을 존중히 여긴 사람 한나, 사무엘, 다윗은 하나님이 구속사의 도구로 귀하게 사용했고 하나님을 멸시했던 엘리, 홉니와 비느하스와 사울은 하나님이 버리신 것을 대조적으로 보여 주고 있다(삼상 2:30).

■ 되새김 >>>

1. 아합이 하나님의 뜻을 묻지 않고 벤하닷을 놓아줌으로 하지 않아도 될 전쟁을 해야 했다.
2. 거짓 선지자 사백 명이 하나님의 말씀을 바르게 전하는 선지자 하나를 당해내지 못했다.
3. 나희팔 장군처럼 신앙의 지조를 지키면 하나님이 선하게 인도하시는 것을 체험할 수 있다.

40

남왕국 유다 제4대 왕 여호사밧과 아합의 죽음
(왕상 22:29-50)

■ **핵심 내용**

37 왕이 이미 죽으매 그의 시체를 메어 사마리아에 이르러 왕을 사마리아에 장사하니라 38 그 병거를 사마리아 못에서 씻으매 개들이 그의 피를 핥았으니 여호와께서 하신 말씀과 같이 되었더라 거기는 창기들이 목욕하는 곳이었더라(37-38절).

■ 장소: 요단강 동쪽 갓 지파의 땅
■ 인물: 길르앗 라못. 아합, 유다 왕 여호사밧

1. 아합의 죽음(29-40절)

여호와의 말씀을 듣지 않은 아합(19절): 여호사밧의 요청에 따라 아합은 '여호와의 뜻이 어떠하신지'를 알기 위해 선지자에게 물었다. 거짓 선지자 사백 명은 그의 구미에 맞게 전쟁에서 승리할 것이라고 예언했다(왕상 22:6). 그런데 평소 아합이 싫어했던 말만 했던 미가야 선지자는 하나님의 뜻은 이번 전쟁에서 아합이 죽고, 이스라엘은 목자 없는 양같이 흩어질 것이라고 했다(17절). 그러면서 미가야는 아합에게 "왕은 여호와의 말씀을 들으소서"(19절)라고 말했다. 그런데 아합은 하나님의 말씀을 듣지 않았다. 왜? 아합은 하나님의 말씀을 듣고, 하나님의 뜻을 알았으나 그 말씀 때문에 자신의 계획을 포기하고 싶지 않았다. 평소 하나님의 말씀을 자신의 목적에 맞게 이용하려고만 했지, 말씀에 순종하여 변화된 삶을 살려고 하지 않았다.

두 왕이 전쟁터로 가다(29-32절): 여호사밧은 평소 하나님의 말씀을 귀담아들었는데도 왜 미가야의 예언을 무시하고 아합과 함께 길르앗 라못으로 갔을까? 아합과의 결혼 동맹을 깨고 싶지 않았을 것이다. 아합은 미가야의 예언이 마음에 걸려 군 통수권을 여호사밧에게 이양하고 자신은 일반 병사로 변장했다(30절). 아람 왕은 지휘관들에게 이스라엘 왕만 죽이면 전쟁에서 이길 것이니 왕에게 집중적으로 공격하라고 했다. 그것 때문에 왕복을 입은 여호사밧이 집중 공격을 받았다. "병거의 지휘관들이 그가 이스라엘의 왕이 아님을 보고 쫓기를 그치고 돌이켰다"(33절).

아합이 적군이 쏜 화살에 맞다(33-36절): 사람이 생각할 때는 일반 병사로 가장한 아합이 안전하게 보일 것이다. 그러나 하나님은 이런 상식을 깨고 죽음의 화살이 아합에게 향하게 하셨다. 그 죽음은 아람의 한 병사가 쏜 화살에서 비롯되었다. "한 사람이 무심코 활을 당겨 이스라엘 왕의 갑옷 솔기를 맞힌지라 왕이 그 병거 모는 자에게 이르되 내가 부상하였으니 네 손을 돌려 내가 전쟁터에서 나가게 하라 하였으나"(34절).

여기 '무심코(תֹּם, at random, 단순히)는 '별 생각 없이 난전(亂戰)이니 화살을 쏘면 누군가는 맞겠지'라는 생각으로 쏘았다. 그 화살이 병사들 사이에 있었던 아합을 맞추었다. 그것도 갑옷과 갑옷 사이를 이어 주는 솔기(갑옷의 이음새)를 뚫고 박혔다. 병사가 정확하게 아합 갑옷의 솔기를 조준하고 쏘았으면 맞지 않았을 것이다. 무심코 쏜 것이 아합 갑옷의 이음새 부분의 약점을 뚫고 화살이 아합의 동맥을 끊어 버렸다. 그러니 과다출혈이 일어난 것이다.

하나님이 하시는 일은 정확하다: 이것을 통해 하나님이 하시는 일의 정확성과 미가야의 예언이 성취되었음을 보여 준다(20-28절). 예수님은 하나님의 말씀과 하나님의 뜻이 중요하다는 것을 참새 비유를 통해 말씀하셨다. "참새 두 마리가 한 앗사리온에 팔리지 않느냐 그러나 너희 아버지께서 허락하지 아니하시면 그 하나도 땅에 떨어지지 아니하리라"(마 10:29). 사람의 눈으로 볼 때는 우연히 일어나는 것처럼 보이지만, 실상은 믿음의 눈으로 보면 그 속에 세밀하신 하나님의 섭리와 인도하심이 있다. 그래서 34절의 '무심코'는 사람이 사람을 속일 수 있어도 불꽃 같은 눈으로 인간의 언행 심사를 살피시는 하나님을 속일 수 없다는 것을 보여 준다.

아합은 하나님을 떠나 스스로 미련한 보호막 속으로 자신을 숨겼으나 하나님의 눈은 피하지 못했다. 오늘날도 많은 사람이 자신이 만든 허술한 보호막 속에 자신을 감추려고 한다. 군사들 속에 몸을 숨긴 아합처럼 익명의 다수로 구성된 사회생활과 규칙, 습관에 적당히 자신을 실은 채로 하나님을 대면하기를 꺼린다. 그러나 어디를 가든지 하나님의 눈을 피하지 못한다.

2. 여호와께서 하신 말씀같이(37-40절; 21:19)

아합이 큰 부상을 당했으나, 급히 치료할 수가 없었다. 왜? "이날에 전쟁이 맹렬하였으므로 왕이 병거 가운데에 붙들려 서서 아람 사람을 막다가 저녁에 이르러 죽었는데 상처의 피가 흘러 병거 바닥에 고였더라"(35절). 하나님은 아합을 맹렬한 전쟁터 한가운데 있게 하시어 화살로 입은 부상을 치료하지 못하게 했다. 그 결과 아합은 과다출혈로 죽었고, 그 피가 병거 바닥에 고였다(35절). 병사들이 우물에서 병거를 씻자 "개들이 그의 피를 핥았으니 여호와께서 하신 말씀과 같이 되었더라 거기는 창기들이 목욕하는 곳이었더라"(37-38절).

여기 창기들을 아세라와 바알 신전에서 음란한 제의(祭儀)와 매음(賣淫) 행위에 종사했던 창녀를 가리킨다. 창녀들이 목욕하던 곳에서 아합의 피를 씻었다는 것은 그의 죽음이 매우 치욕스러운 것임을 보여 준다. 개들이 그의 피를 핥았다는 것은 이세벨이 나봇과 그의 가족을 돌로 쳐서 죽일 때 피가 사방으로 튀었다. 그 피를 개들이 핥았는데, 엘리야는 아합의 피도 개들이 핥을 것이라고 했는데 그 예언이 그대로 성취되었다(왕상 21:19).

고사성어 중에 반면교사(反面敎師)는 '반대의 면을 가르치는 스승'이라는 뜻이다. 타인의 본이 되지 않는 말과 행동이 도리어 나의 인격 수양에 도움이 되었다는 뜻이다. 아합의 죽음은 우리에게 아합처럼 하나님의 말씀을 듣지 않으면 망한다는 반면교사의 교훈을 준다. 그러니 살기 위해서라도 꼭 하나님의 말씀을 들어야 한다.

하나님의 말씀을 들으려고 하면: 전심으로 하나님을 찾아야 한다. "여호와의 눈은 온 땅을 두루 감찰하사 전심으로 자기에게 향하는 자들을 위하여 능력을 베푸시나니"(대하 16:9)라는 말씀처럼 하나님은 하나님을 찾는 자, 하나님을 의지하는 성도에게 큰 은혜를 베푸신다.

한국 교회 초창기에 말씀을 의지하여 믿음으로 살았던 한 여성도가 있었다. 그녀는 서울 서대문 영천 시장에서 콩나물을 팔았다. 새벽마다 콩나물 통을 머리에 이고 시장으로 가는 도중에 꼭 교회에 들러 새벽기도를 드렸다. 그녀는 예수 그리스도와 함께 살면서 자녀들을 믿음으로 양육시키는 것이 삶의 목표였다. 그 목표를 이루기 위해 새벽마다 꾸준히 기도했고, 결국 그녀의 바람대로 아들이 훌륭한 사업가가 되었다.

그녀의 아들 이종근(1993년 별세)은 훗날 제약회사 사장이 되었다. 그는 오늘의 자신이 있게 된 것은 어머니가 매일 새벽에 교회에서 열심히 기도한 덕분이라고 생각했다. 그래서 회사 이름에 새벽기도 종소리가 연상되도록 제약회사의 심벌마크를 종(鐘)으로 정했다. 그 회사가 나중에 제약회사 종근당이 되었고 그 회장이 이종근 장로이다. 이 장로의 호는 고촌(高村)으로 고촌장학재단을 설립했다. 2021년까지 9천여 명의 대학생들에게 660억여 원의 장학금을 지급했다. 지금도 10여 곳에 고촌학사(高村學舍)를 건축하여 지방에서 상경한 대학생을 위해 기숙사를 무료로 운영하고 있다.

어머님의 기도가 자녀를 위대하게 만들었고, 국가와 사회를 위해 큰 업적을 남기게 했다. 이것 때문에 잠언 22:6은 "아이에게 올바른 길을 가르쳐 주라. 그러면 늙어서도 그 길을 떠나지 않을 것이다"라고 했다.

3. 제4대 유다 왕 여호사밧(41-50절)

여호사밧의 등극 공식(41-44절): 열왕기 저자는 아합왕에 관한 이야기를 마친 후 다시 20년을 거꾸로 올라가서 유다 왕 여호사밧의 역사를 기술했다(41-42절). 저자가 여호사밧을 소개할 때 유다 왕의 전형적 공식의 틀을 따라, 상대국 왕 재위 몇 년에, 몇 살의 나이에 등극하여, 수도에서 얼마 동안 다스렸고, 모친의 이름은 누구인지를 밝혔다.

여호사밧(יהושפט, 여호와께서 심판하셨다)은 35세에 예루살렘에서 왕이 되어 25년 동안 통치했다(42절). 그의 어머니는 실히의 딸 아수바라(עֲזוּבָה,

Azubah. 버림받음)였다. 실히(שִׁלְחִי, Shilhi, 창 던지는 자)는 명성 높은 무장(武將) 가문의 출신이다. 이런 가문이었기에 자신의 딸 아수바(Azubah)를 왕가로 시집보낼 수 있었다. 저자는 여호사밧의 삶을 좋게 평가했다. "여호사밧이 그의 아버지 아사의 모든 길로 행하며 돌이키지 아니하고 여호와 앞에서 정직히 행하였으나 산당은 폐하지 아니하였으므로 백성이 아직도 산당에서 제사를 드리며 분향하였더라"(43절). 여호사밧이 여호와 앞에 정직(יָשָׁר, 곧은, 정직한, 올바른)히 행했다는 것은 다윗의 행위(왕상 9:4, 15:5)와 아사의 행위를 따라 살았다는 것을 보여 준다. 또 여호사밧이 이스라엘 왕과 더불어 화평함으로 양국 간의 전쟁을 그친 인물로 평가했다(44절).

여호사밧의 죽음 공식(45-50절): 저자가 여호사밧의 죽음 공식을 소개하면서 다른 왕들과 다른점 몇 가지를 언급했다. 먼저, 아버지 아사 시대에 남아 있던 남색하는 자들을 그 땅에서 쫓아낸 것과 에돔이 유다의 속국임을 밝혔다. "그때에 에돔에는 왕이 없고 섭정 왕이 있었더라"(47절). 그 다음은 여호사밧이 다시스에 선박을 제조하고 오빌로 금을 구하기 위해 배를 보냈으나 에시온게벨에서 배가 파선되었다. 세 번째는, 아합의 아들 아하시야가 여호사밧과 함께 선박 무역 사업을 하자고 제안한 것을 거절했다. 그 후 저자는 죽음의 공식에 따랐다. "여호사밧이 그의 조상들과 함께 자매 그의 조상 다윗성에 그의 조상들과 함께 장사되고 그의 아들 여호람이 대신하여 왕이 되니라"(50절).

여호사밧은 아버지 아사로부터 바른 신앙을 전수했으나, 산당을 남겨 두어 백성들이 전심으로 하나님을 찾는 데 방해가 되게 했다(43절; 대하 20:3). 또 아합과 결혼 동맹을 맺은 것이 나중에 큰 올무가 되었다. 그는 보기 드물게 하나님의 칭찬을 받았으나 그 역시 한계가 있었다. 그러니 구약의 인물과 왕들은 온전한 사람이요, 하나님의 아들 예수 그리스도가 꼭 오셔야 함을 말하고 있다. 지금은 그 예수님이 오셔서 우리 구원을 완성하셨다. 주님께서 성령을 통해 믿음의 사람들과 함께하신다.

그러니 우리는 예수님을 따라 온전한 삶을 살려고 노력해야 한다. 이것 때문에 히브리서 기자는 그의 편지를 받는 독자들에게 "¹ 이러므로 우리에게 구름같이 둘러싼 허다한 증인들이 있으니 모든 무거운 것과 얽매이기 쉬운 죄를 벗어 버리고 인내로써 우리 앞에 당한 경주를 하며 ² 믿음의 주요 또 온전하게 하시는 이인 예수를 바라보자 그는 그 앞에 있는 기쁨을 위하여 십자가를 참으사 부끄러움을 개의치 아니하시더니 하나님 보좌 우편에 앉으셨느니라"(히 12:1-2)라고 권면했다.

■ 되새김 >>>

1. 아합이 하나님의 말씀을 듣지 않다가 길르앗 라못 전쟁터에서 죽었다.
2. 아합은 병사가 무심코 쏜 화살에 맞은 것처럼 하나님께서 우연히 일어나는 것처럼 역사하실 때가 많다.
3. 여호사밧이 믿음으로 산 것은 좋은데, 아합과 결혼 동맹을 맺는 치명적인 실수를 했다.

41

북왕국 이스라엘 제8대 왕 아하시야(왕상 22:51-왕하 1:4)

■ 핵심 내용

여호사밧이 그의 아버지 아사의 모든 길로 행하며 돌이키지 아니하고 여호와 앞에서 정직히 행하였으나 산당은 폐하지 아니하였으므로 백성이 아직도 산당에서 제사를 드리며 분향하였더라(43절).

■ 장소: 사마리아
■ 인물: 아하시야(B.C. 853-852년), 엘리야

1. 북왕국 제8대왕 아하시야(왕상 22:51-왕하1:4)

2024년 7월 말 논산에서 1시간에 100밀리 이상의 비가 내려 어느 오피스텔이 물에 잠겼다. 한 남자가 새벽 1시경에 오피스텔 지하 주차장에 물이 스며들고 있다는 방송을 들었다. 그는 자다가 방송을 듣고 차를 빼기 위해 엘리베이터를 타고 지하 2층으로 내려갔다. 그런데 전기 누전으로 엘리베이터의 문이 열리지 않았다. 그가 살려 달라고 소리친 것을 주민 중 한 사람이 듣고 119에 구조 요청을 했다. 119가 대원이 현장에 도착했을

때 물이 지하 1층까지 찼다. 급히 지하 1층의 물을 퍼낸 후 강제로 엘리베이터를 끌어 올려 열었으나 그 남자는 이미 숨진 채로 발견되었다. 사람이 사는 곳에는 항상 사고와 사건이 예고도 없이 일어난다. 본문은 아하시야가 갑작스러운 사고로 죽을병에 걸린 것을 말하고 있다.

아하시야: 아합의 아들로 이스라엘 제8대 왕이다. 그는 유다 왕 여호사밧 통치 17년(B.C. 853년)에 등극하여 2년간 통치했다. 열왕기하 1:2에 "아하시야가 다락 난간에서 떨어져 병들었다"고 했다. 고대 이스라엘은 집을 지을 때 지붕을 평평하도록 슬라브 형으로 지었다. 다락(עֲלִיָּה, the lattice of his upper room)을 만들 때는 무더운 날씨에 통풍이 잘되도록 지붕 위에 크고, 넓게 만들었다(왕상 17:19). 아하시야가 다락 난간에서 떨어졌다고 했는데, 여기 난간(שְׂבָכָה)은 '그물 모양의 장식이나 덫'으로 창문을 이루고 있는 창살이나 창문 대를 말한다.

아하시야는 왕궁에서 살았기에 다락이 일반 집보다 높았을 것이다. 그가 밖을 보기 위해 다락 창문 벽에 몸을 기댔을 때 벽이 체중을 이기지 못하고 무너지고 말았다. 그 사고로 심한 골절(骨折)상을 입었고 합병증까지 더해져 궁중 의사들이 도저히 치료할 수 없는 중병이 되었다.

2. 아하시야가 누구에게 물었는가?

바알세붑에게 물었다(왕하 1:1-2): "아하시야가 사마리아에 있는 그의 다락 난간에서 떨어져 병들매 사자를 보내며 그들에게 이르되 가서 에그론의 신 바알세붑에게 이 병이 낫겠나 물어보라 하니라"(2절). 아하시야(אֲחַזְיָה) 이름은 '하나님이 붙드신다, 하나님께서 붙잡아 주신다'는 뜻이다. 이런 이름을 가진 아하시야가 병들었을 때 그의 이름과 전혀 맞지 않는 바알세붑에게 물은 것이 이상하지 않는가? 바알세붑(בַּעַל זְבוּב, 파리를 다스리는 왕)은 파리가 여러 곳을 다니면서 옮기는 질병을 고치는 블레셋의 신이다. 추락사고로 심한 골절상을 입었는데 파리의 신, 즉 세균에 감염된 질병을 고치는 신에게 묻는다면 정확하게 답변을 들을 수 없다.

아하시야는 그를 치료하실 수 있는 여호와 하나님을 제쳐 놓고 이방인이 섬기는 파리 신에게 물으려고 한 것은 노골적으로 하나님을 무시한 것이다. 이것 때문에 열왕기 저자는 그를 악하게 평가했다. "⁵² 그가 여호와 앞에서 악을 행하여 그의 아버지의 길과 그의 어머니의 길과 이스라엘에게 범죄하게 한 느밧의 아들 여로보암의 길로 행하며 ⁵³ 바알을 섬겨 그에게 예배하여 이스라엘의 하나님 여호와를 노하시게 하기를 그의 아버지의 온갖 행위같이 하였더라"(왕상 22:52-53). 아하시야는 우상 숭배자였던 부모를 따라 노골적으로 하나님을 무시하는 삶을 살았다.

바른 답을 제시할 수 있는 사람에게 묻자: 험한 세상을 살아가다 보면 어려운 일이나 중요한 문제를 쉽게 결정하지 못하고 타인에게 물어야 할 때가 있다. 그때 나의 문제를 정확하게 파악하는 사람에게 물으면 문제 해결의 길을 찾을 수 있지만, 그렇지 않은 사람에게 물으면 더 문제를 복잡하게 만든다. 이런 예를 제1대 유다 왕 르호보암에게서 찾을 수 있다.

르호보암의 잘못된 선택: 솔로몬이 죽고, 르호보암이 왕이 되었을 때 북쪽 열 지파의 장로들이 르호보암에게 "솔로몬이 부과했던 과중한 세금과 중노동을 감면시켜 달라"고 요청했다(왕상 12장). 그는 3일 후에 답변을 주겠다고 하면서 솔로몬 때 국정을 맡았던 원로들에게 자문을 구했다. 원로들은 한결같이 열 지파의 요청을 들어주라고 했다. 그러나 르호보암은 이런 분위기를 전혀 모르는 젊은 세대에게 자문을 구했더니, 그들은 "왕이시여, 저들이 배가 불러서 그러니 더 과중하게 세금을 부과하고 중노동을 시키십시오"라고 했다. 르호보암이 젊은 세대의 말로 답변하자 북쪽 열 지파가 반발하여, 나라를 세움으로 이스라엘이 유다와 이스라엘로 나누어졌다. 어리석은 르호보암처럼 아하시야도 물어볼 대상을 잘못 찾았다. 그의 병은 파리 때문에 생긴 것이 아니다. 그런데 파리 대왕의 신을 찾아간 것은 전문의사(하나님)를 무시하고 돌팔이 의사(파리대왕)를 찾아간 꼴이다.

2. 하나님께 물어야 할 이유

아하시야에 대한 하나님의 심판(왕하 1:3-4): "여호와의 사자가 디셉 사람 엘리야에게 이르되 너는 일어나 올라가서 사마리아 왕의 사자를 만나 그에게 이르기를 이스라엘에 하나님이 없어서 너희가 에그론의 신 바알세붑에게 물으러 가느냐"(3절). 이것은 역설적 표현으로 왜 꼭 물어야 할 하나님께 묻지 않고 왜 이방신에게 묻느냐는 책망이다.

하나님은 아하시야가 어떻게 해서 병이 났고, 병든 후에 어떤 행동을 했는지? 또 사자를 누구에게로 보냈고, 무엇을 물어보았는지를 정확하게 아시고 그 사실을 엘리야를 통해 아하시야에게 전달하셨다. 하나님은 아하시야의 현재뿐 아니라, 미래까지 정확하게 아신다. 엘리야는 아하시야가 하나님께 묻지 않은 것을 책망하면서 이런 말을 했다. "그러므로 여호와의 말씀이 네가 올라간 침상에서 내려오지 못할지라 네가 반드시 죽으리라 하셨다 하라"(왕하 1:4).

아하시야의 죽음을 예고하신 하나님은 나의 현재와 미래까지 알고 계신다. 그러니 하나님께 물어야 한다. 묻는다면 하나님이 답변해 주실 것이다.

하나님께 묻고 난 후, 문제 해결의 방법을 찾자. 지금 나를 힘들게 하는 것이 무엇인가? 무슨 문제 때문에 고민하고 있는가? 하나님께 아뢰도록 하자. 그리고 난 후 하나님이 어떻게 응답하시는지 기다려 보자.

하나님께 묻기 위해 필요한 것들: 먼저 성경이 하나님의 말씀인 것을 믿고 읽어야 한다. 하나님은 성경을 통해 자신의 뜻을 가르쳐 주셨다. 그러니 성경을 읽지 않고, 듣거나 묵상하지 않으면 하나님의 뜻을 알 수 없다. 그 다음 성경 말씀을 붙잡고 기도해야 한다. 기도를 통해 하나님께 자기의 뜻을 가르쳐 달라고 요청해야 한다. 그다음 말씀과 기도를 통해 하나님의 뜻을 알았다면 그것을 생활에 실천해야 한다.

하니님께 물었던 한 성도의 간증: 미국에 바바라 존슨이라는 주부가 『모자에 제라늄 꽃을 꽂고 행복하게 살아라』라는 책을 썼다.[1] 그녀는 남편과 네 아들을 두었던 평범한 주부였는데, 어느 날 갑자기 남편이 교통사고를 당해 식물인간이 되고 말았다. 설상가상으로 첫째 아들은 음주 운전자가 모는 트럭에 치여 죽었다. 두 번째 아들은 동성연애에 빠져 가출한 후 소식을 끊어 버렸고, 셋째 아들은 18살에 베트남전쟁에 파병되었다가 곧 전사했다.

한꺼번에 불행한 일들이 일어나자 정신을 차릴 수가 없었다. 기도할 힘도 없었다. 기도할 때마다 "하나님, 어찌하여 저에게 이런 불행을 계속 주십니까?" 이런 원망 섞인 말만 되풀이했다. 고통의 연속으로 하루하루가 지옥이나 다름이 없었다.

---

1 https://m.cafe.daum.net/milkbee/TgQY/46?q=D_eF5yOc-3v-s0&에서 인용.

그림 19 바바라 존슨

어느 날 그녀는 육체와 정신적으로 파탄 난 자신을 발견하고 이제는 비참해지지 말자고 결심했다. 힘들지만, 긍정적으로 살기로 다짐하고 다시 하나님 앞에 섰다. 성경을 읽고, 예배드리면서 그녀의 문제를 하나님께 맡겼다. 힘든 중에도 감사의 제목을 찾아서 날마다 감사했다. 그러던 어느 날 식물인간이었던 남편이 깨어났다.

여기에 감사하면서 자신보다 더 불행한 사람을 돕기 위해 일거리를 찾던 중 베트남전쟁에서 아들을 잃은 전사자 부모를 만났다. 그녀도 아들을 베트남전쟁에서 잃었기에 아들의 전사 소식을 들은 부모의 충격과 아픈 마음을 그 누구보다도 잘 알고 있었다. 그녀는 전사자 가족을 찾아가 함께 울면서 위로했다. 또 교통사고로 자녀를 잃은 부모들에게 편지를 쓰고 전화로 위로했다. 함께 모여 기도하면서 세미나를 열었다. 계속 그들을 돕기 위해 선교회를 만들었다. 남을 돕는 일로 정신없이 바쁠 때 하나님은 라디오, 텔레비전에서 그녀의 자선 사업을 소개하도록 인도하셨다. 그것 때문에 유명 인사가 되어 재난당한 사람들을 위로하는 엄청난 영향력을 발휘했다. 그러자 동성애로 집을 나갔던 둘째 아들이 돌아왔다. 또 그녀가 쓴 책이 베스트셀러가 되었다.

만약 그녀가 불행 앞에 절망하면서 한숨만 쉬었다면, 더욱 비참해졌을 것이다. 그러나 이해할 수 없는 고통 속에서도 하나님의 뜻을 알려고 노력했다. 그녀처럼 우리도 하나님께 묻고, 하나님의 뜻대로 삶의 문제를 해결할 방법을 찾아보자.

■ 되새김 >>>

1. 아하시야가 죽을병이 들었을 때, 하나님을 배제하고, 파리 대왕의 신에게 물었다.
2. 아하시야가 치료자 하나님 대신 파리 대왕의 신에게 물은 것은 그가 평소 하나님을 무시하고 살았기 때문이다.
3. 하나님은 나의 현재와 미래까지 다 아시기에 삶의 문제를 가지고 계속 하나님께 물어야 한다.

*************** 함께 읽으면 좋은 책 ***************

사무엘하 강해 설교
다윗! 하나님의 마음에 합한 왕

박재수 지음 | 신국판 | 344면

    사도행전 13:22은 다윗을 가리켜 "하나님의 마음에 맞는 사람"이라고 말한다. 다윗은 열왕기서에서 하나님을 잘 섬겼던 선한 왕의 모델이 되었다. 그러나 다윗은 죄를 짓고도 은폐하려다가 하나님의 책망을 들었다. 그러나 하나님의 은혜로 다시 회복해 '오실 예수 그리스도의 조상'이 되었다.

    이 책을 읽는다면 다윗에게 임했던 풍성한 하나님의 은혜와 사랑, 그 당시 국제 정세 그리고 다윗의 가족사뿐 아니라 인간적인 고뇌를 가진 다윗의 새로운 모습에 대해 알 수 있다. 동시에 우리도 다윗과 같은 영성으로 하나님을 사랑한다면 귀하게 쓰임 받는 일꾼이 될 것이다. 그런 차원에서 이 책은 다윗과 같은 삶을 살려고 애쓰는 그리스도인들에게 많은 신앙의 도전을 던져 줄 것이다.

*************** 함께 읽으면 좋은 책 ***************

열왕기하 주석

장미자 지음 | 신국판 양장 | 644면

　이스라엘은 지정학적 요건상 고대 근동 세계에서 국제 교역의 교두보가 되어 번영을 누릴 수 있지만, 자칫 잘못하면 주변 국가들의 패권 다툼에 휘말릴 수 있기에 안전하게 번영을 누리며 살기 위해서는 왕들이 여호와 중심의 통치를 펼쳐야 했다고 저자는 말한다. 이에 이스라엘 역사서를 해석하는 데 가장 중요한 요소는 하나님과의 언약이며, 그다음 지리와 다른 국가들과의 관계에 대한 이해라고 본다.

　언약신학의 관점에서 풀어낸 주해, 고대 근동의 국제 도로망과 이스라엘 국내 도로망 등 지리적 배경과 자료를 담은 지도, 그리고 역사, 신학, 고고학, 성경 원어와 관련된 보충 자료를 담은 다양한 특주와 각주를 실어 열왕기하에 대한 풍성한 이해를 돕는다. 더불어 매 장 끝에 내용을 정리하고, 적용점 세 가지를 대표로 실어 열왕기하를 통해 오늘날 교회에 전해 주시는 하나님의 메시지를 듣게 한다.

[CLC의 열왕기서 도서]

1. 솔로몬과 열왕기 이해(신학박사 논문시리즈 13)
강정주 지음 | 국판 | 352면

2. 사무엘·열왕기 평행본문 대조집
황선우 지음 | 사륙배판 | 352면

3. 열왕기상하 읽기
양창삼 지음 | 신국판 양장 | 408면

4. 열왕기상 강해
임덕규 지음 | 신국판 양장 | 448면

5. 열왕기하 강해
임덕규 지음 | 신국판 양장 | 448면

6. 열왕기하 주석
장미자 지음 | 신국판 양장 | 644면

[CLC의 사무엘서 도서]

1. 사무엘·열왕기 평행본문 대조집
황선우 지음 | 사륙배판 | 352면

2. 사무엘하 강해 설교
다윗! 하나님의 마음에 합한 왕
박재수 지음 | 신국판 | 344면